倍增的密码

张德文 著

红旗出版社

红旗出版社
RED FLAG PRESS
推动进步的力量

图书在版编目（CIP）数据

倍增的密码 / 张德文著. —— 北京：红旗出版社，
2017.12
ISBN 978-7-5051-4477-4

Ⅰ. ①倍… Ⅱ. ①张… Ⅲ. ①销售 – 基本知识 Ⅳ.
①F713.3

中国版本图书馆CIP数据核字（2017）第324284号

书　　名	倍增的密码				
著　　者	张德文				
出 品 人	高海浩		责任编辑	刘险涛　周艳玲	
总 监 制	李仁国		封面设计	凤苑阁文化	
出版发行	红旗出版社		地　　址	北京市沙滩北街2号	
邮政编码	100727		编 辑 部	010-57274526	
经　　销	全国新华书店				
发 行 部	010-57270296				
印　　刷	北京市昌平新兴胶印厂				
开　　本	710mm×1000mm　1/16		印　　张	15.5	
字　　数	200千字				
版　　次	2018年5月北京第1版		印　　次	2018年5月北京第1次印刷	
书　　号	ISBN 978-7-5051-4477-4		定　　价	69.80元	

欢迎品牌畅销图书项目合作　联系电话：010-84026619
凡购本书，如有缺页、倒页、脱页，本社发行部负责调换。

目　　录

第四章　ABC 法则的终极秘密

第五章　该何去何从

第六章　唇亡齿寒

第一章　我要做直销

第一节　直销事业从改变开始

在直销行业,潮起潮落中,如果只能被时代造就,那就是弱者;如果敢于创造时代,那就是强者。这就是人类进化过程中所产生的问题。弱者常常被一叶障目,而看不见泰山;强者纵然是面对大山,也要搬掉。历史本来是公正无私的,但是它也难以把每一个人都造就成强者。这就是只有强者才能抓住机缘。

对于直销人来说,恐惧和喜怒哀乐一样,是人与生俱来的一种情绪,无法逃避,也难以克服。因为,使人恐惧的几大因素都是必然的:比如死亡,没有人能够幸免;从古到今,没有一个人长生不老。比如失去,没有人能够幸免;失去青春,失去亲人,失去机会等等;比如失败,也没有人能够幸免;学说话,咬舌头;学走路,摔跟头;还有疾病、伤痛等等。

如何克服死亡的恐惧?有人依靠宗教,期望轮回、往生、进入天堂;有人提出珍惜生命,活在当下;有人把生死看个通透,顺其自然。庄子的老婆死了,惠子去悼念,见庄子蹲着,敲着瓦盆唱歌。惠子大惑不解,说:"你老婆和你在一起生活了那么久,为你生儿育女,现在她得病而死,你不哭就够可以的了,怎么还唱起来了?太过分了吧。"庄子说:"我老婆刚死的时候,我怎么能不悲伤呢!后来我想通了,她本是从虚无中来,现在又回到虚无中去,就像四季交替变化一样,很自然。我觉得再无谓地哭哭啼啼,是弱智的表现,我不打算那么干了。"

庄子即将去世时,他的弟子们打算隆重地安葬他。庄子说:"我以天地

1

做棺材，以日月星辰做装饰，以万物做殉葬品，足够了。"弟子说："我们怕乌鸦老鹰啄食先生。"

庄子说："在土上面被乌鸦老鹰吃，在土下面被蚂蚁虫子吃，不是一样吗？不给乌鸦老鹰吃，而给蚂蚁虫子吃，不是太偏心了吗？"庄子就是把生死看得通透之人——既然死亡是自然的安排，是必然的结局，就没有必要为此长久悲伤，也没有必要为此时刻恐慌。这是一种豁达的心态。

克服失去的恐惧也要靠豁达，自然主义者说："得者我幸，失者我命。"乐观主义者说："塞翁失马，安知非福。"都不错。克服失败的恐惧则要靠坚忍不拔的意志和必胜的信心。信心与恐惧是互为消长的，信心弱小，恐惧就强大；信心强大，恐惧就弱小。

戴尔·卡耐基说："如果你想成为有勇气的人，那么你就去尝试一些至今从未做过，但却令你胆怯的事情，而且一直到取得相当的成绩为止——这就是战胜恐惧的最佳途径。"1900年7月，德国精神病学专家林德曼独自驾着一叶小舟驶进了波涛汹涌的大西洋，他在进行一次历史上从未有过的心理学实验——验证一下自信的力量。林德曼认为，一个人只要对自己抱有信心，就能最大限度地保持精神和机体的健康。当时，德国举国上下都关注着这一悲壮冒险，因为此前已有100多位勇士驾舟横渡大西洋均告失败，无人生还。

林德曼推断，这些遇难者失败的主要原因不是生理因素，而是死于精神恐慌、崩溃与绝望，所以他决定亲自驾舟前往，以验证自己的推断。航行中，林德曼遇到了常人难以想象的困难。特别是在航行最后18天中遇到了季风，小船的桅杆折断，船舷被海浪打裂，船舱进水。

林德曼有时真有绝望之感。但只要这个念头一经升起，他马上就大声自责："懦夫，你想重蹈覆辙，葬身此地吗？不，我一定能成功！"在经历千辛万苦之后，林德曼终于胜利渡过了大西洋，成为第一位独舟横越大西洋的勇士。自信心是恐惧的克星，在强大的自信心面前，不管是危险的恐惧、黑夜的恐惧、孤独的恐惧，还是莫名的恐惧，都毫无用处。英国勃莱市一家旅馆的壁炉上刻着这样一句话："恐惧来敲门，自信心回答说：'这里没有人在。'"

我们每个人都需要改变,改变也是一种生活态度和习惯,通过改变能够好好的升华我们的人生,来体现我们生命的价值。

其实我们的生命本身就是一连串选择的结果。

我们在不断地选择,选择什么样的学校,就有什么样的工作;选择什么样的另一半,就有什么样的家庭;选择什么样的生活,就有什么样的未来,选择如何去的学习,就会有什么样的知识的基础;选择什么样的工作,就会有什么样的收入。

您今天选择直销这个事业,当你选择了一个好的公司,你的未来就跟你的选择而有不同的改变。我们在改变的过程中,首先让我们成功的动机要强,我们有什么样的动机,就是我们改变要求的一个重要的模式。

我们在生活中要学会动机要强,生活中我们的动机是从内部开始的,限制性的动机,强迫性的动机和意志性的动机。我们强迫性的动机只是出于害怕,我们就要潜意识的反抗。我们的动机一定要强,比如说你选择直销事业,你的初心是什么? 您的动机是什么? 您为了实现这个梦想有什么样的改变,在学习专业知识,学习会场运作,学习带团队,学习直销行业的精英所做的事情和布置的工作,你要改变。

在改变的过程中要适应,充分地体现我们中国最大的智慧叫舍得智慧,舍去你过去的不良习惯,得到我们现在优秀的习惯;舍去了那些傲慢,得到的是认可;舍去懒惰,得到的是成绩;所以我们在改变过程中要学会舍得。

我们要学习培养我们认真的习惯,当你舍去我们的疲倦和一些懒惰,得到认真。当你舍去一些怀疑,得到的是自信。舍去你的目中无人,得到能力的提升。所以舍得是最高的智慧。

在我们改变过程中还要改变我们的速度,现在的直销模式不是过去的坚持的模式,而是以速度决胜市场的一个模式。看看我们的市场从国家不断地颁牌,到国家政府提倡"大众创业",到整个经济模式需要更多创新的改变,直销市场也在快速地改变,从过去全国只有几百万直销员,到未来会几个亿的市场,我们未来市场在不断地改变,也需要每一个直销人把速度提上来。直销未来的黄金 10 年对整个直销模式和市场发展都很好的一个条件,因为中国的直销会快速地发展,改变的快慢,会决定未来团队的大小。

我们在改变过程中还要在会场上改变,我们每一次会议都是很大的火炉,带领我们的伙伴,找到会场的那把金钥匙,打开我们伙伴的心门,让梦想在会场激发,会场上改变他们固有的思维,视觉变得更清晰,看得更遥远,把过去不良的心态,在会场上改变。

会场上会找到那些知趣相同领导人,透过领导人的步伐和领导人的成功,你会发现自己改变的速度是否够快,改变的成绩是否够大。

直销也是态度的改变,改变生活中的态度和习惯。过去固有的生活习惯,要加速改变的习惯,改变思维模式也是我们改变的重要方法和渠道,让我们自己头脑中有一个成功的模式认识未来,不想改变的人他不会成功,快速改变的人,才能成功。

在直销事业中改变的速度与你未来的结果成正比。看一看现在优秀的领导人,他们并不是多高的学历,也没有几个是富二代、官二代。当时就是对直销事业的执着,让他们疯狂地改变,透过他们对自己的改变、行为的改变、思维的改变和成功方法的改变,使自己由不能到全能,自己能够由小博大,在直销事业中创造了一个又一个的奇迹。

这种改变是直销事业改变一个人的过程,由过去贫穷到富贵,由过去不健康变成健康,由过去不能变成全能,改变我们对知识的把握,和对我们未来事业的考核,也是在直销中的重要内容。

直销事业里可以学到上学没有学到的知识。比如在过去我们上学的时候都有自己的专业,到了直销这个大家庭,我们可以和专业的老师一样学到专业的医学知识,可以和市场专家一样学习市场运作,学习到经济学;在演讲和分享当中学到语言学、学到演讲学;在交际过程中学到交际学,这些知识也改变了我们过去的那种生活状态。过去我们是三点一线上班下班和孩子老婆热炕头,现在我们是语言学家、演讲家、营养学家和市场运作的行家,是这种改变让我们提升,由每个习惯的改变成为行为的改变,让人生的轨迹发生改变。

最可悲的是,一些直销人员从成功的门前退了下来,因为他们认为不该得到它。从心理上讲，如果你认为某种东西不属于你，你就很难接受它。成功的感觉要求你自我感觉良好，认为你应得到成功，而这正是某些直销人员所欠缺的。

第二节　拥有良好的直销心态

一位哲人说："你的心态就是你真正的主人。"一位伟人说："要么你去驾驭生命，要么是生命驾驭你。你的心态决定谁是坐骑，谁是骑师。"

一个人能否成功，就看他的心态了！成功者与失败者之间的差别是：成功者始终用最积极的思考、最乐观的精神和最辉煌的经验支配和控制自己的人生。失败者则刚好相反，他们的人生是受过去的种种失败与疑虑所引导并支配的。

无论我们做什么事情，心态都是很重要的。对每一个直销员来说，谁都希望自己的业绩获得数倍的增长，但是要做到这一点，良好的心态是不可或缺的，因为什么样的心态决定什么样的成就，什么样的心态决定什么样的人生。

业绩的取得是努力付出的结果

直销员都希望自己的努力能够获得不断的收获，但是收获与付出是成正比的，在奋斗的过程中一定有喜有悲，如何能够让自己不断地成长，应该有这样的心态：

1. 举秋毫不为多力，举日月不为明目，举雷霆不为聪耳

许多人认为自己很优秀、很了不起。只不过将小小的一根草轻松地举起来，就以为用了很多力量；抬起头来能看到太阳、月亮，就以为自己的眼睛很明亮；听到打雷的声音，又以为自己的耳朵很敏锐，可以将声音听得很清楚。像这些一般都可以做到的事情，根本不足为奇，如果我们一直将自己视为成就非凡的人，就永远无法获得长足的进步。所谓"人外有人，天外有天"，即使自己的才能独特，也必须要虚心地不断学习。

2. 不下田，一块田都耕不动

开计程车可以赚钱，但是不可能买了一部车子却不使用，若是如此，你将永远也赚不到钱。直销事业也是一样,想得到收获,就须努力地耕种,不断地约人。即使听再多的演讲,学了再多的技巧,都不如实际的行动——约人,但是切记,约人的时候绝不能以主观的想法判断这个人会不会签约,从事直销业。

有个年轻人,他是业余的钓手,很喜欢垂钓。冬天闲来无事,带着钓具到海边,那时天看非常寒冷,刺骨的寒风令人浑身不舒服,但是年轻人告诉自己,一定要钓到鱼才回来,所以就耐心地等待鱼儿上钩。

经过一段时间,鱼终于上钩了,但是年轻人不知道如何将鱼拉上岸,拉了半天,鱼还是在水里挣扎,在一旁的老翁看到了,就好心地帮助他。把鱼拉上来之后,发现身有三尺长,是条大鱼,年轻人非常愉快地感谢老翁的帮助,然后把鱼丢入海里。老翁看见了,心里觉得纳闷,但也不好过问。

过了十分钟,年轻人又钓到鱼了,但是因为经验不足,鱼还是拉不上来,老翁因此再度帮助,这次钓到的鱼也有二尺长,年轻人依然很愉快地感谢老翁,同样地,他又将鱼丢入海里。老翁看了感到非常生气,但是鱼不是自己钓的,也无话可说。

隔了一段时间,年轻人的钓竿又有动静了,运气真好,鱼儿又上钩子,但是这次老翁不再帮忙了,因为拉上来之后,年轻人还是会将鱼放掉,简直白费力气,年轻人于是凭着一股蛮力将鱼拉上岸,是一条一尺长的鱼,这时年轻人满意地将鱼放进带在身边的水桶中,收拾钓竿准备回家去。

老翁看了觉得非常奇怪,于是开口问年轻人:"我钓鱼钓了半辈子从来没有看过钓了大鱼不要,反而要小鱼的人,请问是什么原因呢?"年轻人回答说:"老先生你有所不知,三尺长的鱼我很喜欢,两尺长的也很好,但是老天爷不给我。因为我家的碟子只能装下一尺长的鱼。"由这个故事我们可以得知,如果我们只选择自己认为可以从事直销的人加以推荐,结果成功的机会也自然变小,损失的也将是自己,约人的重点就是任何人都不要放弃,绝不要主观地设定一些限制。

直销员都具备发展自己事业的理想与抱负,如果设限自己升级的目标,将永远停滞不前,因为人的潜力可以发挥无限,问题只在于用心程度。

3. 要对我们所选择的环境给予肯定

在传统行业中,无论多卖力地工作,也为公司赚了不少钱,但是所得到的酬劳往往只是固定的比例,赚钱的永远是公司。然而直销事业,提供了良好的环境、合理的奖金制度,收获可以成倍数增长。一旦决定从事直销事业,就应该肯定自己的选择。

做个杰出的直销员

每个人在选择职业时一定会有所期望,而赚钱常被视为是第一目标。其实,目前的社会赚钱机会很多,但重要的是赚钱的同时,能否带给自己其他的附加价值。所以当我们决定从事直销事业时,应当知道该事业可以带给我们哪些收获?而我们对这个事业又是抱持何种心态——只是一个实验?或是打发时间的副业?还是一个属于自己的事业?直销人一定要具备事业观的观念,将直销当成是自己的事业才会成功。所谓事业,并不一定要投入全部的时间,却必须做一个有效率的工作者,换句话说,就是运用组织的力量发展,在相同的时间内达到最佳的业绩。所以我们从事直销业时,行动与心态一定要与组织配合,要听领导人的指示。

1. 要感谢领导人

如果不是领导人带领你进入这个行业,就不可能得到赚钱及自我肯定的机会。有的人可能会抱怨没有得到领导人的照顾,或是觉得领导人的才能不足,这是相当不好的观念。既然把直销当成一份事业来看,最重要的是有没有一颗上进及成功的心,况且公司中还有很多旁级直销商可以支援,他人的帮助,一样能够发展起来,为此,我们一定要抱着感恩的心情对待领导人,而非一味地指责或埋怨领导人。

2. 目标明确

很多直销员刚加入直销界,斗志高昂,很想在最短的时间之内冲上公司的最高荣誉,这是很好的现象,但是必须切记——凡事还是要一步一步踏稳向前走,才是最稳固的做法。在奋斗的过程中会遇到很多挫折与阻碍,所以理想的状态是先制定短期目标,给自己一定的期限,待第一阶段达到后再冲刺第二阶段。

除了目标确立之外,还须靠方法来辅助,也就是要规划自己的时间。例如,一星期中有两天空档时间可以全心投入,就必须利用这两天的时间好好地行动——列名单、约人、勤快地跟着领导人学习。直销是复制的行业，不会很困难，但重要的是在不断复制学习的过程中，要将所得到的内容、技巧加以整理，才能成为自己的想法。

3. 要有尊重的心态

无论是直销事业，还是一般的企业，一定要尊重组织的做法。因为公司的制度、教育方式与活动的设计，都是经过许多经验累积而成，由其特殊的用意，如果发现其已不适用时，可以提出来与领导人讨论，领导人要做最好的说明或修正。

4. 随时帮助别人

直销事业的成功与否，人际关系占了极大的份量，当你用心扩展业绩时，组织网可能一下子发展成为二三十个人，如果仅凭个人力量，一定无法照顾这么多人，所以要靠领导人、其他直销员的帮助。但是想得到他人的帮助，应先主动帮助别人。例如其他直销员的顾客来了电话，正巧他不在公司，你可以主动配合接听。相对的，如果你不在，他也会帮你接电话，也许有一天陌生的客户打电话到公司，你不会因此失去了一条线。又如看到其他直销员在与顾客沟通时，帮助他倒杯茶水，只要随时随地地注意这些小动作，人际关系无形中就会建立。

5. 具备教育、组织管理的概念

行动永远是最好的教育，如果你告诉合作伙伴，"你要赶快行动，赶快去开发陌生市场啊！"

他听了可能只随便绕了一圈就回来了。要求别人如何做之时，最好是从自身做起，合作伙伴不动的原因，是因为你自己不动，所以一旦进入直销界，就要不断地开线，组织网才会不断扩展，因为不断开线的结果，合作伙伴也会跟着开线，组织的生命力才得以持续发展。在发展组织的同时，领导人要带着合作伙伴一起行动，如此，才能达到上行下效的教育目的。

其实，领导人本身就要具备事业的知识，无论是产品、制度、奖金计算……都要非常地了解，尤其对公司产品的特色更要侃侃而谈，如此才能令人信服。

直销员，本来就是由各式各样的人组合成，根据经验法则，一般的直销员可以分为三类。

第一种直销员:冲劲十足,告诉自己一定要冲上高峰,但是没多久就没有消息了,打电话问他,他会说我最近很忙,上班很累,让我休息一下。再过一阵子打去,他就会说不要再打来了,我真的没有时间做,我知道这事业很好,你们先去做好了,等我有时间再做。像这种人虎头蛇尾,没有耐心,业绩于是慢慢往下滑,当然不可能成功。

第二种直销员:业绩线一直维持平平的水准,行动不很积极,也不多开线,最后结果总是被合作伙伴超越,被超越之后,也没兴致往前冲了。

第三种也是最好的直销员:一路冲上去。尽管刚开始做时,经验不够,业绩难免有好有坏,但是随着技巧、经验的熟练累积,业绩也会不断成长。遇到问题时,可能刚开始不知所措:要一两个星期才能学会解决方法,例如:被人"放鸽子"了,整整难过好几天,挫折感很深,但是随着经历增多,慢慢习以为常,最后就能调整过来。任何事业都有颠簸,如果一帆风顺的话,根本体会不出成功的可贵,更不用用谈珍惜得来不易的成就了。

直销事业有如一场马拉松的长跑,需要持续不断的耐力,绝不是靠爆发力的一百米短跑,如果拼命跑了一段时间之后,停下来休息再跑,没有多久体力就被拖垮了,永远也跑不到终点!作为直销界的新秀,必须要有正确的认知!

第三节　有好心态才能走向成功

对于一位直销员来说,良好的心态关系着日后是否获得成功的机会,相形之下,培养正确的心态则是迈向成功的第一步。

1. 要懂得自尊和珍惜

懂得自尊的人才会懂得珍惜生命,开发自我,才会有积极乐观的心态,充满活力,行动有条不紊,坚持不懈。不断自我成长及帮助他人成长,乃是促使人生更有意义与价值的体现。作为一名直销员,自尊的心态是必不可少的。当你遇到困难,遇到别人的指责和非难时,自尊一定不能减少半分。自尊是你生命中最重要的部分,人不能是只为利益而活着。只有懂得自尊的人才能懂得生命,才会在今后的直销过程中处理好各种困难和问题,才会不那么轻易地被打倒。

2. 要有积极而耐心的心态

在传统行业中就业,大半的人只是为了生活而工作,看不到活力与冲劲,这是因为大家看不到未来,也不知道如何规划或展望目标。但是直销事业,目标是借由自己的想象空间具体地描绘出来,只要具备主动积极的心态,不断地向前努力,就一定可以实现理想。任何人做事都要有一个循序渐进的过程,因为每件事都有其内在的规律性。做直销也一样。任何一个从事直销行业的人都想取得成功,但成功不是一蹴而就的,成功也要有一个循序渐进的过程。所以,直销员要有积极的心态,但不能太心急。即使是成功的直销员,也往往是历经遭人怀疑、排斥、污蔑,直到被人信任、期待、欢迎、尊敬、跟随,逐步发展而来的。

我国古书《笑林广记》内有这样一则故事:

秦朝一个读书人酷好收集古董,极想成为一个大收藏家,只要他看中的宝物,不管价钱高低,一律设法买进。

一天,有人拿来一件古董说:"这是孔子当年在洙泗讲学时所坐的竹席。"

于是他拿百亩良田跟对方交易。

不久,又有人拿一根朽木拐杖来,说:"这是周文王的祖先太王避狄策找到一个隐秘之处时用的拐杖,比孔子的座席更古老,价钱也更高。"

他又把家中所有的财产拿出来跟对方交易。

最后,又有一个人拿来一个木碗,说:"这是夏桀吃饭时用的碗,比太王的拐杖价值更高,不买太可惜了。"

他回到家中,什么都没有了,于是一股脑把房子拿来跟对方交易。

后来他才发现,前面买来收藏的东西全都无法脱手,而他已居无定所了。

于是,这位大收藏家只好披着孔子的座席,挂着太王的拐杖,手持夏桀的木碗,到处向人行乞。

这个故事具有讽刺意味,它讽刺了那些只求迅速达到目标而不考虑其他的人。

这个故事对于直销员来说,也点破了一些直销员身上的弊病。

有一些人刚从事直销业就忙着销售、推荐,整天列名单、画圈圈、打电话邀约,若事不如愿,遇到挫折就着急,或灰心丧气,甚至不惜施加各种压力拉人加入,强人所难。作为一个直销员,积极地销售、推荐是应该的,列名单、画圈圈、制定计划也是必要的,但是绝不能着急,更不能急功近利,不然也会像故事中的人一样一无所获。作为一个直销员,你在对产品的专业知识了解不足之前就立刻开展零售或推荐工作,显然会出现问题。一来你可能对产品的感受不够深刻,很难把它的好处说出一番道理而不肉麻;再则,你可能对产品的功能不求甚解,对方随意发出一些疑问就把你考倒了。

积极固可彰显斗志,心急却是兵家大忌。首先,直销是持久的事业,不是半年、一年论英雄的事业,想在短期内即建造起一座直销事业大厦是不切实际的。有人想搞突击,突击推荐、零售而不顾学习和培训,即使一时业绩不错,冲上一个记录,但往往好景不长,所取得的业绩涨得快,滑得也快。因为建成的网络难以巩固和健康发展,且极易造成内部混乱。

要想真正做好直销,就一定要从一点一滴做起,着急是没有用的,正确的做法是保持一颗"平常心",这样才能积极而又稳步、持久的发展。

在销售过程中过于心急,会让你失去已经快要成功的交易,甚至会永久地失去顾客。所以,为了不让自己的努力白费,你一定要静下心来观察对方的表情,体会对方话里的意思。如果你给他太大压力,他可能会嫌产品太贵或自己没空做直销等等为借口。这时你就更不能生气,一定要静下心来,表现你的风度。要设身处地为对方着想。

总之,"心急吃不了热豆腐",要做好直销,一定要稳重,要积极而不能心急。

3. 要有乐观向上的心态

无论做任何事情,都可能会遇到困难。当遇到困难与挫折时,悲观的人可能会退缩不前,无所作为,最终与成功无缘。而乐观的人则把所遇到的一切困难视为自然,把同困难、挫折抗争视为人生的乐趣和事业有成的必经之路,从而以积极乐观的态度去迎接困难与挫折,并最终战胜它。有这样一个故事:

父子三人相依为命,父亲得了急性肝炎,因治疗不及时而逝世。两个儿子便惊慌地到医院做检查,检查结果是老大正常,老二传染了肝炎。但这是医师的一个错误,他由于疏忽而将兄弟二人搞混了。回去后,老二终日坐立不安,忧心忡忡,而老大轻松愉快,乐观心安,结果呢?最后,老二真的病倒了。老大却不治而愈。可见,一个人的情绪和精神状态对一个人的生活、工作、健康等影响相当大。

直销员在创业之初难免会遇到挫折,当你向别人介绍产品时,别人可能会拒绝你;当你介绍别人加入时,别人可能认为你是另有所图而不理解你。这时你需要有乐观的精神来支持自己。当然,积极乐观的心态不是每个人生来就有的。当你发现自己缺乏乐观心态时也不要失望,你完全可通过心理训练有目的地培养自己的乐观心态。其中最有效的办法之一就是经常有意识地与积极乐观的人在一起,从这些人身上获得乐观情绪的感染,调动自己的积极心态,从而把消极的情绪从大脑中排挤出去。正所谓:"近朱者赤,近墨者黑。"

无论如何,你要以乐观向上的精神支持你的事业,千万不能因暂时的困难或挫折而灰心丧气。天塌下来有人顶着,逆境过后是顺境,冬天过后是春天。让乐观精神伴你一生,你的直销事业,就会成功。

4. 要有自信的心态

一个人怎样看待他身边的人和事,会对他的行动产生很大的影响。对于一个直销员来说,如果他能把他所经营的产品和事业看成宝贝,对其有一种自信的心态,那么他的这种心态就会影响到他身边的人。

一个人仅仅靠"希望"是不会美梦成真的!惟有强烈的企图心,才能促使一个人下定决心,做完全的投入。而在完全的投入之际,还要有赢家的心态,这样才能建立起自信心。坚定地认为只要努力就会成功,热情才容易被激发出来,便会一发而不可收拾。

所以,直销需要自信。如果没有好产品,人们当然不会投入,但是有了好产品,而你又没有足够的热情投入,怎么能把产品推荐给别人?又怎么能赚到钱?

当然,自信也不是毫无根据的、肤浅的自信,而应该是一种发自内心的热爱。就像是你买了一件好东西,或是看了一场好电影,非常想和你的朋友分享一样。

无论如何,当一个人处于正常的心态时,他的这份"自信"应该说是成功的"至宝",正是因为有了对事业,对产品的狂热追求,才成就了那么多的直销员,那么多的成功人士。

5. 要有证实自我价值的心态

任何人都需要被承认,都需要实现自我价值,得到社会的认可。直销人员也是一样,直销在他们眼中不仅仅是一种赚钱的机会,更是一种实现和体现自身价值的方式。这种心态可以分为以下几种:

(1)发掘潜能,体现自我价值

事实上,任何人在他们所从事的工作中都只用了他们全部潜力的一小部分。因此,许多人在寻求发挥潜力,展示自我的机会。直销方式集消费者、销售者、经营者于一体,并且存在几何倍增效应,于是许多直销员认准了直销能为自己提供一个施展才华的无限空间。

直销正是他们所追求的发掘潜能和体现自我价值的最佳方法。拥有这种心态的人往往热衷于各类直销活动,热情而主动。他们没有害怕被歧视的心理,也不存在赚亲友钱的内疚心理,一般来说,他们都能全身心投入,并且持有恒心,有一种勇往直前的态度。这类人在直销中往往都会取得成功。

(2)展示自我才能

一个人是否有能力,有才华,不应该仅仅看他所取得的成就,因为成就只能说明一小部分问题,也许有的人有能力,但是没有机遇。

生活中往往有这种情况,一个人在某项活动中遭到挫折与失败,人们往往归咎于其能力不强,但当事人对此却不以为然,他们决心要通过另外的活动来证实自己并非无能。

直销正好给了他们这样的机会。在这里,所有的人都站在一个起跑线上,都有均等的机会。如果你真的有能力,自然会取得成功,令别人刮目相看。很多人不仅在直销中获得了财富,也从直销中受到了启迪,他们认为直销文化是自己过去的工作环境所不具备的,相反在新的环境下工作会使自己获得成功,于是自尊心和荣誉感使他们表现出过去不曾有过的敬业精神。

(3)改变生活方式

每个人都有自己的活法,都有不同的生活方式。也许在经历了某件事后,有些人会改变自己的生活方式就必须具备一定的物质基础和一定的文化氛围。这些都可以由直销间接达到。因为直销以人为中心,它所推销的不只是产品,还有它的价值观念,即自信,合作,成功和自由。或者说是一种新的生活方式,帮助人们实现自己的人生目标。

许多直销员通过直销这个行业了解到了直销文化并深受其感染,渐渐地从思想上有了大的转变。与此同时,他的生活也会因他的努力而变得更加美好。

6. 要有归零的心态

很多直销员可能原来从事的是与直销业风马牛不相及的工作,此时就需要直销员有一种归零的心态。所谓归零心态或者说心态归零,即要求每一位直销员,不论你在原来所从事的行业是何等出类拔萃,具有多么丰富的经验,已取得多么卓越的成就,当你步入直销领域之后,必须把这一切都放在一旁,心态归零,从头学起,从零开始,这是对一个直销员最基本的要求。因为,无论是从经营理念还是定作方式上来讲,直销与其他的传统销售方式都是有很大区别的。其内涵和外延可以说博大精深,需要我们认真地反复地学习与研究,不断地领悟。惟有遇到新事物虚怀以应,心态归零,才能吸收得快,领悟得深,才能更好地把握真谛。

每个人在成长过程中都有自己的知识与经验。进入直销界之后心态就要像一只杯子,如果已经装满了八分的水,再装两分就会溢出去,如果是一只空杯,别人给你一分,就吸收一分;给你半杯,就吸收半杯;给了全部就照单全收,再加上自己的体验,就会比别人多了一套经验。所以从事直销,应暂时将自己的经验归零,在直销事业,对于新知识的态度也是很重要。

正如海绵吸水一样,如果你把一块已经吸满了水的海绵再拿去吸水,显然是无法吸上更多的水。但倘若你把一块海绵拧干后再去吸水,一定可以吸收到大量的水分。一样的道理,你想学习一种新的知识,进入到一个新的行业,就必须将以前的一切荣誉和成就都抛开,以归零的心态去学习,只有这样才能真正地学好。

7. 要有勇敢的心态

直销是推销自己的一种职业,直销更是一种勇敢的职业。当直销员向别人推销商品或是介绍这种职业时,他们面对的不仅仅是别人,也是自己。有一些直销员,当他们在推销过程中遇到拒绝后,往往会产生一种心理障碍,害怕再去向别人推销商品或是向别人介绍这种职业。事实上,直销员业绩不佳，不见得是他们懒惰、无能，真正的原因很可能是他们害怕自我推销。当他们产生恐惧心理后，在下一次的推销过程中就会表现得更差。因为他自己都没有信心，别人又怎么能信任他呢？

所以，对直销员来说，有勇气是非常重要的，勇气是你做出行动的动力，作为直销员，应该克服自己恐惧的心理，让勇敢在你的心里生根发芽。

那么，作为一个新直销员，该怎样克服恐惧的心理呢？最重要的就是要先了解大多数的人都会存有这种恐惧感，应该面对并接受它，不要隐藏或刻意压抑，因为这是一般人自然的心理反应，许多有经验的老直销员在安排新进直销员训练课程时，一定会在适当时刻说出自己当初的经验，或是安排那些曾经有过特殊恐惧感，克服后取得成功的人员来现身说法，让新直销员有心理准备，同时也提供一些实际的做法供其参考。另外，新直销员要想克服恐惧心理，就要不断增加自己的产品知识、销售产品的技巧和能力，勤加练习自然能够熟能生巧。这属于次数多寡的游戏，练习次数愈多，成果自然更好，没有捷径，别人也没法代做，一切在于自己。

其实，每个人都有很大的潜力，所以，新直销员不要因为自己受到了一点打击就感到绝望。要勇敢地面对一切问题，只有这样，才能不断成长，取得成功。

8. 要有学习的心态

人总是在不断地接触新事物，学习新知识。只有通过学习，人们才可以真正地跟上时代的步伐，不断地前进。直销员更是如此。作为直销员，不仅要学习产品知识，而且要学习销售计划，更要学习做人的理念，修炼自己的品德和人格。只有这样，才能具备较深厚的功底和较高的道德水准，也才能够厚积薄发。所谓隔行如隔山，每个行业都有它的学问所在，就如同喝一碗刚煮好的稀饭一样，如何很快地喝完又不会烫到喉咙都有其窍门存在，何况是要当一位老板？当然更要学习了。该如何学习呢？一方面要勤奋地学习公司所开的课程，反复地听讲，直到在面对其他人的时候，也能清楚地表达同样的观念为止。另一方面，要学习如何拓展人际关系的技巧。待人处事的道理比赚钱更难，在直销事业中可以接触到形形色色的人，无疑是学习处理人际关系的大好环境。

直销员要学习的东西很多,如产品知识、公司制度、人际沟通的法则与技巧、做人处世的原则和方法,以及领导艺术、组织管理知识等等。这些知识涉及心理学、营销学、管理学、礼仪学以及公共关系学等各个领域。所以,对于一个直销员来说,一定要有一个良好的学习心态。你可以向成功人士学习,也可以从书本中学习,甚至可以向陌生人或你的亲朋好友学习。而且,作为直销员,不仅仅要懂得学习知识,更要懂得在学习中不断地总结,并把它应用到实际中去。不能只是学习书本上的知识而不去应用,不去实践,"纸上谈兵"是行不通的。拥有一个良好的学习心态是直销员不断提高自己、发展自己的重要保证。

9. 要有诚实的心态

诚实做人是最基本的原则。在我国,诚信一直是中华民族的优良传统。尤其是在直销这个行业中,诚信是非常重要的。因为本来直销员将产品直接介绍给顾客时,顾客就抱着怀疑的态度,所以直销员的诚实与否就显得尤为重要。很多时候顾客就是凭着自己的直觉来判断向他推销产品直销员是否可靠。如果他们觉得这个直销员诚实,就会相信他,相信他所推销的产品。因此,作为一个直销员,一定要以诚为本,以信服人,不说假话。这是直销员必须具备的心态,必须遵守的信条,无论是介绍公司、介绍产品、介绍奖金制度,还是宣讲直销文化、直销精神、直销的好处,都应实事求是,恰如其分,不能以任何夸大不实之词诱惑以致蒙骗他人加入。

直销员一定要说老实话,办老实事,做老实人,这也是由直销本身的特点所决定的。也许有人会说"无商不奸"。但是这话并不是真理,在传统商业流通领域也只是反映了一个侧面。那些正派的商人也不赞成时时处处总是相互欺瞒、尔虞我诈、弱肉强食的人。直销事业是一种依赖于人际关系的营销,其发展的根基就是良好的人际关系,而人际关系是以诚实为基础的。直销员只有时刻保持诚实的心态,才能真正地赢得顾客以及发展自己的直销事业。

直销员应具备的精神

1. 虚心请教的精神:要主动发掘问题,不断向领导人请教问题。

2. 发传单的精神:常常可以看到一些工读生对路人发传单,他们绝对不会以长相等外表来判断他们是否消费,只要经过的人一律将传单发给他。直销也是一样,不要刻意判断或过滤你的朋友。

3. 邮差的精神:邮差最重要的精神是"信件不达目的不终止",无论住得多远其都一定会将信送达。所以只要指定目标,就要不畏艰难的勇往直前。

4. 巧克力的精神:刚进入直销界,可能会遭到家人或朋友泼冷水,这时候就要懂得采取巧妙的方法、融合不同的意见、克服这些阻力。

5. 打电动玩具的精神:打电动玩具时,输了、战败了都没关系,只要再来一次就好,直销人应该具备这种不怕死的精神。

要有关注消费者需求的眼光

调整好心态之后,直销人,你已经具备了成功的轮廓,然而除了了解自己之外,也要了解消费者的需求,才能踏出销售的第一步。一般消费者在购买一件物品时,通常会有八大步骤:

①注意;②产生兴趣;③产生联想;④产生欲望;⑤产生比较;⑥产生信心;⑦决定;⑧购买。

消费者在购买物品的过程中并没有需求产生,但是人的本身却具有需求点,有时候需求必须借由外在的力量来启发。何谓启发性需求? 举例来说,绿箭与司迪麦两种口香糖,是目前销售率较高的品牌。其实,司迪麦在还未推出耳目一新的广告之时,绿箭口香糖拥有高达百分之九十的市场占有率,可是为什么司迪麦能在短短的几年间抢走了百分之五十的绿箭市场? 主要是在于广告的形式与内容,绿箭口香糖的广告表现一直维持传统手法,直接告诉消费者商品的讯息,而司迪麦口香糖却是以意识形态诉求,例如最早期的"我有话要说"这条广告,利用一位小男生的话为开头,让观众产生联想,当广告的表现与消费者自己的想法做联结的时候,观众就会付钱消费,为整条广告做结尾。又如一般百货公司都将儿童游乐场设在最顶楼,而且通常只有楼梯没有电梯,这种设计根据人性心理学,因为一般人从一楼往上逛至顶楼时,看到楼梯就会自然地往上走,这是一种自然性购买方式,以另一方面来看,就是启发了消费者的需求——引起他们的注意。

至于消费者的八大步骤，我们可以实际例子做说明：

假设在逛街的时候，如果看到一家店门前围了许多人，势必会引起我们的注意力，走进一看，原来是家茶艺馆，于是产生了兴趣，想进去瞧瞧到底会有什么特殊之处，一看架子上摆满了各式各样的茶叶，脑海中自然产生了联想，可能有冻顶乌龙、文山包种、铁观音……又想到每次到朋友家中，他们都泡茶请客，而朋友到家中作客却只能喝白开水，应该也买一些茶叶回去，心中自然产生购买欲望，刚好茶艺馆中有着各式各样的茶叶，再想想哪一种比较适合自己需要？价格、饮用的味道……于是开始产生比较心理，比较之后觉得乌龙茶最合适目前的购买动机，因而产生信心，决定买下。日后邀请朋友到家中，将所买的茶泡好请他们喝，心里终于获得了极大的满足。

树立启发需求的信念

由这一串消费过程中，我们得知有时候需求是因为启发而显现的，直销事业也是运用启发式的方法来引导消费者，但是如何启发呢？目前很多报章杂志都报道过直销的传奇——月入百万的故事。许多读者看到了这些讯息，开始产生兴趣、联想，自忖这些钱我能赚吗？适不适合自己？这些报道的内容是真的吗？因此产生加入直销业的欲望，但是很多人会在欲望中夭折。因为他可能盘算自己一个月才赚两万多元，但是别人一个月却赚了两百多万，之间差距太大了，自己不可能赚得到，于是欲望就此终止。所以直销人必须先了解朋友的潜在需求，给予启发，并解答、满足他们心中的疑问，朋友的信心建立了，自然就会加入直销行业。

新朋友在决定是否加入直销业之前，本身也会面临六个心理过程：选择——徘徊——观望——挣扎——决定——结果。

这六个过程称之为因果得失，一般人了解直销业的好处后，会选择它到底适不适合自己？然后分析，反正白天工作收入也过得去，晚上是休息的时间不要太累了，但是另一个声音会告诉自己，有额外的兼职也不错，心里于是开始徘徊，一个月好几万的兼职，到底是真的吗？进而产生观望的态度，希望朋友先去做，等成功了，赚了钱再告诉自己。但是如果知道朋友在这一行做得不错，我应该也可以做，就会产生挣扎，还没赚钱就得先花钱，万一血本无归怎么办？在挣扎的过程中，一般人会决定要或不要加入，决定不要时就失去了一个成功的机会，决定要时就须准备接受直销人员的训练，开始创造自己的事业，于是产生结果。

一般人遇到挣扎期时，最需要的就是保证，这时直销人必须告诉朋友，只要有心做，保证他一定可以回本，而且还能赚更多的钱，并举自己的情形做例子，目前早已回本，月收入已达几万元；等等。朋友听到保证后会比较安心，当然会决定加入直销业。

第二章 新人报到

第一节 直销新人第一步——做好计划

你是否问过什么是妨碍你成功的最大敌人？可能你不会想到，人的一生妨碍自己成功的最大敌人便是自我贬低——自己瞧不起自己。自我贬低的表现多种多样，比如说，你在报纸上看到一则招工广告，那可能是你朝思暮想的职位，但是，你什么也没有干，因为你想："我不够格干这事，为何要去自寻烦恼？"或者你想追求某个出众的女孩儿，却不敢向她表白，因为你老是觉得自己配不上对方，自然就不可能将她追到手。由此可见，自我贬低极大地妨碍了自己长处的发挥，也就为你的成功大大地打了折扣。

如果你对于某项工作确实不能胜任，不妨交给下属去做，切忌自己把自己看低。在竞争中，如果你连敢试一下的勇气都没有，未战先降，就是妄自菲薄的典型表现。患上妄自菲薄病症的人，一定要设法脱离苦海，尽量以一颗平常心看待自己和他人。

自古以来，哲学家们便已经给了我们一个极重要的忠告：了解你自己。但是许多人却把这一忠告译成是仅仅了解消极的自我，他们过多地看到了自己的缺点、短处和无能。

知道自己的先天不足是一件好事，因为任何人毕竟都有缺陷。但是，如果仅仅知道自己消极的一面，那情况就糟了，这就会使你觉得，自己生活的价值不大。其实，每个人都会有自己的特长，也会有自己的缺点。长期传统的封闭教育，使中国人大多以谦虚为美德，而太露锋芒则会遭人妒忌。所以，对自己的长处，人人都会下意识地加以隐藏，即使人家称赞自己，也往往会觉得不好意思。

凡事不可太过,谦虚固然是一种该学的美德,但是如果谦虚过度,以为自己真的一无是处,或者说自己看不起自己,就会陷入妄自菲薄的境地。

你为什么这么不自信,就是因为没有一个科学而合理的计划,如果有了一个好的计划,你就会无所不能的力量。

直销人的一项重要工作是营销渠道的选择与建立,它是直销业面临的最重要的问题之一。企业的实力可以有大有小,但现代市场营销的网络和渠道却只有一种选择:适合自己的、适应市场的、适用消费者的。除此之外,形式与方法可以丰富多彩,因为条条大路通罗马,只要建立起畅通无阻的直销渠道,就能货畅其流,迅速地实现直销目的。

直销事业成功不是偶然,都是有计划有依据的一步步来的。当新人有了计划,掌握好了方法和技巧后,并且落实到实处,那么一切成功都是那么自然。如果没有计划,那所有的梦想都将成为空中楼阁。

1. 工作时间计划

每天工作必须在前一天就安排好,给自己定下约束,记下工作记录。例如在什么时候用多少天来学习公司的事业和产品要点,每天和多少个顾客沟通,该约谁,讲什么内容。

2. 工作数量计划

对自己的工作要求不但要有时间计划,还要有数量指标,每周必须完成几个人的沟通。例如,每周销售多少产品,多长时间建立事业基础,发展多少个事业部门。

3. 团队发展计划

这是团队管理的必须要求,坚持点、线、面操作方法。例如每周讲几次OPP,参加多少培训会,邀请哪个客户参加,多少天和自己的直接部门沟通一次,每个月要拓展多少会员等。

4. 个人收入计划

事业发展获得报酬是必然的,对自己收入列一个目标,为此去努力。每天激励自己要为实现这个梦想而奋斗,然后理出一个时间表,三个月要做到什么级别,半年做到什么级别,收入多少。

第二节　做个优秀的直销员

一个优秀的直销员不是天生的,而是通过后天的努力才得以成功的。所以,要成为一名优秀的直销员必须具备以下素质:

1. 诚实

一些不诚实的直销员可能会一时得意,但是从长远的眼光来看,只有诚实才能永葆他的直销力。

2. 机敏

一个直销员"为了判断与解决"各种大大小小的问题,必须经常维持他的机敏与伶俐,否则难以成功。

3. 勇气

直销是必须经得起孤独与不断挑战的工作,没有勇气你就无法在这一行奋起直前。那些积攒了多年经验的直销能手,偶尔也会产生退缩或是放弃的念头。但他们绝不会让那些意念成为事实,因为他们有无比的勇气。

4. 勤勉

勤勉也就是全力投入,有着常人难比的耐力。纵使在失意或是业绩下跌的时候,他还是奋力直冲,绝不撤退,到头来仍然能完成目标。

5. 自信

一个拥有自信的直销员,也就拥有了成功的一半。

6. 关心他人

那些讨厌别人的直销员,肯定无法从事直销这个行业。每一位成功的直销员,都招人喜爱且亲切而富于同情心。

7. 精力充足

因为直销这种工作,需要的是脑力的全力开动以及肉体的全力冲刺。

8. 态度和蔼

一个和蔼可亲、开朗爽直的直销员,会激发顾客购买商品的兴趣。相反一个阴暗的直销员会让顾客感到反感。

9. 随和豁达,有天赋的亲和力

这类直销员天生对别人感兴趣,喜欢与人交往,容易发现他人优点,富于同情心,待人真诚。

10. 自我加速力强

这类直销员身上蕴含很大的能量,具有与人深入沟通的能力,一旦遇到兴趣相投的人就可能成为至交,与客户关系非常牢固,业绩量也会持续而稳定攀升。

另外从事直销工作,拥有什么样的工作态度也是很重要的,必须有一股热忱,有一股勇于为事业奋斗不止的闯劲,其中道理,不言自明。

具有无比的热忱,且以坚忍不拔的信心行动,众多能力平平的直销员,居然比那些天分较高的直销员创下更好的成绩。因为他在热衷于直销的时候,那一股热忱自然而然地感染了买者,使他在不知不觉中产生了购买欲望。

怎样的态度会带给直销员热忱与自信

(1)随时养成坐到前面的习惯

任何集会的时候,后面的座位都会先坐满。这个现象相信你也亲自体验过。大部分人喜欢坐在后面,或许是因为不愿意太显眼,可要知道,这种态度却使他自己显得畏缩不前,在别人看来,这就是消极成性,热忱不足。

如果养成自动坐到前面的习惯,这个态度就会带给你热忱与自信。

(2)养成凝视着对方交谈的习惯

凝眼注视对方,等于告诉对方:"我是正直的人,对您绝不隐瞒任何事。我对您说的话,是我打心底里相信的事。我没有任何恐惧感,我对自己充满了信心。"

(3)走的速度比别人快20%

以比别人快20%的速度走,到底代表了什么?心理学家说,一个人改变动作的速度,就能把自己的态度连根改变。走路比一般人略快的人,等于告诉所有的人说:"我正要赶到有要事待办的地方。我必须去做很重要的事,不仅如此,我要在到达之后15分钟内,把那件事办成功。"

(4)主动发言

在会议上,你必须养成主动发言的习惯。越能主动发言,热忱与自信也就越能"如影随形",有增无减。这种现象,会使你更容易继续与对方谈下去。

（5）大方、开朗地微笑

当你微笑时，请别忘了要大方、开朗。诚心不足的微笑，或是半途刹住的微笑，必须列为禁忌。大方、开朗到露牙而微笑，才能吸引对方，使对方产生好感。

第三节　目标管理

一个人活在这个世界上如果没有奋斗的目标，便犹如没有舵的孤舟，无论如何奋力航行、乘风破浪，终究无法到达彼岸。

横冲直撞的直销人比比皆是。你若随便问一个直销人："你做直销人是为什么？"大概都会这么回答："为了生计"或"为了挣钱"。然后你若是问："做直销5年后将会怎样？"或"你打算今后5年挣多少钱？"可能大部分人都答不出来，即使回答，许多人也是异想天开，并未实际考究过，也是过一天是一天，即"当一天和尚撞一天钟"。

一个人没有人生的目标，是可怕的，这并不是说对别人有什么可怕，而是没有目标的人本身就很可怕。因为没有目标并不是这人无所事事，而是这人很可能无所作为。

要想成为成功的人，首先必须有明确的人生目标。没有人生目标，也就没有具体的行动计划，没有行动计划，做事就会敷衍了事，临时凑合，也就没有责任感，更谈不上什么坚强毅力、斗志昂扬了。没有目标，什么才能和努力都是白费。

一、目标的重要性

1."成功就是单位时间内目标的达成"，因此没有目标你可能也会做出一些成绩，但绝对不会有成功。在直销事业里你要取得成功，首先要有明确的目标。

2.目标就是我们努力的方向，是我们奋斗的动力来源，明确的目标可以使我们全力以赴地去付出，而没有目标，最多也只是尽力而为。

3.目标是我们行动的标准，目标不一样，对自己的行动要求也不一样。例如一个为了三星而努力的人和一个为了五星而努力的人，努力程度自然会差别很大。

4.目标是我们制定计划的依据。有了明确的目标作依据,我们才能合理安排和充分利用我们的时间,制定出有效的具体行动计划。

5.目标明确,你的业务指导才知道如何帮助你,如何配合你去实现。因此如果你希望你的业务指导更好的帮助你,你一定要有明确的目标并清楚地告诉他。

6.目标明确,是你对直销事业充满信心的最好证明,可以对自己的团队成员起到最好的激励作用。因此你希望自己团队的成员能够充满信心积极行动,最好的方法是你把自己在直销事业里美好的奋斗目标告诉他们。

二、为什么不设定目标

1.不知道目标的重要性

有一些业务员总是认为只要努力做就可以了,关键是行动,目标是很虚的东西,没什么作用。这种想法是很错误的,因为没有目标的行动是盲目的行动,盲目的行动肯定是低效率的行动。

在直销事业里很成功的人,都是在开始就有着明确的目标。每一个要业务员都要认识到,目标决不是可有可无的,要成功先定目标。

2.害怕实现不了

首先一定要学会相信自己,既然别人能做到的,我也一定能做到,只是时间问题。既然很多人在直销事业里取得了成功,我只要不懈努力,一定也会成功。

这一生要过得很精彩,就要不断超越自己,要有勇气不断去迎接新的挑战,有勇气自己给自己增加压力,压力会变成动力。

设定了目标即使没有百分之百实现,在过程中目标已经给你起到了很大作用,让你比没有目标发挥的好得多。

三、如何设定有效的目标

1.请业务指导协助

要把设定目标当作一项非常重要的工作,请你的业务指导和你一起认真反复探讨,可能需要一段时间,最终确定一个合适的目标。

2.目标是你要做到的,不是能做到的

不要以过去来推算未来,因为"过去不等于未来"!一提到目标首先就考虑能不能的问题,会大大制约了自己潜力的发挥。因此设定目标是我们应该首先考虑你到底要什么、究竟要做到什么,然后再研究怎么去实现。

3. 目标要切实可行

每个人要根据自己的情况来设定可行的目标,不能定得过低,过低就失去了目标的意义,也不能定得太高,定下的目标自己一定能够有百分之百的信心来实现。

4. 目标要明确具体

"我今年一定要成功""我一定要做到最高级别"——这都不是目标,目标是具体什么时间达成什么样具体的结果,如哪年哪月要做到什么级别、哪年哪月销售额要做到多少、哪年哪月收入要达到多少等。

5. 确定目标的两种方法

(1)先小后大

这种方法适合信心不够很大的新业务员,一下子要定一个大目标可能觉得无从下手,这时可以先定一个小目标,如用几个月做到三星、什么时间到五星,慢慢地再确定更大一点的目标实现的时间。

(2)先大后小

对于真正有信心的朋友,应该先确定大目标,首先定下要什么时间做到金钻石,然后把这个大目标分解成一些阶段性的小目标。

小目标是为大目标服务的,行动时一步一步去达成小目标是为了最终实现大目标。小目标与大目标有冲突时,以大目标为重,必要时牺牲小目标保证大目标。

6. 目标要尽量远大

目标太小或目标时间太短,容易在工作中急功近利,结果是损害了自己的长远利益;目标定的远一些,才能使我们眼光放远,眼光放远才能做成大事业。

四、如何保证目标如期实现

目标确定以后,必须有一些后续措施,不断强化你的目标,使目标进入你的潜意识,成为激励你行动的强大力量,在此后的日子里,每一天你都在为了最终目标的实现而全力以赴,这样坚持下去,才能保证实现你的目标。

1. 找出充分理由

人做任何事都是有原因的,没有明确的原因行动会缺乏足够的动力。有了目标,你需要明确地列出自己要实现目标的五个理由——究竟是什么原因,你一定要实现这个目标?是为了更好完成一项责任?为了自身价值实现?为了证明自己的能力?为了成就感?为了某一个人?为了一个美好的愿望?——然后选出最重要的一个理由写在你笔记本的第一页,每天都能看到,每天都不断提醒自己。

2. 目标情景化

定下目标之后,你要发挥你的想象力,经常地想,你的目标实现之后会是什么样的情景?给你带来什么样具体的好处?至少列出五项好处,例如:

(1)到那时经济收入会是多少?会给你带来什么样的感觉?

(2)会让你父母的生活发生什么美好的变化?

(3)到那时你会给孩子提供什么样的教育环境?

(4)那时你的居住环境是什么样子?住在这样的环境中感觉如何?

(5)那时你有一部什么样的轿车?开着这样的车在路上是什么体会?

(6)休闲时做什么?出国旅游的体验如何?

(7)那时你会得到一些什么样的荣誉?有什么样的成就感?

(8)到那时你可以如何更好地帮助其他哪些人?帮助他们给你带来什么样的快乐与满足?

经过一段时间,目标变成了非常清晰的情景,提到目标你眼前就会出现这些美好的情景,想到目标你就会很兴奋,浑身充满力量。

3. 目标图像化

从你列出的五项好处中找出你认为最重要的一项,用一幅图画来代替,制成“梦想版”,悬挂在卧室、直销室、餐厅等你每天可以看得到的地方。这样一来你每天都在对你的目标加深印象,慢慢地目标进入你了的潜意识,成为一种强大的激励力量引导你每时每刻去积极行动。

4. 要公开宣示你的目标

目标定好之后,你要不断跟别人分享,告诉你见到的每个朋友,告诉你的业务指导、告诉你每一个下级业务员、告诉你的父母、告诉你邀约的每一位新朋友、告诉反对你的朋友,面对面时讲,在聚会上公开讲,讲的次数越多,你的信心越大。

5. 找出可能的障碍

认真思考,在实现目标的过程中哪些因素可能会成为障碍,至少列出五

条,如:

(1)时间的运用与本职工作或家庭生活有冲突?

(2)家人拖后腿?

(3)有关健康知识的缺乏?

(4)人脉不够?

(5)缺乏足够的指导?

(6)学习和训练不够?——列出来之后,就开始想办法清楚这些障碍。

6. 去除阻碍成功的坏习惯

认真反思,自己还有哪些坏习惯可能影响自己去实现目标,至少列出五条——不守时、做事拖拉、不良嗜好如抽烟、爱看电视、不爱读书、过于斤斤计较、小心眼、不实干、不诚实等——列出之后,一定要求自己从今天开始,一步一步采取有力措施把这些坏习惯去除。

7. 找出自身差距

列出实现目标过程中,你需要增加的知识和技能,列五条——讲课、公众演讲、学会普通话、沟通能力、亲和力、自我管理、时间安排等——并开始着手去提高。

8. 具体的计划

没有计划的目标只能算是空想,一定要制定一个详细的计划来保证目标的实现。计划要定的保守,留有余地,即计划要能够保证你的目标非常有把握的实现。

9. 要不断检查

在实施的每一个阶段,都要不断检查看是否在按计划向目标接近,如果前一阶段的计划没有如期完成,则下一阶段要加倍努力来弥补。

由于开始经验不足,有可能制定的目标不太合适,在实施过程中发现之后,要及时做调整,使自己每阶段都朝自己认为很有把握实现的目标去努力。

10. 专注于你的目标

有的人定了目标而总是实现不了,大多是因为他定了目标之后,不能自始至终朝目标去努力,总是因为一些小事分散精力,甚至定了目标之后很长时间不在去考虑。

因此一旦设定了目标，就要专心致志、全力以赴去达成，每一天把你的目标当作最重要的事情，做每一件事都要想到是为实现你的目标而做，不要让任何其他的事情分散你的注意力，不要让任何小事影响你的情绪，这样坚持下去，一鼓作气直到目标实现！

每个人都有自己的目标，但不是每个人最后都达到他的目标。这些人并不是没有去努力争取，而是不明白这样一个道理：有一个远大的目标时时激励着自己，固然是成功所必需的条件；但是，如果没有一个如何达到目标的详细计划，那就像是水中捞月，可望不可及。

行动计划犹如罗盘，具有引导每日直销活动的作用，就像罗盘为船只指针一般。直销人员必须根据行动计划来核对自己的工作状况，查看每天的销售方向是否有误。

通常每月、每周、每日的计划是固定的，行动计划却会因公司各期的方针或政策而有所变化。这种机动性高的计划，对业绩影响甚大，因此有必要妥善拟定。

等计划拟定好之后，接着就要依计划去开展工作。在开展过程中，要不断回头验收成果，看自己的所作所为与计划是否一致。假使不符合计划，就要分析原因，寻找解决对策，以便下次计划能顺利实施。倘若工作比计划早完成，就要反省检讨，这份计划所设定的目标是否太低，如果是，则下次计划便要设定高目标。

工作没有计划的人，通常都是漫无目的的。只要上级下达命令，或是客户提出要求，他们均言听计从，毫无异议。这种人一辈子都在为别人疲于奔命，根本无法去做自己想做的事情。若再加上工作忙碌，就更没有时间为自己活了。别以为这样做能获得上司的赏识，其实这是费力不讨好的事情。白天悠悠然地坐咖啡厅，或慢吞吞地处理公事的人，多半只是泛泛之辈，因为一名成功的直销人员是不会有那么多时间可以磨蹭的。

当工作一件件接踵而来时，最好能即时处理掉。如果真的无法立即处理，就要把实际困难告诉与此事相关的人员，并取得他们的谅解。绝不可图一己之便，而造成客户或同事的不便，否则会被认定是无责任感的人。尤其是与人约定的事项，最好不要轻易更改，以免过去累积的信誉，霎时一扫而空。只要客气地讲出理由，取得对方的谅解，一切就没问题了。

第四节　树立直销特有目标

我们的生活以后会是什么样的情况的呢？每当听到如此的话题,直销人都在思索着同样一个问题。是的,有经营理念的公司,绝对少不了三年、五年、十年等短期、中期、长期的经营目标与计划。如在拟定公司的经营目标时,经营者一定要想:"三年、五年、十年后,本公司必须成为怎样的公司?"

以创建团队来说,绝不能只顾及目前的需要,一定要考虑到三年、五年、十年后的需要与发展,着手做各种计划、企划的准备工作。

同理,你是直销员,同时也是希望事业有成的人,更希望成为一个成功人物,这正是成功直销员必不可缺的前提。所以,你不但要有"成功直销员"的目标,更要有"成功人物"的目标。

拟定你自己的直销蓝图:

1. 在一生中,打算做什么事?

2. 打算最后成为怎样的人物?

3. 需要做些什么,才能满足自己的愿望?

要想完美地绘制你的直销蓝图,就要制定详细的计划指南(从现在到十年后)。

(1)工作方面:

　　①希望获得多少收入?

　　②希望爬到怎样的职位?

　　③希望获得多大的权限?

　　④希望从工作中获得怎样的名声?

(2)家庭方面:

　　①希望拥有怎样的生活水准?

　　②希望住上怎样的房子?

　　③希望孩子们受到什么程度的教育?

(3)社会方面:

　　①希望拥有什么样的朋友?

　　②希望属于什么样的社交圈?

③希望拥有什么样的嗜好？

当你描绘出你的未来远景时，千万不要担心它会成为"空梦一场"。要知道，人物的大小是根据他是否"巨梦"来评估的。只会"小梦在抱"的人，仅能成小事。如果你想在人生中获得极大的成就，你就非"抱持巨梦"不可。

请牢记莎士比亚的名言："没有人能够达成他想达成的目标以上的事。"

换句话说，没有任何目标，你就永远是社会的可怜虫，只能潦草终其一生。

放飞自己的梦想——讲述成功直销员的故事

我们来看看蒂姆·布赖恩和谢莉·布赖恩夫妇的例子。

现在他们领导着新英格兰纵向发展得最深、效益最好的直销事业体系。他们家住缅因州的伊莉莎白，并在佛罗里达州等地有房地产，领导着一个稳固、成熟的直销商网络，地位十分牢靠，难以想象他们当年还没做到这样时是什么样子。

乍看上去，蒂姆·布赖恩的事业来得太容易了。

这对年轻的北方夫妇刚接触直销时，蒂姆是一名五年级教师，兼职做着房产建造和出租业务。当时他们俩到一位朋友家去听计划，事先谁也没想到会有兴趣。房间里拥挤不堪，暖气开得太足，坐的是很不舒服的钢琴凳。两人急于离开这糟糕的环境，会刚一开完就开溜了。蒂姆对这个行业根本不感兴趣，谢莉倒还想尝试一下："如果那真的很好做呢？……"

那位朋友并没有放弃，邀请他们又去听了一次计划，但这回环境好多了。两人谨慎考虑之后，决定试一试。蒂姆仍然提不起热情，不过他们还是登记加入了，安排了召集会议的时间。

第一次家庭聚会，谢莉邀请了二十二对夫妇，蒂姆只请来一对。人数很不成比例，但结果一样：没有人来，一个也没有。只不过谢莉的成功率是零比二十二，蒂姆是零比一。

第二次，夫妇俩一齐出马，邀请了九对夫妇。结果还是一样，没有人来，一个也没有。

第三次，两人翻遍了待推荐人名单，又邀请了九对夫妇。仍然没有人来,一个也没有。

最后他们终于找到一个肯听计划的人:谢莉跑去游说租住他们家楼上房间的房客,说服他下楼来听他们解释那些圆圈儿。

从那以后,事情慢慢有了起色,但非常的慢。蒂姆把这完全归结为自己做得不好。他虽是个教师,教的却是五年级的小孩子,对着一帮成年人讲课简直是吓死人。每回开车去给人讲计划的路上,他都害怕得要命,直犯恶心。离晚上开会还有好几个钟头,他就开始紧张,胃难受得吃不下饭。这可不是什么好现象。

仅说蒂姆·布赖恩在直销事业中的成就来之不易,实在说得太轻了。但在最初的那些日子里,他一心一意地梦想着经济上的自由。上高中的时候,他是篮球和橄榄球手,但每次打比赛父亲都不能来看,因为他总有工作要做。蒂姆不想过这种生活,他梦想着年轻时就从教职上退休。无论给人讲课是一件多么痛苦的事,他的梦想都不会磨灭。所以他坚持下来了。

最棒的是,如果这种恐惧并不会真要了人的命,它就开始慢慢消退了,蒂姆的情况正是这样。当他说话有理有据、让人信任的本事显露出来时,事情就更好办了。他坚持不懈地做下去,终于完全摆脱了恐惧的魔影。"当直销事业走上正轨之后,我兴奋得晚上都睡不着觉。"

谢莉是蒂姆强有力的助手,蒂姆做困兽之斗时,她也没有丧失勇气,即便她不得不独自去参加他们的第一次自由企业庆祝会。她是一位战士,与蒂姆一样坚强。在等待着丈夫振作起来的时候,她对朋友们否定的态度毫不在意。"早年那些日子里,有的女人劝我不要在晚上出去发展业务,把孩子们独自留在家里。过了几年,她们还在上班,我却可以辞去工作,成天和孩子们待在一起,天天都这样"。

蒂姆和谢莉都没有认输,最后一切困难都冰消瓦解。有一个月突然增至1700分,下个月又增至4800分,再下个月就突破了8000分。(备注:一分等于一美元)

在直销事业发展的道路上,他们从来没有踌躇不前。

第五节　列名单——在名单上工作

不愿走在平坦的道路上,也不愿肩负轻便的行囊。

我祈求坚毅的耐力,助我走过崎岖山路。

给我勇气,使我能够攀登绝顶的高峰,并把每一块绊脚石,转变为踏脚石。

所谓商场如战场,有知己知彼,才能百战不殆。而知彼,最重要的是进行调查研究,调查研究并不是很难的,下面就看看我们应该怎么做吧!

随时随地寻找准顾客。一个优秀的直销人要懂得随时随地寻找准顾客。各类的社交活动就是寻找准顾客的最佳时机,比如:座谈会、笔会、演讲会、音乐会、喜宴、丧礼等等。

妥善运用人际关系。每个人都有一定的人际关系,直销人要把人际关系充分利用起来。其中重要的一项就是列出我们所有认识人的名单。比如:亲戚、同事、同学、同好、同乡、同邻等等。然后从中选出不同等级的客户,为他们私人订制直销方式。

记得人际连锁效应。大家一定记得,大多数人结婚都宴请10桌以上宾客,专家认为每个人背后都有250个朋友,而人天生有分享的习惯,这就是我们常说的好东西与好朋友分享。所以直销人要学会培养一些忠诚的客户,运用他转介绍的效应获得更多准客户名单,逐渐裂变,一生二,二生四,四生八,这样会事半功倍。

寻找准客户方法简单,重要的是用心和坚持。市场是最大的教室,客户是最好的老师,要懂得在实践中多听多看多思考。

列名单——先找小苹果

任何一个在直销事业上成功的人,遇事都能保持轻松从容的心情。成功的直销人甚至在碰到逆境的时候,他的脑筋也会保持沉着、冷静的状态,从而随时准备好捕捉和发掘新机会,以及了解和对付新的问题。

列名单是我们做直销进入信念项目的工作,列名单有句话说的,名单大事业宽,所以在我们新人加入之后,我们做的第一项工作叫梦想,第二项工作叫目标,梦想放大,第二项目标设定。第三项工作叫作心态管理,第四项工作叫承诺签约,信念起步的第五项工作较列名单和分析名单。所以在我们的列名单和分析名单里面他的质量对我们整个未来的行动量和我们未来的成功率有很高的要求。

如何列好名单?我们俗话说得好,好记性不如烂笔头。我们一直在说列名单、列名单,好多的辅导老师也在说直销无神通只有基本功,但是如何把名单列好和分析好是我们每一个直销人员都面临的很重要的问题,说出来是列名单究竟列的够不够,我们名单分析的透不透,这个是我们每个人所困扰的,列名单的时候我们很多老师说过我们只是有布置,无要求考核,让大家名单列了不会用,列了也不用,这就形成我们名单上列名单列了没有结果,列了没有效的一个现象,新加入之后我们要用一天的时间把名单列完,我们的上级老师一定要和我们的新人在一起,把我们的名单表格打出来,把我们名单要求写出前三项,姓名,性别和年龄结构,要在第一时间把名单列出来,列完之后我们的老师要拍张照片,把我们的表格存档到手机里面,因为这是我们的合作资源,也是我们的合作伙伴未来运用的资源库,给他存档起来。

当列完名单之后我们有很重要的话在名单上工作,这句话要深深的理解,怎么在名单上工作,我们拿出名单之后我们很多老师列了名单之后,先找到他认为最好的朋友去邀约,去说直销这个伟大的事业,这样的做法就有点强扭的瓜不甜,应该怎么样?把名单列完之后,我们根据名单表格上的找出他的性格进行分析,性格内向和外向。因为不同的性格有不同的沟通方法,还有就是我们对他需求的分析,对产品对孩子对自己对家人健康的需求,列完自己是否有其他的需求,比如更换保健品,还有我们职业的危机,还有我们生意的危机,还有其他的危机的需求的分析,我们为什么一直说在名单上工作,在名单上工作、列名单很容易,时间短,列的全,列的多。

当分析名单是在名单上工作,是根据你列出来的名单,比如说一般情况下要求200个名单,我们去分析50%以上的名单是我们外地的,我们在做直销事业这个伟大事业是先近后远,是先把本地资源用起来,因为这样你省时间,而不是好高骛远。朋友就是我在外地有个朋友跟我关系不错想到外地去看,当你的队伍网络不健全,资源人员不够的时候尽量减少外地网络的开发，第二就是在我们整个分析名单的过程中，我们要通过我们和名单里的100个本地人去见面，去找需求，去跟他互动来知道他有什么需求，这是我们要做的，直到完之后我们今天比如说拜访了5个老朋友，我们把这5个老朋友的需求全写在名单上，把这个名单写完之后，我们让老师来评估里面的名单质量。我们100个名单，见面的应该能达到30几个左右，这30几个我们经过老师的评估之后知道哪一个人是你未来新约进会场或是做ABC暖身邀约的一个对象，我们在去让我们的合作伙伴再去进行下一次工作。

而有些我们的合作伙伴当列完名单之后，犯得另外的错误就是他找到了谁最能干、谁是未来的大老鹰去找他去做。实际在我的整个直销的事业里面走过历史的路程，这样邀约不对。当我们列完名单让我们的合作伙伴去和我们名单上的人见面找到之后。我们的评估老师一定要在第一时间辅导我们的合作伙伴，让他找到质量不高的人去，不要先找大老鹰，因为这些大老鹰，企业的人脉广的，他不缺资源，他的资源很广，并且它的思维路很宽，跟他互动的这些工作步骤一定要严密，一定要提前排练，而找到一个一般的朋友，比如说我们很熟悉，见过面，当时跟你的关系不是特别好，透过你跟他相互的交往，相互的互动，吃饭，游玩，攀谈这样的互动，他跟你的关系一般化，不知道你沟通的底细，透过互动，第一增强你在整个分析名单和整个未来邀约上的技巧工作，第二他能够让你锻炼出来你对待任何人的技巧和方法，当我们合他互动的时候，我们还要把这些互动情况主动和上级老师汇报，我今天和他见了面之后，他有什么样的需求，在整个需求方面我们都会去互动，而在我们需求方面我们可以说健康方面的需求，他有没有保健意识的观念。

其实需求有两种，一种是我们隐藏的需求如何挖掘出来，另一种是刚性需求，比如说健康出现问题，事业出现问题，事业出现危机，还有没有到最后我们把需求问完之后，我们把感情谈好之后，要达到100%相信你的时候，这个时候我们再去暖身邀约会场，我们在整个的分析名单不是说要你去邀约，又不是要你去直接的成交，而是我们要保证成功率。当我们新人加入我们的直销事业里面，前几个成功率对他的心情影响和未来事业发展有很大的一个评估，前几个如果约不出来，谈不成，并且是他认为的大老鹰这样的话，他真个未来的直销事业做得不会好，为什么？因为他已经受伤害了，他以为这件事情是很难做,不能做得,所以我们的辅导老师与我们合作伙伴在分析完名单之后,要准确让他和名单人见面互动找出需求,根据需求的评选老师来评估他先和那个人交流,跟那个人谈感情,去和这个人达到100%相信之后,我们再去邀约暖身,这是我们要完成的工作,所有我们列名单的时间要短,分析要做好,评估那个人的价值是我们要求的。

我们在整个分析名单要找到对方的需求,以后我们要设法找到需求,我们分析上要分析他的能力和实力,以及决定未来和他接触和我们跟进沟通的方法,还有我们把名单分类,比如按同族,同乡,同学,同宗,同姓。这样分类能提高你的工作效率并且我们在名单上一定要写出需求,我们名单要细分。分析单不要做判官,好多人不理解在名单上工作,当名单列完之后自己来判断这人成,那人不成,当了判官。实际真的无心插柳柳成荫,我们一直在高估我们在感情银行的存值,好多人认为这个和我是铁哥们,那个人是我的铁姐们,这个人是我很好的闺蜜,我跟她说这个是绝对能做,可是我们的伙伴每次在做这项工作的时候受到了伤害,因为别人不认可和了解我们事业的伟大性。

列名单时间要快,评估要准确,最重要我们的行动量要大,我们要求在你20左右天的时候把你名单里100多个最近的在本区的名单要列完、见完面最后和老师评估,我们这一个月的时间列名单分析名单做完了,我们下一步工作就开始进行我们的暖身邀约进会场成交,这样的话你在三个月之内就完全能够成立一个很坚强的核心小组,在我们的名单行动量上一定要采取大量的行动,行动起来把名单用起来,这样你才可以披荆斩棘让你的业绩快速奔来。行动成功难,不成功更难,成难在一时,不成功难在一辈子,所以说你必须成功,因为你不能失败,你没有失败的权利。我们所有人都是在行动中掌握去增加我们的量,在量中寻找我们的质,只有我们的名单中未来的质量用上了,我们的事业才会成功。在我们整个名单排序过程中,我们要进行的是,对他周围的人在我们跟他互动中,要找到一个经验,比如今天看到这个朋友是老朋友,因为是你名单上的朋友,跟他接触过程中、互动过程中你发没发现他身边那些有质量的朋友,这个朋友一定要在我们的增补名单列出来,因为他就是你未来增补的。

透过我们对列名单和分析名单整个分析,我们要知道列名单和分析名单的目的就是保证你未来的成功率的多少,让你不伤害你的资源,让你更好地利用你的资源,不把资源浪费。列名单是我们直销事业的第一个行动,除了我们内心的梦想承诺和心态调理外,列名单是我们第一步行动,列名单之后要立即行动和我们名单上的人去做互动,做到在名单上工作,和他互动完之后找出需求,按名单上的表格内容去把需求列出来,我们的名单表格和我们的上级领导索要。在我们的整个分享结束之前我想和大家一起留几个作业,第一你要总结一下列名单对直销事业的重要性,第二是否你会精准找出需求,第三是否你在分析名单是和老师上级领导人沟通,第四列名单的时间需要多长?第五如何理解在名单上工作这句话。

有机会你就主动当众讲讲话。自我考验,你就会养成从容不迫直销人的工作习惯。

分析名单——评估和排序

"上班族"最感觉辛苦的,是工作过于困扰身心,过着朝九晚五刻板的生活,连一些私人的事也没有时间去做,一般要办的正经私事,多数要在办公时间内做妥不可。所以,有要事办时,便要向主管讨人情请假。因此,他们觉得做直销的生活最自由,无拘无束地工作,殊不知这份自由,却反而成为一种负担。许多直销人员倒下去的原因,便是因为自己有太多的时间,不知如何打发。

现在,我跟大家展示的是两三个苹果,我们来看一下,这叫红苹果,这叫小苹果和青苹果,那苹果和我们直销有什么关系呢?好,我跟大家说一说,关于苹果和直销的关系。

在做直销的时候,我们一直在说,列名单,一直在说我们去找那个和你志趣相投的合作伙伴,而在找的过程中往往我们先找的就是红苹果,红苹果如果找完以后,这个苹果是熟透的,如果你不好好去开发它,这个苹果会烂掉的。所以在我们直销里面,我建议大家先找小苹果和青苹果,这样的小苹果和青苹果对于我们来说是练手的,当我们把名单列好以后,我们会发现有几个问题。会出现这样的问题,第一个问题,是我们名单里面有那些信赖、不陌生的那些朋友,还有一些不信赖、不陌生的朋友,还有那些不信赖、陌生的朋友,这样就在我们人群中形成了红苹果、青苹果和小苹果,而我们好多运作直销的人里面往往会先动用红苹果,这些人信赖我,不陌生。

　　红苹果说的是什么,说的是我们亲人、闺蜜、好朋友、好上级、好伙伴,他们对我们信赖、不陌生,他们相信你,因为他们是爱你的。还有一些小苹果,这样的人群是不信赖又陌生,还有一些青苹果是不信赖不陌生的。青苹果就是你跟他熟悉但是他不信赖你,而这些小苹果是既不信赖又不熟悉,这是什么,这是陌生人,也是我们不熟悉的人。而我们在直销里面,当一个新伙伴加入里面,他想快速成功,他一直想找到那些相信我们,不陌生的朋友,信任我们的朋友,来去做我们的合作伙伴,他的能量不够,他的专业知识不够,他只是有一个梦想,只是知道这个直销事业是好的事业,去跟这些红苹果说的时候,往往红苹果会拒绝他。说两个朋友,说三个亲人,说了五个人,结果死了六个人,为什么？自己也死了,他回来会跟领导人说"领导,直销不适合我干,看爸爸不相信,妈妈不相信,老婆不相信,我的岳父岳母也不相信,这五个最熟悉的人全不相信,他们告诉我,这件事情不能做,所以我也不做了",这是红苹果。

　　而让他们去找小苹果的时候,他们会说这个人不信赖我,这个人不熟悉我,我不去找她。实际是错误的,当我们开启我们的直销之旅的时候,一定要在我们的名单里面去找到那些小苹果,不信任又陌生的这些人,干什么,去跟他们互动,用我们的能力,用我们的基础,用我们的运作方法,让他们信赖你,让他们不陌生你,让他们由陌生变为不陌生,由不信赖变为信赖。整个过程是需要我们和他互动的,而在这个互动过程中,我们就知道透过他的不信赖,透过他的陌生,你用什么方法让他不陌生,变成好朋友,让他信赖你,让他和你的思维一致,这个就需要我们一个基础,一个过程,当这样的小苹果都变成红苹果,和你一起去从事直销,从事经营直销事业的时候,你的信心大增,这是我们小苹果。度量我们的小苹果,因为他是我们不信赖又陌生的朋友,他的离开对你来说没有损失,对你来说没有打击,而那些青苹果是我们不陌生的、不信赖的朋友,她和你熟悉,见过面,说过话,没有吃过饭,没有去过他家里,这些青苹果要认真地排序,因为你们对他不陌生,你可以请他吃饭,你可以去参加他的游玩,你可以去进入他的朋友圈,透过你对他需求的掌握来进行一种信赖的把控,比如说,对健康的需求,你有专业的知识,你有导师去辅导他。

透过这样的需求,你透过我们的会场,可以去感染他,这样你的青苹果经过排序之后,你一定要和你的领导人一起把青苹果变成红苹果,因为你对他不陌生,他对你不陌生,只是不信赖,透过你的专业知识,透过你的领导人,透过我们的会场,透过我们一起运作,他信赖你了,这样把我们的青苹果变成友好的排序,找到 3 个青苹果,成交必须保证在百分之六十以上,比如说你找到 5 个青苹果。必须成交百分之六十,这个时候,我们的新人在心里就有了信心,为什么?这些不认识的朋友,他们并不了解直销,但是透过我们的领导人、透过我们的会场、透过我们的专业知识,他们这些新人加入我们的队伍,成为我们一个很好的产品的受用者和我们事业的合作者,信心大涨,这个时候我们的新人就有了动力,我们新人透过小苹果的折磨,透过我们青苹果的成熟,他有了运作方法,他有了成绩,有了技巧,当他变化的时候,他的家人,他的闺蜜,他的好朋友,他的同学,他的上级,他的下级,这些红苹果就会因为他的改变而感兴趣,都会问,你怎么了,你有了变化,你为什么这样变化,你为什么这样高兴?你怎样得到的变化?他们会主动加入我们的队伍,这样呢,红苹果就会信手拈来,直销有三种人群,熟悉和信赖的,熟悉和不信赖的,不熟悉和不信赖的这样三个人群,也叫红苹果、青苹果和小苹果,我们一定要先动用小苹果,去增长自己的不能,去动用青苹果,让他们快速进入增加自己的信心,最后去吸引我们的红苹果,才能够使我们的队伍扩大,才能不伤人脉,才是我们正确运用我们直销的方法,运作我们的市场,不要先动用红苹果,一定要先动小苹果,您是一个什么样的结果,请注意,您的手头有三个苹果,要先拿小苹果,成功青苹果,最后吸引红苹果。但愿你的红苹果不伤害你,但愿你青苹果和你一起干,但愿你的小苹果能增长你所有的不能!

分析名单就是在名单上工作,为什么在名单上工作?当我们把名单列完之后最重要的是让我们名单上所有的名字,对我们所有的名字进行分析,我们了解他们每个人现在所处的状态,为我们将来邀约做准备,我们只有知己知彼才能百战不败,在我们分析名单上要做更重要的工作和时间,在我们分析名单时我们要知道在我们跟我们所有的这些名单上的人,一定不要做判官,有好多人在分析名单就是把名单列完之后自己做判官,这个行,那个不行,这个可以,那个不可以,而不是和他进行面对面几次交往之后真正的了解对方的需求,了解对方的愿望而做出的判断。在分析名单的过程中我们所需要做的一项工作,就是和我们名单上的人去见面,不见面不叫分析。在见面的时候我们要分析对方的需求,分析对方的经济能力和自己的能力,在我们见面的时候我们要在见完面以后,我们在名单上做上标记,要标上何时接触,接触过以后他的反应和我们所要应对的措施。在我们分析名单的时候,我们要和我们的客人见面以后,我们要把它归类,归为两大类,第一类它是消费型的,就是他有产品的需求,有经济基础,和你关系很好,有对身体对营养品的一个愿望值。另外一种人群叫事业型的人群,他有赚钱和创业的企图心,对我们的新观念、新事物有一个接受度,有经济基础,有很广的人脉,并且他有行动量,和你的关系程度很好,在我们做完和他见面以后,我们要把这些资料进行汇总、进行排序、进行评估,我们应当排序就是先近后远,先选择和自己关系比较好的名单去分析、去见面,这样对我们整个的评估时间和速度有一个很好的提升,还有就是先易后难,对那些比较容易说服,性格外向型,和你关系不错的那些人进行评估,进行相互的互动,分析名单我们要从客人的这些家庭、工作、休闲时间、财务、梦想及健康六方面入手,并且还要注意他的性格是内向还是外向,内向的人的性格如何去应对;外向人的性格如何去应对,他的职业,现在从事的职业是否有危机感,他是不是结婚了,还有在我们和客人进行面对面交流的过程中,我们一定要多听少说,实际上直销是一个听的事业,我们要学会认真的倾听,在听的过程中我们能知道他喜欢什么,更重要的是我们能够了解他的需求。对于消费型的这些客人,我们一定要从他关心的这些人入手,如果他成家了,有了孩子,他最关心的是他的孩子,我们要从孩子的健康入手,还有就是他的父母身体健康入手,还有他的爱人入手,通过这些我们找对了这些切入点,就能更好的成为我们为下一次服务的伏笔点。对于事业型的,我们要对他的企图心进行不断地挖掘,并且要对他整个的经济状况、收入和时间自由方面进行深度的剖析,让他明白他现在所面临的危机程度,我们在分析名单时优先要考虑我们这些首先要沟通和发展对象的人群,对于我们优先考虑对象,我们先对有健康问题和产品需求的人,第二观念好注重养生、注重生活品质的人,第三舍得花钱的人,第四对您充分产生信任的人,第五曾经听说过我们,并且对你也良好印象的人。

对于我们从事和经营这种直销事业的的人群来说,我们也要找到以下几种人:第一,有企图心,有梦想想改变的人;第二,有较强的创业和紧迫感的人;第三,经济实力好,有广泛的人脉的人;第四,有很大的动力,有很大的行动力,容易沟通的人;第五,喜欢做生意,找机会的人。通过我们对名单的分析,主要是和我们列名单上的所有人进行互动,通过互动我们进行需求的把握,找到两个人群,第一是消费人群;第二是精英人群;对他们这些人群进行由远到近,由生到熟的这样进行评估和排序,我们来列好名单,谁是你首先要见的人,谁是你首先要沟通的人,我们在分析完名单之后,我们就可以为下一步我们暖身进行更好的准备。

增补名单

我们在列完名单分析名单之后,我们每天要增补名单,因为增补名单可以给我们带来更大的效益。想一想,我们每一天,通过我们和新人见面,通过我们和我们分析名单的那些人会面的时候,我们能看到他朋友,还有在整个的我们工作当中我们会发现,我们在参加一次聚会,在我们和别人交谈,摄入到某个团体时候,我们还会看到一些我们新朋友,这些新朋友就是你无尽的资源,因为他们比较不了解你,但是他们好在哪里,他们对你是很认可的,所以我们在和我们所有人见面的时候,都要有一个很好的形象。比如说,你的衣着,你的素养,你的礼仪,你的谈吐,所有所有都要代表一个最高境界,我们经营的是世上最优秀的产品,你也把自己打扮成为一个世界最优秀的一个直销人员才对,在我们增补名单时候,我们要求每天都写增补名单,因为增补名单可以延伸你所有的这些资源,我们每天晚上,把我们今天看见的人,今天我们认识的人,都要写在一个增补名单表上,然后进行评估,评估什么,你感觉他这人是不是正能量的人,第二,你感觉他的需求是不是很好挖掘,第三,你要评估他背后的资源是多少?所以我们要经常参加一些聚会,去一些团体,当然是高大上的团体,去跟他们互动,这样的话我们就能够认识更多的人,通过他我们进行资源的挖掘,我们在和新朋友见面过程中,比如和我们新朋友见面分析名单的时候,我们见面时候鼓励他带来新朋友,这样的话,兴许,这个朋友不是你想要的人,但是带来的新朋友,兴许对你的影响,如果带来的新朋友对这个事业有兴趣的话,是不是我们的老朋友也可以跟你做一下相应的互动和延续的一个经营。

我们每天增补名单也可以透过我们认识的新朋友进行我们的转介绍名单,请认识一个新朋友在他的圈子里面那么会跟认识更多的好朋友,通过不断的展示自己的形象,展示自己的优雅,展示自己的专业知识,您可以和她们更好的无限的沟通和交流,和朋友见面和入圈子就是男女的拓宽,发展到无限的人脉之中,这样您就可以把事业做成无限大,我们有个这么增补名单表格,要每天,在你的增补名单表上,写出昔日朋友的姓名,性别年龄,一定要留下他的微信号,因为我们说过,我们有 a 有 2a3a4a 的一个互动群,这样的互动能够保证您在未来的事业里边有目的地去精准营销,在我们的微信号加入之后,我们不要推过多的直销的产品的资料,而是健康的创业的还有那些社会知识,推送一些健康的、创业的您和他同频的资讯,他所关心的,比如说孩子,我们可以推一些孩子的营养,孩子的教育,孩子健康,孩子的兴趣爱好,如果她是个女的,爱漂亮的,我们可以推一些美容啊,衣服搭配啊,还有我们一些专业爱好啊,如果他是个男的,那我们可以推一些,比如说旅游啊,学习呀,创业呀,如果她是一个老年人,我们就给推销一些保健啊,长寿啊,一定要适合他的文章去推荐,这些文章您可以在订阅号里检查,我们在讲微信号之后,我们要注意桥梁,就是你认识那个朋友的桥梁,他是决定你未来新朋友是否能够和你互动的一个关键的所在,他也是超级的 b 角色,我们这句话说得好,交了新朋友不忘老朋友,因为有桥梁,您的工作就会更好地执行和运作,我们还要记住,我们的场合是在哪里,您如果在这个场合上找到一个新朋友,那么你还要在这个场合互动,找到更多的新朋友,形成自己的人脉圈和资源的积累。

我们一定要找到我们认识的增补名单里朋友的爱好,我们叫做"物以类聚人以群分",我们还要投其所好,因为她所爱好的就是我们和她互动的,比如他爱好文学,他爱好唱歌,他爱好跳舞、瑜伽、美容、打扮、珠宝、看戏、看电影、旅游、学习,所有的爱好都是你和他互动的,所以做营销的人,知识面特别宽,最重要的,我们要不断的涉及社团,比如摄影,还有旅游,还有瑜伽,还有美容,还有亲子,所以涉足都要高大上的,不要垃圾的,还有你看看,我们旅游的,有车一族的,这样社团的力量就会更好的发展,在我们的增补名单里面,我们还要对他的需求巧妙的隐藏式的沟通,比如说他对健康上有什么需求,他对家庭,孩子,经济上有什么需求。分享一个我自己的案例,我和一个十几年的网友去见了面,我只知道她是做保险的,只是什么,每年发一个短信,过节的时候发个短信,她换了一次手机,但是从来没有把我的号扔掉,因为我的qq群所发的全是正能量,并且有我家人照片,她感觉我是很优秀的一个男人,打电话我说,我又回到了唐山,我想和你见面的时候他很高兴,他说你说哪天见咱就哪天见,我终于在去新加坡之前,在咖啡店,我们谈了两个小时,我们谈的时候,她就说她孩子的问题,孩子学美术的,今天高二,以后想考美术,我一听这个我就明白了,因为我的孩子也学美术的,是前年考的试,我就跟他说没问题,大姐,到目前我还不知道他姓什么叫什么,我说大姐,我说咱就这样,我和我的孩子考上了一个很好的一个学校,能不能我把他的经验告诉你,她说行吧,咱们马上见面吧,我们见面之后,我就开始求她,我说:"我离开了这个城市二十多年我想回来,但是举目无亲,只有你好朋友,在家靠父母出外靠朋友,你要帮我呦。"她就很欣慰地说:"跟你说,大哥你想让我帮啥我就帮啥。"在了解过程中,我知道他是一个保险公司的副总,现在已经辞职在家里闲一年,还有好多好的人脉,在新加坡我也买了一些小小的礼物,这是我的新的增补名单,我要好好地和她去互动。

这就是我们需求分析,在经济上的分析,另外我们要设计出我们的互动计划,比如我们跟他见面请吃饭,我们可以一起让她入社团,我们可以一起游玩,我们还可以,如果爱健康,我们拉到我们qq群里,让她听健康,我们还可以,有适当机会,让她入我们的会场,这是互动计划,最重要的是增加我们的感情,增加我们的粘度,还有就是我们要养成一个好的习惯,比如说我和我a级朋友,就是1a2a3a4a,这些朋友每天在固定的时间,固定推送一个短信,一个微信,固定的时间坚持下来,那么她就感觉你这人真的很靠谱,我们增加见面的机会,我们增补名单写完之后,这些我们并没有和我们这些朋友建立了深厚的感情,人怕见面,树怕剥皮,人越见越亲,酒越喝情越深,所以我们要见面而建立起深厚的感情。记住增补名单比列名单更重要,因为他是新资源,他不了解你过去,您在这里是一个可以让无数人推崇的一个空间。

在最后,我们还要跟大家分享一下,我们几件事情需要你怎么做,第一,你每天增补的名单,写了没有?第二,你和增补名单进行微信交流了没有?

第三,你增补名单,好好的存档,并且这些朋友有没有见面的计划?第四,增补名单,在我们整个互动过程中,你是如何理解它的重要的地位的?

第六节　暖身——煮鸡蛋

在电梯里,在公共汽车上,在餐厅里,您有没有尝试着和您身边的人交谈过?无论是做什么生意,您会发现和走近您身边的人进行交谈都是一件非常有趣的事情。如何结识您周围的陌生人,这是专业直销人员必须训练的技巧。

如何有意识地去处理与别人的偶遇呢?首先,我们承认并不是每次机会都会带来直销业绩,即使如此,我们有什么理由不去尝试而让这个机会溜走呢?

当您碰到一个人,他走进了您的五步范围,您应该友好而热情地自我介绍,并询问他们的工作,以及为什么在这个地方出现。善意的对话使对方积极回应。当他们问及您的工作时,您的任务是将名片递给他们。几乎没有人会拒绝您的热情和名片,接下来您会发现对方开始问您的工作和您的产品等一系列问题了,您需要的不正是对方的这些问题吗?您微笑着告诉对方:"我猜想,有可能某一天有为您或者是您的朋友服务的机会,为此事先致谢。"

准确地将这些话语和您当时的气氛配合起来。"我猜想"听起来一切都是自发的、自然而然的。"事先致谢"说明您为人礼貌。"有可能"显示一种谦逊的态度。"某一天"使得您的产品或服务不至于被搪塞到遥远的将来。"为您服务"把潜在的客户置于重要的位置,他们觉得自己对您很重要,很可能采取行动帮助您。

通常出现下面三种情况,哪个行动都对您有利。

· 他们同意打电话与您进一步讨论。

· 同意让您打电话给他们,进一步讨论。

· 他们不感兴趣,但将帮助您向感兴趣的人推荐。

现在您得到了什么?认识了一个您几乎没有可能认识的人,得到一名潜在的客户并被推荐给别的潜在客户。

在我们的直销事业里面我们有一个基本的步骤，就是列名单，分析名单，增补名单，当列完名单，在我们200个名单里面，我们每个名单进行见面以后，找到他的需求之后，就要开始分析名单，在分析名单之后就要开始做名单的评估，当评估完之后我们再做名单的排序，哪个名单是你应该首先要邀约的，哪个名单是后先暖身的，所以我们在做名单排序之后，我们开始进行暖身，暖身就是让我们和他接触，接触之后我们再明白他的主要的需求，暖身过程中就是把他的需求找到，然后隐藏起来，这样对我们未来的接触有一个很好的好处，暖身的过程首先要准备好这个人的基本情况，如家庭条件，工作条件性质，性格，什么样的人说什么样的话，还有他的人脉，还有他的思想，能不能接受新鲜事物的能力。

暖身的方法最重要的就是见面暖身，暖身之前要我们要做好方案准备，如果他反感怎么样，如果出现某些问题该怎样解决，如果暖身过程中我们要建立好我们更好的感情，要用感情来吸引他，但我们要处理好我们的这个朋友见面的第一印象很重要，比如说你的穿着，你的需要，你的语言，你的卫生，你的礼仪，你的所有的一切，所以我们要用三秒钟时间建立好我们的第一印象。

形象真的很重要，在暖身过程中，我们要不断地去把话题往我们所要要求的那些方面去引，比如说，在暖身过程中，我们需要判断的，他对健康的判断，他对营养品的判断，对二胎的判断，对我们事业的判断，对整个经济危机的判断，对自由的判断，在暖身过程中，我们最重要的是听，而不是说，让他去说，和他一起附和，说他，听他，说他喜欢的事情，我们在暖身过程中不要和她产生矛盾，你只是要做的几件事情就是微笑，赞美，点头，附和，这样她会不排斥你，而在我们暖身过程中，千万不要和他产生矛盾的一个对立面，产生争执，这个事情是对，你说的对，他说的对，实际不是这样，我们是说他说的对，对他所说的话产生兴趣，在说的过程中，我们可以经常地去插入你的话题，比如说最近心情怎么样，年龄大的，更年期来了没有，孩子学习怎么样，孩子健康怎么样，孩子的身高发育怎样，孩子吃饭怎么样，我们的爸爸妈妈怎么样，这样的一些话题她会更好的说出来，这样的暖身是我们要做的工作，让我们的朋友多说他感兴趣的话题，你要引发他的兴趣，暖身中我们要有沟通的要点。

第一，您说话要真诚，要有真诚的语言来对待他，第二，无顾虑，不要顾虑太多，不要太追求直销，不要在太追求结果，暖身就是和他建立一个良好的关系，暖身的过程中，也是我们要掌握一个适宜时间比如说三十分钟到两个小时，这就是一个最佳的暖身方法，我们会再见面，我们一定要留下一次见面的话题，比如说在暖身过程中我们锁定一些话题，在说出健康问题的时候，我们不要去解答，把这个话题留在下一次的邀约上用到，我们暖身的过程中，不要现场去解答他所有的问题。

暖身就是一个聊天的过程，实际在我们成交的过程中，就是聊天，会聊天，会听故事会讲故事，你就是一个成交的高手，听，只是我们在连天的过程中，是有一定的目的性和有一定方式，我们可以从不同的方式去找他的需求点，比如说家庭，工作，休闲生活，兴趣，爱好，财务，健康，梦想，我们可以根据不同的年龄段和工作的类型还和他定位，和他聊天的话题，我们整个的暖身就是听的事业，把兴趣中心点不断地放大，锁定话题，提高他的兴趣点，聊天的过程中，不同的性格人，要有不同的聊天方法，他说话快我们也说话快，他说话声音高，我们说话声音也高，他说话慢，我们也说话慢，他爱琢磨，我们也爱琢磨，我们不要产生矛盾，在暖身过程中我们不是要争个明白，说个结果，说个胜与负。

我们在聊天过程中，暖身过程中，我们有不同的族群，比如说老板族，他关心的人，财，物，年轻族，梦想，创业，未来的趋势，潮流，高龄族，不想拖累我们还有打工族，工资低，还有我们自由族，爱旅游，我们在整个暖身过程中要掌握别人的一些方法，暖身就是聊天，暖身就是煮鸡蛋，暖身的好与坏也可以证明，在未来您是否能够成功的邀请和约出来，所以在暖身的过程中我要把整个的时控，时间控制好把我们的话题索引好，让我们听出更多的需求来，这就是暖身。

在暖身过程中，我们做三不谈：第一，公司不谈；第二，产品不谈；第三，收入不谈。暖身三不谈，公司产品和赚钱，在暖身过程中，还有三不说，比如说，时间不够不说，场合不对不说，心门不打开不说，所以我们在暖身过程中，事实上他了解您的兴趣和爱好，您知道他的需求，当我们跟他暖完身之后，我们就把我们名单上所有列的事情做判断或评估，这就是我们暖身的过程，今天我们和大家说了一个暖身，我们在前一段时间都做了我们的名单，列名单，我们把名单都见了面,这时候我们来评估和判断我们过去跟人去见面,去暖身了我们就开始进行下一步,邀请出来,我们明天的我们的分享,是邀请,如何去邀请,今天在我们整个分享结束之前去跟大家做几个小问题,第一个问题,您暖身是否真真正正去认真听了,第二个问题,在暖身过程中,您是否锁定你所要的,需求的话题,第三个问题,暖身过程中如何避免争执的状态,感谢各位优秀的直销领导人,在这里我们真的祝福,您的暖身,是你煮鸡蛋的过程,您的暖身,是您整个事业重要的一个版块,因为他可以透过暖身找到需求,只有找到需求才能把他约出来,所以未来您的核心小组的快与慢,人数的多与少,与暖身邀约有关系,我们让暖身作为我们核心小组成立的第一版块,希望我们每天去暖身,我们暖身之后我们再去邀约,我们就是把他的需求点找出来,把他的话题,兴趣点锁住,把暖身里面找到的问题拿出来,隐藏拿回来,和我们的上级领导人去评估,然后再去训练邀请话述。

邀约——找软柿子捏

在准顾客名单上,写出一大堆对象(人名)当然是好事,可别忘了问题是,它的"质量"如何。看来每一个姓名都是"很不错"的顾客,其实"很不错"之中,其程度就有很大的差别。处于竞争激烈的现代商品社会,直销员往往忙于从事不会开花结果的访问活动,枉费了精力与时间,这是屡见不鲜的事。

例如:A 夫人比其他的人更有希望成为顾客,直销员却瞄错了对象,向毫无希望的 B 夫人一再做说服工作。

又如,M 商店的老板,看似顽固难缠,因此直销员一再拜访有说有笑的 N 商店老板。事实上,M 商店老板不但有意购买直销的商品,存款也比 N 商店老板多了数倍。

(2)要经过一番精选

直销员三天两天就访问一次的 N 商店老板,虽然他与直销员谈笑风生,实则打心底不想购买直销的商品。N 店老板只是把直销员当作逗趣、解闷的对象而已。

由此可知,拥有众多准顾客的名单,理论上虽然不错,但是,如何过滤、精选(资格评定,)那些准顾客,就成为你是否成为优秀直销员的关键。所以,你首先要做的是在进行直销商品之前,必须对那些准顾客来个"资格评估"。资格评估要做到怎样的程度(详细入微,或是粗略预估),要看你直销的是什么商品。

(3)看准对象才行动

①假设你是要向某家公司直销"员工伤害保险",那就必须先了解:

对这件事握有最后决定权的人是谁? 在决定之前,必须先经过怎样的手续?

②如果你直销的是尿布之类的婴儿用品,你必须先了解的是:

你想访问的家庭,是不是有婴儿? 有婴儿的话,在以前,他们使用的是什么品牌的尿布? 接受过怎样的服务?

③又假设你是汽车直销员,你需要先了解:

对方有没有购买汽车的需要? 他是不是拥有足够的钱购买汽车? 他要选择车种时,你能不能给予适当、确切的帮助?

总而言之,你对准顾客必须有一套资格评估的标准,根据它你才能正确评估你的准顾客,不至于造成枉费精力、时间的结果。

寻找潜在客户是直销成功的第一步,在确定您的市场区域后,您就得找到潜在客户在哪里并同其取得联系。如果不知道潜在客户在哪里,您向谁去直销您的产品呢? 事实上直销人员的大部分时间都在找潜在客户,而且您会形成一种习惯,比如您将您的产品直销给一个客户之后您会问上一句"您的朋友也许需要这件产品,您能帮忙联系或者推荐一下吗?"

您打算把您的产品或者服务直销给谁,谁有可能购买您的产品,谁就是您的潜在客户,它具备两个要素:

· 用得着

· 买得起

首先要用得着,或者需要这样的消费,不是所有的人都需要您的产品,他一定是一个具有一定特性的群体。如小型交换机的用户对象是集团、社团、企业等组织,有谁会去买个交换机放在家里呢? 其次是买得起,对于一个想要又掏不出钱的潜在客户,您再多的努力也不能最后成交。即便是保险业,人人都希望买保险,但保险直销人员却在从事着最辛苦的寻找潜在客户的工作,购买保险的群体必定具有一个共同的特征,您把保险直销给一个维持最低生活标准的家庭,按理说他们太需要保险,但无论您的技巧有多高明,您的结局一般是否定的,就算有成功的例子,也不足以说明问题。

寻求潜在客户是一项艰巨的工作,特别是刚刚开始从事这个行业的时候,您的资源只是您对产品的了解而已,您会通过很多种方法来寻找潜在客户,而且您花在这上面的时间也非常多。

我们在做产品分析的时候已经就潜在客户群体的分布作了一些简单的描述,无论如何,那些东西都是写在纸上的东西,是您准备工作的出发点,您还没有接触到您的核心——您最需要的客户群。

在你想拥有顾客的时候,必须具备一个先决条件,那就是先发现"准顾客"(有希望缔约的顾客)。你想有效地发现准顾客,首先就要正确地评估准顾客。

约请邀约是在我们整个过程中一个很重要的板块。其实在直销中,我们要解决几个问题。就是约了不来、来了不听、听了不做、做了不久、当你邀约成功率高的时候,你业绩就高。通过我们的邀约,把人约到我们的会场,约到我们的 ABC 成交。形成一个很大的火炉。所以邀约在我们整个直销里面起着很大的作用。也起着一个关键的作用。他对你未来核心小组的建立,可对你整个心情的建立有着至关重要的作用。邀约已经被直销人列为一课必不可少重要的学科。也是新创业者进入直销的一个重要的基石。

邀约不仅仅是一门科学,更是一艺术,也是一项生活的技能。邀约的技能直接关系到我们团队发展的速度和业绩。对于我们直销新人而言,我们要注意几个问题?就是我们新人必须学会邀约是我们的头等事情。我们要邀约可以分为五个标准。要约新朋友到课堂的目的要明确而且要筛选。其目的是为了询求一群合作伙伴,她不是同一般的要约,她不是为了一个生日party 或者是去旅游让对方滥竽充数凑个热闹。所以不能盲目地邀约新人。

有些直销伙伴要请邀约新人来到课堂,但是成功的几率很小。因为他选的人群不够精确。这不仅给自己和新朋友添来了实践成本。还会拖累自己,那么如何去选择邀约对象呢!第一,我们要选择做过直销对行业有概念的人。这个人对直销一些了解,不排斥可以正大光明地告诉对方我从我所从事的事业,只要公司产品制度符和他的预期,那么这种人很容易被邀约到会场上面来。第二，是选择比较注重健康，有一些和专长有爱心和热心的人。直销行业产品大部分以保健品和化妆品为主。这对那些注重健康或者是医生有专长的比较符合。只要你告诉她们有堂重要的讲座或知名人士的健康讲座，这种人很容易要约到课堂上面来。她们来后会使用产品。只要产品过硬，那么。他会成为一个消费者，也就会顺当的成为经营者。

对那些不满现状，有要求想改变的人。消费欲望特别强烈的人，我们可以进行邀约。在现实生活中，我们有很多人对自己现状不满足。他们迫切改变生活的状况，对金钱的需要的强烈邀约证人必须告诉她们。千载难逢可以改变一生命运的赚钱机会。第四去邀约那些曾经成功后来工作不顺的人。这种人曾经成功过，她们喜欢被人尊重。一旦她们的事业非常不顺时，尊重会随着她们地位的下降而成为过去式。邀约中新人最好方法是尊重关心和赞美。赞美对方并告诉她们，某月某日有一个什么样的招商会，这样我们就可以把她顺利的邀约到现场。第五我们去邀约没有一技之长，又想专业的人。大部分这种人没有多少文化，也没有一技之长，但是却是雄心勃勃。想出人头地，当她们从事工作后，她们发现自己的财富积累越来越慢，而且还要付出更多不确定的辛劳，让她们无法知道自己到底需要什么，在这种情况下，任何人要约都给未来的希望给鼓励。

我们在邀约新朋友时，要注意几方面的问题：

第一，要邀约先确定见面的具体时间和地点，语气要坚定，让对方感觉这会议时间的重要性。比如说你是一位非常优秀的老师。你一定很守时的，在晚上6点到7点半这个时间。我在晚上6点半到6:40。我在晚上6点半到6:40，在某个地方等你。如果您不能来，一定要提前通知我。过时我就不等你了，因为我时间安排很紧。让对方感觉到时间很宝贵。邀约新朋友要做到三不谈，不谈工作、产品和赚钱。不要在电话里喋喋不休告诉这是什么公司？这是什么产品？这是什么制度？

高姿态第二是高兴奋斗。感觉肯定是好事，你要让对方感觉到。介绍一个难得的好商机。这种姿态来自于你，确实在关心别人。不是你自己让对方能够强烈地感觉到这一点，但是不要强迫别人来。你不来不行不要求别人，电话中避免使用，不见不散。我一会等你。姿态一定要注意自己的姿态,不要过分的去求别人。给他介绍一个机会,同时要真诚和热情感染,让她们感到有希望。电话在我们的邀约过程中要做到信心、信任、信服和信赖,信任的,没有信任就没有一切。特别是朋友之间的相互信任,特别是关系很好的时候才能邀约回来。一般要预约很容易否则很勉强。不然上阵就会败下阵来。所以前期我们在列名单分析名单,我们在暖身。我们要感情到位,并且评估很准确。第一,我们要评估这个人有没有质量;第二我们要有信心。要有不怕失败,要对自己有信心。

信心是成功的关键要素,第三要信服,信心比黄金还珍贵。有信心之后做什么事情才会事半功倍,让对方不得不信服,一旦对方信服你。邀约就很容易了。

第四信赖。有了信赖之后,一定重新来到依赖。这携手长久的合作才会达到所要的目标。在邀约新朋友时,我们要注意三个方面。第一,你邀约长者要谦卑,这种客户时抱着保持谦卑的心理用心向对方请教。如书记,我遇到了一个新项目,心里没底。能给我参谋一下吗?一定要确定约定的时间和地点。我们在邀约过程中要保持热情。将热情的语调贯穿于整个通话过程。通话时脸上始终面带微笑,虽然客户看不到你。通过声波的感知,她们会感知到你的形象。并且我们在通电话的时候一定要站着,这样我们的语气会很高亢。对话结束时,一定要让对方先挂电话,那你等着,她挂完之后再关机。我们邀约过程中还要注意好多细节我们再邀约,还有很多潜规则要注意,不然再好的邀约再好的布局也会因细节而失败。邀约新人最好一次邀约一个人。邀约两人或多人一起来,其中有犹豫的或者像是建议相处的会影响他人的判断。在我们邀约过程中,不要让儿童来会场。小孩一动容易分心干大事,我无法专心分析。如果在邀约和见朋友过程中没有外卖的食物,我们知道什么时间最合适,最好让朋友吃完饭再来。饿着肚子,也没有办法让对方专心倾听。

在邀约过程中,时间一定要充裕。新人听完讲解后,要有会后的沟通,让他进一步知道这个事业的伟大,让我们进一步了解到这个事业的感受,在我们邀约过程中,我们还要使用好各人的武器。第一个我们在邀约的时候。最好夫妇一起来,在这一点上。有好多人会犯这种错误,我希望你和你的爱人一起来。就算说了一句话就是确定一方的时间去忘记另一方的时间。但是如果我们想一想，我和我爱人都是从事这个行业。因此我希望您和您的爱人，明天一起出席这个活动。这无疑是一个很好的话术。

我们可以提高邀约率还可以一次邀约到两个人。第二要快慢结合。可以采取快慢结合的两种方法。第一种方法，比如可以采取家庭聚会的方法。第二种方法可以进行一对一讲解方法。我们再根据具体情况再采取不同的方法。如果你对这件事情信任度很高，就不要急于求成，先不要做一对一沟通，因为一对一沟通会面临很多的问题。解决不了会造成出师未捷身先死的结果。使用好电话微信这些工具，电话微信这些工具，在我们的邀约过程中，一定要尽量的缩短说话的时间，不要把细节在电话里说尽，要来的时候我们一定要设计好台词。在通话过程中，虽然没有固定的话术。但是我们还有一个固定的思路。说我们讲一个故事，我们关系他的健康和危机的问题。我们去给他找到一个老师和一个专家，来评判这个事情的正确与否。让他观摩我们的事业这些话术都要做到，并且在我们电话的话术台词里面。一定要闭环。不要用开放式的语言和他说话，并且要真诚对待，我们在做任何事情都要真心的对待。不要误导别人，这样的话会丧失你好多的时间和资源。邀请是我们直销里面这样的版块。只有在邀请这个版块让对方出来，我们才有更好的与他沟通和成交的方法。我们今天在结束时给大家留几个问题。请大家认真思考第一在邀请别人的时候，我们的感情是不是很到位？第二在邀请别人的时候，你是否设计了台词第三当别人拒绝你邀请的时候，你下次是否，再会邀请他？第四，我们在邀请一个人之前，我们是不是对它进行评估？他的需求是不是跟会场老师的讲解是否一致？等等。

人生的美丽在于人性的美好，人性的美好在于人性的美丽。

人性的美丽在于人的个性，在于人的迷人的个性。

但是，是什么使个性能够吸引人？让我们在此发掘其中真相。你的个性是你的特点与外表的总和，这些也就是你和其他人所不同的地方。你所穿的衣服、你脸上的线条、你的声调、你的思想，你由这些思想所发展出来的品德，所有这一切都构成你的个性。

第三章　直销达人这样说

第一节　会　场

《孙子兵法·谋攻篇》说:"知彼知己者,百战不殆;不知彼而知己,一胜一负;不知彼、不知己,每战必殆。"这条自古以来家喻户晓的军事格言,已被现代商战所接受。

会场是把利器,你能驾驭吗?

会场是直销的利器,不懂得聚会的技巧,很难在这个事业中成功。好在聚会不是什么特殊的事情,完全有现成的方法和规律可以复制。做直销必须学会聚会的技巧,运用会场的力量实现自己的工作目标。

对于直销伙伴来说,会场作用可以说是开展直销事业最为核心的运作方式。会场运作得好,不仅组织发展速度能够增快,而且还能够取得倍增的事业成绩;反之,如果缺乏会场运作机制,每个直销伙伴单打独斗,不但业绩发展容易受到限制,伙伴的"阵亡"几率也相对偏高。

1. 会议是"借力使力"发展团队的有效途径

直销事业的迷人之处在于,它是最重视借力的事业,而会场的力量在这个事业之中是绝对不能忽视的。每一位资深的直销成功领袖无不推荐会场运作在直销中的魅力,因为不管在零售还是推荐的方法中,没有比善用会场更有效、更省时、更省力的方法。所以,对于决定在直销事业中成功的直销伙伴,学习运用会场的力量,有效的"借力使力"便能让组织最快稳固的发展。

2. 会议是学习、复制的最佳方法

直销事业是一种投资很小的大生意,之所以是大生意,很大程度上就在于它能通过复制来发展自己的事业。在会议中学会两种复制:一是成功直销伙伴的经验;二是组织的文化,这两方面都是通过组织的各种说明会和培训会来传承的。

3. 会议是分享成功,激发事业热情的原动力

经营直销事业的伙伴多少会在经营的过程中遇到各种挫折和障碍,能够定期聚会开展激励工作,或是通过伙伴间的彼此鼓励来提高士气增加战斗力,对于团队机构的发展与经营是相当重要的。

第二节　直销最有效的展业工具——会议

会议,一直以来都被直销界公认为——直销最有效的展业工具,一个企业,一个团队,一个直销人,不管他所在的市场多么难启动,只要他能熟练、成功地组织好会议,市场就能火爆,所有一切的困难都会迎刃而解。在直销市场工作中,会议工作的执行,一直都是企业文化复制的一个重要环节。

然而在市场一线的具体工作中却出现了很多劳民伤财却又达不到效果的文山会海现象,为什么会出现这样的现象呢? 通过一年来在市场一线的实践工作发现,其主要原因有几个方面:

1. 组织者不能给会议确定一个中心思想(也就是说不知道每次会议要达到什么效果)。

2. 不知道该通过什么样的会议形式来突出会议的中心思想。

3. 没有良好的组织策划能力来实现会议的中心思想。

直销企业的会议多种多样,大致有以下形式:

1. 事业说明会;

2. 产品说明会;

3. 业务培训会;

4. 旅游研讨会;

5. 业务交流会;

6. 庆典联欢会;

7. 家庭联欢会;

8. 核心领导会;

9. 表彰颁奖会;

它所要体现的中心思想,主要有以下几个方面:

聚:指聚集人员,聚集人气,这样主题会议一般是指联欢会。

直销市场的开拓,特别是前期市场的开拓,"聚"的会议非常重要。

直销市场的管理是松散型的管理模式,市场的成员来自不同的阶层和地方,同时他又有明显的组织划分,往往是同在一个地方、同是一个家企业的经销商却相互不认识。然而大家都知道直销市场的开拓对团队协同作战的要求特别高,尤其是在市场开拓前期从业人员不多、各兄弟团队都没有形成自己的核心业务配合体系有一定孤独感的时候,对这种相互协助的需求更为突出。

那么要让这些相互陌生的人紧密地结合起来,互相配合开拓市场,联欢会就是最好的桥梁。他可以通过一起参与娱乐的方法将大家聚到一起,通过各自的表演将团队和个人展现、介绍给大家,形成交流的渠道,从而实现互动,营造团结一致、众志成城的展业氛围。同时这样主题的会议也是拉近和新朋友的距离、建立认同感的最好方法。通过一起娱乐和嬉戏的交流模式让新朋友了解直销人、了解直销事业,这样的活动满足了人性合群的需求,亲身体验直销文化,这样的认知过程是任何介绍性的工作都达不到的效果。所以在直销市场有必要定时组织这样主题的会议,给经销商们一个认识交流的机会和展示和互动的舞台。

传:指传递新信息,传递好消息,安排新工作。

这样主题的会议一般指我们平时开得最多的业务交流会。传递信息在直销市场运作的过程中是任何时候、任何地点、任何会议都要做的一个动作,在其他的会议中间也是很重要的一个内容。通过传递新、好信息鼓舞士气是直销企业最基本的动作,是丰富经销商展业解说内容的基本途径。这个会议的组织没有特殊方法,但是要注意实、早、全、多、准几个方面,一定要将最多最全最真实的信息,在最早的时间最准确的传递给大家,让大家分享,引起团队共振共鸣。

真实在这里是最重要的,不真实的信息表现为错误和根本没有两个方面,一个失真的信息会降低所有经销商朋友的信誉,从而降低公司和团队领导在经销商心中的地位,降低公司在公众心目中的美誉度,从而直接导致销售量下降。错误的信息是不准确传递信息的产物,他也会有同样的结果。

全和多包括这些内容:行业内的新闻、企业内的新闻、团队里的新闻、兄弟团队的新闻、经销商伙伴们鼓舞人心的从业心得及感受、消费者使用产品的感受、学习到的新观念新技巧、看到的一本好书和听到的一段好磁带等等。

教:指教给经销商展业的方法,指导正确的展业流程。

这样主题的会议一般是业务培训会和业务交流会。在这里就是要准确的讲解复制公司的各种业务流程,教会经销商朋友如何开展业务,主持这样的会议的人一般都是直销企业专门训练的讲师或有一定业务经验的领导,只要把握好跟公司保持一致就可以了。但要注意多给经销商朋友们一点交流的机会,因为只有他们分享的成功案例才是最实战最有效的方法、因为只有他们分享的成功案例才是最能调动其他经销商打破僵局克服困难的导火索,也只有他们提出来的疑问才是我们展业遇到的真正最需要解答的问题。

调:指调整经销商的心态,引导正确的观念。

这样主题的会议一般是家庭联欢会或核心领导会。在这个会议上,往往是几个有经验的高级经销商跟个别的有思想问题的经销商朋友在小环境里进行交流,调整心态,引导正确的从业观念,处理相关矛盾,解决经销商的思想负担,调动展业积极性。要注意的就是避免让经销商感觉你们在用"ABC"法则。

激:指激发人们的创业激情,激发经销商的展业斗志。

这样主题的会议一般是创业说明会、产品说明会及旅游研讨会等。这个主题的会议是直销企业最有生产力的会议,而我们

所有的工作都是为了能增加我们的销售量,所以其实这样的主题是在每个会议都需要体现的思想。注意避免的是－－千万不要出现"托"的形象。

圆:指协调经销商之间的关系,处理经销商之间的矛盾。

这样的主题的会议和"调"差不多都是通过家庭联欢会和核心领导会来实现的,他主要是处理矛盾,其最重要的就是协调矛盾双方的关系,维护团队中个体的利益,保持团队管理的原则性,他要求方和圆形成统一,要尽量避免出现"打死一方,维护一方"的假象,力求体现公平和公正,一定要做到对事不对人,没有必要就不公开。

树:指树立正确的行业思想,树立正确的团队公约,树一方正气,保一方

和谐。

这样主题的会议一般是业务培训会和业务交流会。一般从两个角度来开展，一是通过培训宣导正确的思想来实现，一个是通过处理反面的事例来强调。在直销行业建议用第一种。

展：指展示收获，畅想未来。这样会议一般是表彰颁奖会和旅游研讨会。

他是通过表彰先进来展示企业和经销商的收获，畅想企业未来的发展，展现经销商的美好未来。他跟"激"的会议是同步的。

表：指表决心，表态度。这个主题应该是每个会议都要体现的思想。

从层面上讲包括：公司的决心和态度、公司领导的决心和态度、团队领导的决心和态度、经销商的决心和态度等。从内容上讲包括：公司对社会的态度、对自己的态度、对市场从业者和消费者的态度，市场领导对市场从业者的态度、对公司的态度、对自己的态度，市场从业者对公司、对市场领导的态度、自己展业的态度、对消费者的态度等。这个主题的体现，目的是建立公司和团队的美誉度、诚信度，增加人们的信任度，同时也是给自己一个承诺，激励大家完成目标提高生产力，带动后进提高约束力的一个方法。是公司和经销商责任度的体现，注意：一定要说到做到。

商：商量对策，寻求建议。这样主题的会议一般是业务交流会。

是发扬民主、集思广益的一种体现，是直销行业人人都是自己的主人这一精髓的体现，现在各大企业成立经销商委员会就是这个方面的体现。他有两个好处：一是的确能够更好更合理的处理相关事物；二是给广大经销商一个展示才能的机会，满足人性受重视、受尊重的需求，发现人才留住人才。

因此，直销会议是至关重要的。

成功的经销商都知道如何推荐会议门票和组织会议的重要性。有一个著名的成功案例就是一个口吃的经销商因为没有口才，不能流利的与人交流的人，做到了某直销公司第二名，其实他并没有什么特殊的，他的秘诀就是卖会议门票。每次开年会，他就买几百张门票。然后，他就在这半年的时间里卖票。卖出去了，他就成功了。

因此，我可以这么说："没有会议，就没有直销。"为什么说直销会议是成功的捷径？这是因为，在网络行销中推荐一个人认同这个生意不容易，将不积极的经销商变成积极的经销商更不容易。然而,令人惊奇的是,如果你带一批潜在新人去参加公司国际年会,你会发现他们几乎不用你费任何口舌就认同并加入了这个生意。你还会发现,那些不积极的经销商,突然之间像换了一个人,成了非常积极的经销商。当你返回所在地的时候,你发现,短短的几天时间,你完成了以前一年都难以完成的工作。你的团队比以往任何时候都人气旺盛,都蓬勃健康。因此,我们说会议是成功的捷径。

为什么说"直销会议具有加油和充电作用"?

我们都知道汽车没有油了要加油,电池没有电了要充电。人也是一样,碰到挫折或网络发展处于低潮时,我们都需要加油和充电。会议就是加油站,就是充电器,你要想持续的发展、保持你的激情和热情、不被困难打倒,你就要去加油、去充电。在会议上,你会获得力量;会议之后,你就可以开足马力,加大能量的去拼搏。

为什么说"建立正确态度的催化剂"?

会议有着催化积极心态、激发潜在能力及个人信心的作用。网络行销是可持续经营的事业,想要完成每一个目标或者获得什么成就,都是没有任何限制的因为这完全是由你自己去设定的,所以你也必须要清楚自己的人生意义和价值观。价值观是人生的指南针,如果价值观清楚、确定,那么你不管遇到什么困难,都能拿出勇气与行动,如果再配合适当的激励,一定能产生无比的力量,产生积极乐观的态度。

为什么说:"突破瓶颈的助推器"?

我们都知道,人在最巅峰的时候成功率最高。但是,也有许多人在成就达到一个高峰的时候,业绩反而停滞不前,这就是我们常说的遇到了瓶颈。有些人因此休息了好一段时间,思索别人是如何突破这时的瓶颈的;有些人可能一头栽倒,好久都爬不起来;还有些人则沉浸在如何发掘更上一层的技术里,希望练就更深的功力。

而网络行销的国际大会往往有助于经销商突破瓶颈,更上一层楼。因为,他们接触的知识与信息是最先进的,他们的视野被突然打开,一下子看清了盲点。看到了努力的方向或找到了克服瓶颈的方法,这就是会议所带来的突破瓶颈的助推作用。

为什么说："确保正确的复制?"

一个公司的系统设计得再好,如果下面的经销商不能正确的复制,该公司的理念和系统也不能有效地贯彻下去。如果网络行销公司的信息没有传递好,那么市场就会做坏,不仅经销商的形象受到损害,连公司的形象会受到损害。因此,会议的另一个重要的因素就是让那些受过训练的、有证书的讲师来传授正宗的知识。

第三节　事业说明会的五种狠角色

您如果要观察一家直销公司的未来潜力,您如果要了解这家直销公司有没有成交的魅力,只要观察说明会的五个狠角色就能窥知一二。

直销公司的组训人员扮演着极重要的角色,甚至一个优质的组织团队都需要具备组训的技能,所以组训人员专业应该是整个直销系统的灵魂,但显然我们看到的事实并非如此。

组训第一件工作不是做长远的学习排程与规划,尤其在直销公司里面,应该是以如何协助伙伴达成业绩为第一要务,但业绩的来源则是说明会的功能,甚至任何一个组织伙伴的业务成交方式都是小型说明会的缩版,因而组织应当培训说明会的五种狠角色,以作为市场攻击的利器。

1. 主持人

我常说主持人是会场灵魂人物,但平时我们都将优秀的人才挑选去当讲师,剩下培训的初学者,才让他从主持开始,就像电视的综艺节目,所有的铺梗、桥段的主 KEY 都由主持人发挥,如果从这个角度来分析,会场的灵魂反而是主持人。

主持人的功能是开门,开什么门? 当然是开心门,当伙伴约朋友来的时候,通常都会带着忐忑不安的心情来,在半推半就、勉强捧场来时,愿意接受或是听下去的意愿当然不高,主持人就得让大家在最短的时间接受会场、接受讲座、接受讲师,所以开这个门的功力必须是 5 分钟以内就要让来宾们安心、欢笑、接受,这不是三言两语可以传承,所以要培训,但少有公司的组训人员会安排主持人训练,我想这就是了解这个角色功能的人微乎其微。

2. 讲师

讲师大家的认知都一样,其角色吃重,甚至把成交的希望都建立在讲师身上,讲师是产品讲师还是制度讲师,其专长不一样,但一样都要具备煽动力。什么是煽动力?你问10个人,有10个人都告诉你煽动力就是夸大其词。夸大只是煽动力的一种,但煽动力不一定是夸大,而是放大对方的需求,需求越大,就越需要解决方案。

直销卖的不是产品、不是事业,直销卖的是解决方案,解决身体的需求,解决事业的需求,解决赚钱的需求,讲师要学习流程的结构、演说的技巧、肢体的表达、教案的制作,其实目的就是在强化这个煽动的能力。

3. 音响师

会场的音乐功不可没,只要是成熟的会场一定很重视会场音乐,虽然短短一个半小时,但却是所有人在会场被感染的一种情境因素,音乐扭转情绪的效果最快,一首歌也许只短短的4分钟,但人们只要在记忆中找到对的旋律,一秒瞬间就会改变大脑的情绪释放,就好像味蕾也是一种记忆,我们现在吃的各地方小吃,其实也是一种记忆的感觉。

小时候我住罗东,经常在暑假时练游泳,我有一群游泳的泳伴,泳池的生活占了我学生时代的大部分,每次游完泳,我们都会呼朋引伴在附近一家小吃店吃摇摇冰,其后这家店慢慢增加了米粉羹与臭豆腐,直到现在,我带着老婆孩子回到罗东,第一件事就是找寻记忆中的美味,与其说是美味,不如说是回忆。音乐也是如此,在不同情境或是要做某些活动时,就需要音乐来带动当下的气氛,也是当下的情绪,所以每个流程下都要有不同的音乐置入,这就是DJ的功能。

4. 见证

见证可以分为产品见证和事业见证,说明会的主持、讲师、音乐都对了,但还是不容易产生订单,取得订单一定是在冲动情境因素下的购买,所以也是一种同理心,因此产品见证或事业见证就显得格外重要,见证的人不是讲师也不是主持人,见证的人必须跟大家一样都是消费者或是经营伙伴,才会有力道。

但除非产品力够强,且使用够久,不然产品见证要这么强,还不是很容易,所以培训如何见证分享就是一门学问,见证的例子越多、见证的力度够强,产品就卖得越好,但是事业见证就不容易了,产品还好讲,事业见证是多数直销商最不会讲,但不会分享事业经营者就推广不出去,经营者就少,因此培训见证分享又是跟成交息息相关的训练,但是又有多少人懂得去培训事业见证分享?

5. 会后会的 A 角色

说明会成交的重心落在会后会,会后会的 A 角色是促使跟进、引导填单、异议处理的重点人物,听完说明会如果会产生兴奋度,就要有人能够协助解决问题、回答问题、引导成交,这时如果 A 角色够强,成交的几率就越大,所以大量培养会后会的 A 角色对业绩绝对有帮助。

但问题是会后会的 A 角色要培训什么? 似乎问过的领导人自己也答不出来! 如果连业绩来源的重点训练都不清楚时,相信这个事业就算成功,也不知道是怎样成功的,没有成功的轨迹,便不会有成功循环,所以当市场变动,就会造成业绩不稳定。

说明会是最基本的配备,一家直销公司的好坏与说明会息息相关,如果说明会做不好,其他要补强都很难,只是说明会的成功要件就是这 5 个角色,找到重要的环节之后要培训就容易,但很多人不懂、不了解或不愿深入,以至于抓不到培训重点,导致培训只是一件看起来很专业,实质上没功能的部门! 殊不知,培训的思维牵动了公司业绩的命脉,只要培训够专业肯用心,培训就是直销的心脏。

第四节　会务营销成功十大要素

(一)信息与交流

会前各分部对相互之间的信息进行交流。统一各分部的营销比例、服装、对外宣传口径、赠送物品、宣传资料和人员分工。顾客信息的收集。

(二)资源的使用

主要分为员工资源的使用和顾客资源的使用。这两者之间最为重要的是顾客资源的使用。

1. 不能盲目地邀请前期沟通不足的顾客这样会造成顾客资源的严重浪费;

2.不能超过既定的与会人员数字,超员的后果会使会议现场的局面失控;超员会造成与顾客的沟通不充分、不到位,这样会使成交率低下。由超员带来的现场混乱,会在到会的顾客中产生负面效应。(如:参加过一次会议没有购买产品的顾客很难在以后购买产品。)

(三)会场的要求

1.会场尽量选择在当地知名度较高的场所。

2.会场的容量关系到是否能提供顾客一个宽松、愉悦的购物环境。会场的地理位置,包括交通是否便利、环境是否雅致。

3.配套设施是否完善、服务是否周到。会场的要求。

(四)视听的效果

视听效果往往是现场调动顾客注意力的有效手段之一,声势和气氛几乎都是靠视听效果烘托渲染的,能否在现场制造出沸点效应也与之有着直接关系。

现场音响的控制必须得到专业人士的紧密配合,配合的不紧密会造成节目和气氛的脱节。灯光要有可控性,便于调动顾客的注意力。

对于200人以上的会议,投影屏幕最少要保证4m×4m的面积。

(五)现场的调控

会议现场的调控主要取决于主持人的主持能力,尤其应注意主持人的应变能力和挑动观众的煽动能力。

(六)节目的安排

·要选择有一定寓意的节目;

·讲解与抽奖的时间、频率要安排得当;

·节目时间不能过长,要避免有15分钟以上的节目;

·有条件的尽量先对节目进行筛选和彩排;

·避免相同的表演者重复出现(不能超过2次)。

·尽量多安排顾客参与的节目,调动顾客的积极性。

(七)讲解的水平

讲解必须规范以保证标准统一的输出,同时宣传资料要配合讲解的口径。

(八)服务与沟通

员工与顾客之间要有有效的沟通,要利用互动和周到的服务来加强这种沟通。

（九）时间的安排

会议时间有全天的也有半天的,其中较为成功的总时间都控制在 5 – 6 小时之内。

（十）老顾客作用

老顾客在现场现身说法,影响现场销售,在场下个别沟通中,作用超过员工。

第五节　直销团队

团队发展的五个阶段

团队建设的问题已是一个被无数人研究过的问题。有关团队建设的阶段,著名管理学家布鲁斯·塔克曼有关团队发展的五个阶段的观点被有人奉为规范的团队建设的五个阶段理论。

这五个阶段分别为:组建期、激荡期、规范期、执行期和休整期。布鲁斯·塔克曼认为这五个阶段是所有团队建设所必需的、不可逾越的,团队在成长、迎接挑战、处理问题、发现方案、规划、处置结果等一系列经历过程中必然要经过上述五个阶段。

第一阶段:组建期

我们每一个人都有加入新团队的经历和感受。激动、困惑、矜持、观望是团队形成期成员的主要特点。组建期的团队缺乏清晰的工作目标,工作职责与标准不明确,缺乏顺畅的工作流程,成员间缺乏有效的沟通,个人的角色定位不明确,部分成员还可能表现出不稳定、忧虑等特征。

组建期的主要工作是明确方向、确定职责、制定规范与标准、进行员工培训。团队负责人一定要向团队说明工作目标、工作范围、质量标准及进度计划,并根据工作目标要求对团队成员进行技能和知识培训。团队负责人要让成员参与探讨工作计划,主动和他们进行平等而真诚的交流,消除团队成员的困惑与忧虑,确保团队成员之间建立起一种互信的工作关系,设想出成功的美好前景并达成共识,以激励团队成员。

第二阶段:激荡期

团队经过组建阶段以后,团队获得发展信心,但同时也形成了各种观念激励竞争、碰撞的局面,出现人际冲突与分化。团队成员面对其他成员的观点、见解,更想要展现个人性格特征,对于团队目标、期望、角色以及责任的不满和挫折感被表露出来。团队成员间、团队和环境间、新旧观念间会出现矛盾,甚至负责人的权威都面临挑战,团队组建初期确立的原则受到冲击与挑战。作为团队负责人应具有解决冲突和处理问题的能力,创造出一个积极向上的工作环境。动荡期首要的是如何安抚人心。首先要认识并处理各种矛盾和冲突,比方说某一派或某一个人力量绝对强大,那么作为领导者要适时的化解这些权威和权利,绝对不允许以一个人的权利打压其他人的贡献。同时要鼓励团队成员就有争议的问题发表自己的看法。要善于做引导工作,想方设法化解矛盾,而不应置之不理或进行权力压制。这一时期,如不能因势利导,防患于未然,团队就会面临颠覆的危险,至少是在团队发展的道路上埋下了隐患的种子。同时,这个阶段要准备建立工作规范。没有工作规范、工作标准约束,就会造成一种不均衡,这种均衡也是冲突源,领导者在规范管理的过程中,自己要以身作则。

第三阶段:规范期

通过第二个阶段的磨合,进入规范期,规则、流程、价值观、行为、方法、工具均已建立,人们的工作技能开始慢慢地提升,新的技术慢慢被掌握。团队成员之间开始建立起互谅互让互助的关系。成员的目光重新集聚到工作上来,关注目标与任务,团队成员有意识地解决问题,实现组织和谐。他们开始关心彼此的合作和团队工作的发展,并逐渐适应环境、技术和各种规范的要求。

团队要顺利地度过第三个阶段,最重要的是形成团队的文化和氛围。团队精神、凝聚力、合作意识能不能形成,关键就在这一阶段。这一时期的最大危险是团队成员对震荡期存在的问题心有余悸,害怕引发矛盾而不敢表达自己的声音。作为团队的负责人,在这一时期的主要工作,就是通过激励来使他们放弃各种心理上的包袱,提高责任心和相互信任度,使他们行为标准和工作任务紧密地结合起来。拿破仑认为,在有效地管理下属问题上,荣誉比鞭子重要得多。这也正符合马斯洛需要层次理论:尊重和自我实现是更高层次的需要。激励是多种因素的综合,这时期的团队建设,可从以下角度切入:鼓励建议,让成员在多提意见的过程中,感觉到团队的发展与自己休戚相关;实行参与制,让每个成员认识到自己是团队中的一员;压担子,通过授予成员工作,激发他们的责任心;进行表扬和奖赏。必须强调的是,实施激励应该在工作过程中,而不应只是在完成时。当然,除激励之外,规章制度的约束和惩罚是必不可缺的辅助手段。

第四阶段:执行期

度过第三个阶段,稳定期的团队逐步变成高绩效的团队。这一阶段团队呈开放、坦诚、及时沟通的状态,具备多种技巧,协力解决各种问题,用规范化的管理制度与标准工作流程进行沟通、化解冲突、分配资源,团队成员自由而建设性地分享观点与信息,有一种完成任务的使命感和荣誉感。

"领导者要干自己的事,不干别人能干的事",这是现代领导方法的基本法则。对于执行期的高绩效团队,团队负责人应掌舵而不是划桨,团队负责人应集中精力关注预算、进度、计划、业绩和成员的教育培训等事关全局的大事,其他事情应进行授权管理。同时,这个阶段团队负责人要根据业务发展需要,随时更新工作方法与流程,推动经验与技术的交流,提升管理效率,营造高绩效的组织文化,集中团队的智慧作出高效决策,通过成员的集体努力追求团队绩效。

第五阶段:调整期

天下没有不散的宴席,任何一个团队都有它自己的寿命,团队运行到一定阶段,完成了自身的目标后,就进入了团队发展的第五个阶段——调整期。

调整期的团队可能有三种结果:一是解散;二是组建新的团队;三是因团队表现欠佳而勒令整顿。以项目或工作小组形式成立的临时团队,一般在项目或某项工作完成后,团队会解散,或组建新的团队。常规团队在企业发展到一定阶段,可能根据业务需要撤销、调整或重组。

在执行期内,团队成员形成了良好的默契与合作,不同的调整会对团队成员心理造成不同的影响,这个时期需要做好团队成员思想的引导,说明调整的必要性及意义,让员工认同组织调整决定。

布鲁斯·塔克曼认为,在团队建设的这五个阶段中,每个阶段的工作绩效和团队精神的水平存在很大差异。进行团队建设,就是要分析团队所处发展时期,了解其特点及规律,对症下药,采用恰当的领导方式,减少团队内耗,降低发展成本,提高团队绩效。

第六节 直销团队建设必经之路

神器一:沟通篇

一个很有意思的情景想必很多人都熟悉:如果团队某个项目或是计划出了问题,领导者肯定认为是团队成员执行不到位,但如果问下属成员,大部分一定会说是团队的决策出了问题。为何会有这样完全不同的结论呢?答案是沟通不畅甚至没有沟通。

沟通并寻求共同意见并不是一件简单的事,不是每个人都乐意说出他的见解,所以沟通一定要讲究方法,否则不但达不到目的,还很有可能赔了夫人又折兵。

标准的西方做法是:参与者就相关问题进行辩论,并阐述对方案赞成或反对的理由。

而东方人的习惯却是:参与者轮流发表各自的意见,没有讨论。

其实不论采用哪种方法,鼓励参与者说出他们的意见并做出总结,设法达成某种程度的一致才是最重要的。

讨论中,不是一定要推翻已有方案或者拿出另一个新方案,更不用强行要求团队每个成员的观点完全一致,因为经过讨论已经达到了使方案更加完善的目的。

当然,在这个相互讨论的过程中很有可能会把原来的方案推翻,或者会有更好的新方案提出,但这些都应该是自然发生、而不是硬性要求而产生的,否则就会陷入为了推翻方案而推翻方案、为了拿出新方案而拿出新方案的误区,这对问题的解决没有任何实际意义。

神器二:目标篇

目标是制定计划之本,设定有弹性、周到而又可行的目标,有助于团队取得最终目标。

在设定目标时,要胸怀大志,对巨大成就的渴望,会促使人们积极行动。胸怀大志的领导者能够证明,那些看上去不可能实现的事情,其实往往能够企及。

对于目标里每个要素的完成,提出明确的标准和完成实施的时间、相关责任人以及考核办法、奖惩办法等都非常重要。被设定目标的实现将会使团队成员无比自豪,一方面,目标是团队成员共同讨论认可的,大家都会全力以赴,这就避免了成员在遇到困难时惊慌或推诿。另一方面,积极向上的心态对于目标的实现至关重要。

此外,永远不要忘记设立目标检查标准。即该目标:

是否明确、有难度、可量化?

是否有明确、切合实际的时间表?

是否已经落实成完整的计划?

是否可因事态的需要而做修改?

该目标的实现是否会推进整体的战略发展?

是否会为团队成员带来收益?

是否体现在每个成员的个人目标中?

只有符合了这些标准,目标的实现才会成为可能。

神器三:协作篇

要使团队运转良好,就要做好成员的角色定位。要建立一个齐心协力的团队,成员个人利益和团队利益必须一致。把团队成员看作一个整体,让他们各司其职的同时集中合作。

首先,进行成员角色分派:掌握团队每个成员的性格和能力,决定其适合什么样的角色和任务,以及需要哪种培训。高效团队的每个组成人员,都要担负不同的关键角色,而作为团队领导者,除了担当团队精神营造人之外,还要确保团队所有角色都有人担任,而有的团队成员需要担任多种角色。

其次,培养技能授权成员:团队运转需要更多的灵活性,团队成员具备多种技能显得很重要,若每个成员专司一职,不兼顾其他,团队很难运转良好。安排时间让团队成员一起工作是一个很好的办法,这样不仅能让他们了解彼此的工作,还能促使成员更充分地发挥自己的才能,行使为团队思考和贡献智慧的权利。

最后,公平公正公开奖励:奖励的目的就是为了激励团队和个人更好地工作,团队成员有权利和资格分享他们创造的财富和荣誉。当然,有时个人利益和团队利益之间是会有冲突的,领导者一定要协调好这之间的关系,不能让其干扰了团队和谐的气氛。

神器四:决策篇

不论是举行正式或非正式会议,领导者心中都要有时间概念和明确的目的。如果总是为已经决定的事把成员召集起来"盖橡皮章"或开不作决定的会,不但会影响成员的斗志,降低整个团队的工作成果,而且会减少领导作用的机会,延误决策,冲淡责任。

久而久之,团队便会出现"会而不议,议而不决,决而不做"的怪现象。作为领导者,在安排会议前应该先考虑它的有效性。拟召开的会议是出于解决问题的目的,还是纯粹出于习惯?

首先,领导者不妨问一问自己:这个会议是否有明确的目的?是否有明显可测的结果?是否有完全起作用的与会者?如果拟召开的会议不能通过这三个问题的测试,那么它就是不必要的会议;

其次,领导者在每次召开会议前都应带上完成的计划,同时作好"开会就意味着可能改变原先设想"的心理准备。

会议前,妥善分发所有文件。

会议中,让讨论有秩序地进行,让每个成员都能畅所欲言,鼓励他们坦率交谈但要防止离题。

会议后,要即时总结会议上提出的建议或计划。

总之,团队领导者要起好主持人的作用,就能使会议富有建设性。

神器五:事实篇

问题可能是一次性的,也有可能是经常性的。从此你的人生便多了一位免费的成功教练。不管遇到怎样的问题,领导者都要首先针对出现的问题先询问自己为什么会产生这样的情况,并一一回答这些问题,提供与解决问题有关的基本事实。因为缺少这些事实,就不可能有最佳的解决方案产生。

许多问题往往是因为"差距"产生的,"你在哪里"与"你想到哪里"之间有距离,问题是怎样缩小这个距离。

比如:本季度的目标销量是 1000 件产品,可现在两个月过去了,销量才完成了 50% 。这之间可能存在着许多障碍:资源短缺、强大的竞争对手等等。

这时,领导者要么去找寻消除障碍的方法,要么在目标上做出妥协。重要的是,必须为达到目标做出一番筹划,找出问题出现的原因,然后拿出相应措施。

只有无能的领导者才会在确认差距后仍置之不理。管理学家彼得·德鲁克认为:"知道该做什么,怎样去做,就要付诸行动。"没有第三步行动,前两步分析和计划就毫无意义。

找寻事实的目的,除了让团队成员养成具体问题具体分析的良好习惯,更重要的就是要把存在的问题有效解决,达成最终目标。

神器六:激励篇

信任是领导者对团队成员最好的激励方式。信任很难建立,却很容易失去,这是因为人们常以一种怀疑的心理定势开始交往。

团队领导者要努力赢得团队成员信任,就必须通过显示诚意和全力支持团队成员工作来获得他们的信任。只要诚实守诺、公正待人,信任便会随之而来。

有一个朋友,到一家公司接任销售经理,他到任的第一件事就是把办公室重新做装修,使办公环境更舒适。

他认为,关心团队成员是一个领导者的重要责任,要留意办公环境的优劣,仁慈地对待团队成员提出的合理的改善要求,并随时准备采取例外行动去帮助遇到困难的成员。

当领导者全力为团队成员争取资源、给予帮助时,便会增加成员对团队的信任、提高他们的忠诚度。

帮助团队成员塑造信心是另一有效的激励方式。人们也许会怀疑自己完成一项困难任务的能力,但当达到或超越既定目标之后,自我感觉就会得到改善。

用表彰会或其他形式为个人和团队庆功,可以增强成员信心,最重要的支持是心理上的无价支持。

如果有团队成员犯了错误,应指出错误并指导其改正但切忌中伤个人。面对外人,应依实情尽量支持、赞美成员,任何训斥和纪律处罚都应在私下进行。

神器七:价值观

任何一个复杂的体系,各部分都要协调一致、相互支持,才能达成最佳的运作效果。一个由人组成的团队也不例外。

正所谓"观念决定意识,意识决定态度,态度决定行为,行为决定习惯",价值观像一根无形的指挥棒指挥着人的言语行为,它能把众人的心和力量凝聚在一起。

价值观主宰着每一个人的行为方式,影响着人对周遭一切的反应,它颇似电脑的执行系统,虽然可以被输入任何资料,但电脑是否接受或运算,还得看执行系统是否符合事先所设定的相关程序。

价值观就是人们大脑里判定是否执行的系统。团队成员的行为若无法与内心最重要的愿望相契合,内心始终存在对立情绪,成功也就遥遥无期。

领导者若想让团队改变、成长、兴盛,就得清楚自己以及团队各成员的"人生法则",并同时掌握衡量成败的标准。

但作为团队领导者不能强硬地赋予成员价值观,那样很可能会受到成员的抵制和排斥,只有把自己的价值观树立为成员眼中的理想标准后,才可能通过个人的影响力来带动团队成员,发展他们的价值观。

若能填平与团队成员之间价值观的鸿沟,便能带领团队成员朝同一个目标努力。

第七节　直销团队的精髓在于共同承诺

奥运会上谈的最好的是金牌,而金牌背后而是团队。在开幕式结束后,张艺谋讲开幕式取得成功是团队共同努力的结果。运动员获奖的感言,更多讲的是团队。没有团队,一切无从谈起。

团队不同于我们过去常说的工作群体。一群人在一起可构成一个群体,但是并不一定是一个团队。企业里不同岗位形成班组,不同班组形成车间,进而形成不同层面上的工作群体,但不一定必然成为的工作团队。团队的精髓在于共同承诺。共同承诺又表现在共同的愿景、共同的目标、共同的价值观。缺乏共同的愿景,团队不可能有共同的潜在动力。一个人真正在关注顾客的需求,一个只关心顾客的钱包。一个谋求事业更大的发展,一个可能只想成"赚点钱,玩玩"。

缺乏共同的目标,团队会四分五裂,各自为政。

缺乏共同的价值观,会发现常常"秀才遇到兵",成员之间会碰撞很多,但都是鸡毛蒜皮。工作群体的本质更注重个人目标和责任,成员不会为超出自己义务范围的结果负责,也不会尝试那种因为多名成员共同工作而带来的增值效应。各个岗位立足本职岗位思考问题,并不必然具有共同的愿景、共同的目标、共同的价值观。

共同承诺又体现在团队以及团队成员的选择、团队管理等方面。

在新的市场环境下,团队建设越来越重要。企业里许多工作,需要岗位与岗位之间、部门与部门之间、人与之间甚至企业与企业之间的通力合作。在以客户价值为导向的今天,企业里的每一项工作都是整个公司为客户提供的产品或服务过程中的一个环节。客户需求的差异化、个性化及易变性,要求团队成员之间能够理念统一、凝心聚力、及时应变。这时,对团队成员的选择与管理尤其重要。

选择团队成员,我们最常听到的是"人品第一位"。

这里所说的"人品"实际上强调的是共同的愿景、共同的目标、共同的价值观。人品好的人特别多,但人品好不一定就适合团队在一起。秀才的人品也好,兵的人品也好,但理还是讲不清。你想的是如何尽快把事情做完,他想的是凭什么由他来加班。你想的是按时给客户一个好的结果,他强调的是自己每天是否按时上班,按时上班了,就应该有奖金。你与他讨论的事情,力图将不断寻找事情的脉络,他与你讨论的"辩论",目的在于证明你的错误。你觉得与他谈论纯粹是浪费时间,他觉得你根本辨认不过他。你想的结果,他想的是过程;你想的效率,他想的"当了和尚撞了钟"。人品可能都好,那到底谁错了。没有谁对谁错,但是你感到别别扭扭。

团队建设更多属于柔性管理的范围,很难用制度管理或公式化管理进行刚性规定。我们常常发现,同样的制度,在不同车间或班组应用效果却截然不同。一个班组团结互助、齐心协力,另一个班组却相互拆台、自我为中心。应用效果的不同,你只可能用心去感受,去兴奋或无奈。

直销团队应该怎么管理

好多做直销的老师一开始吧,自己的团队管理确实蛮不错的,也创造了很多的价值,但是做做就不行了,人员越来越少,甚至到最后团队也解散了,自己也不知道团队到底出了啥问题?

今天就和大家浅谈一下,我们的直销团队到底应该怎么管理,用什么样的方法管理。我想在这之前给大家讲一个小故事,大家听过"一锤定音"这个成语,其实它这里面还有一个小典故。

相传在古代沂蒙山区的一个小山村里,有一个专门打铜锣的铺子。工匠师傅已年近70岁,还每天坚持掌锤。他的两个儿子虽然已干了十几年,但每到锣心的时候,他们就停下来把锤子交给父亲,由父亲完成最后的一锤。

很多人不明明白,前去问老者。老者这样解释:这锣心的一锤和周边的锤法都不一样,锣心以外的每一锤都只是准备,最后的一锤才是决定铜锣的音质好坏:或清脆悠扬,或雄浑洪亮,都因这一锤而定。这一锤打好了,就是好锣。要打得不轻不重,恰到好处,否则,这只锣就报废了。

不论多么优质的铜材,不论剪裁的尺寸多么合理,也不论一开始打了多少锤,这都不是最重要的。重要的是最后关头的断然一击,这分量深浅恰到好处的最后一锤,是一只锣成功的关键。

　　我想问问各位,你们看完这个故事,有什么感触呢?我们这个团队就像这个锣一样,团队的成员就像这个锣心以外的部分,团队的领导者就像这个锣心,在这个团队里面起到"一锤定音"的作用。有由此可以看出,团队的管理需要一个卓越的领导者。

带团队最容易犯的错误

　　其实对于管理者而言最重要的一个品质是自省,那么在实际带领团队过程中,管理者最容易犯的 12 种错误是什么呢?

　　一个优秀的管理者知道如何去激励员工高效地工作,相反,糟糕的管理者就显得像是一个控制狂魔,各种汇报、各种指标、各种会议,各种审批、各种请示,让工的精力都聚焦在防止出错上了!各种创新早就死在了监管中了!哎!这是一个相当普遍的中国式管理,有事就知道用权利一刀。

　　这是一种前怕狼后怕虎的感觉!这种管理风格会严重导致团队缺乏方向感,在互联网的今天,这可能是一个致命的错误,决策有两种,一种是直觉一种是数据决策,不管用哪种总比不用好。

　　这是技术型管理者最容易出现的错误,往往自己是技术的大牛,而不愿意听他人的意见,导致错失了很多创新的机会!其实不听就算了,他们还非常善于一口否定别人的意见!遇到这种管理者真是太痛苦了。

　　待在舒适圈内最安全,这是人之常情!但是这的确是管理者的一个重要陷阱!创新意味着风险与机会!在互联网 + 的时代,默守陈规其实就是等死,不管是在公司层面,还是在市场层面这都是每个管理者必须思考的问题,给这类管理者的建议是"多尝试一些自己没有尝试的事情"。

　　过度关注细节这是管理者经常的问题,在这里管理者一定要区分什么是追求极致,什么是过度管理!追求极致是对结果的要求,过度管理是对过程细节的干预,这两者是有本质的不同的。

　　罚!罚!罚!这是典型的传统管理,在这种管理者的脑子里,员工做的好是应该的!而没有做好必须就扣绩效!这连胡萝卜加大棒子都没有啊!

　　每家企业的成功首先是战略选择的成功,其实作为管理者应该用更多的时间与精力在考虑这个问题,而不是具体的事物!在中国的多数管理者却恰恰相反。

裙带关系发生在管理者上,是一件极其不好的事情的。基于个人的喜好、老乡、工作上的关系,偏袒会不自然的出现,例如团队中来一个高颜值的妹子,你在安排工作的时候,稍微不留神就会被团队其他成员扣上"偏袒"的帽子。

自信过了就是变成了自负!特别是当团队有点小业绩,年底得到老板赏识的时候,这种病极容易出现在不成熟的管理者身上,要知道这个时候,"敌人"或许早已经用枪口瞄准了你,这极有可能成为在"业绩"中死去的将军。

情绪化是管理者的天敌,但是这个错误是出现非常高的一个坏习惯,不要让发脾气成为你的一种习惯!

管理者需要区分什么是管理责任(管理承担)以及神马是执行责任(员工承担),几乎所有的问题出现都与管理者有关,例如:如果你觉得下属实在无能,那么,你怎么把这个不胜任的人招进来了呢?

感情用事的管理者是容易犯大错的管理者,优秀的管理者面临问题的时候会权衡利弊,理性思考!而不只是会考虑这会不会让自己不开心!

第八节　建立团队的 12 项法则

经营是一个借力的过程,只有更多的人愿意把力借给你,你才会成功

不想做后勤的领导,不是好领导。作为领导人,不要怕伙伴比你强,如果伙伴比你弱,说明你选人不当,把伙伴推到前台,给他们权力与责任,你在后面提供服务,这就是团队成功的秘密。

1.【快战术、慢战略】

市场环境下,"快"是战术性考虑,"慢"是战略性思考,快中有慢,慢中有快。

把根扎深是成就一个真正伟大团队的基础。

"快"是指:战略要不断创新,最好在市场之前做出反应。

"慢"是指:服务一定要做到极致,这个快不得。

2.【问员工的四个问题】

"你的梦想是什么?"

"你现在离你的梦想有多远?"

"为了实现梦想你准备努多大的力?"

"需要团队为你提供什么?"

3.【领导人的三种状态】

领导人要学会"两眼睁大""两眼紧闭""睁一只眼闭一只眼"三种状态。

"两眼睁大"发现人才和优点;

"两眼紧闭"不要插手已经授权的事、不信闲言风语;

"睁一只眼闭一只眼"要看到伙伴错误,清醒地警惕任何漏洞的出现,但又要明白某些错误并不需要追究。

4.【激情澎湃走楼梯】

坐电梯很快,但万一掉下去就没有机会了。走楼梯慢,但从 12 楼不小心摔下去,也不过是摔倒 12 楼中间那个楼梯台,休息一段时间还可以继续往上爬。

做团队要像走楼梯,但走楼梯的每一步都要走得激情澎湃。

5.【做人心得】

总结四个字,"卡""斌""引""尖"。

卡——能上能下;

斌——能文能武;

引——能屈能伸;

尖——能小能 大。

6.【远行的准备】

团队要想走得更远,必须做好以下四点:

稳住底盘、适时扩张、

全面内控、不断创新。

7.【没有一鸣惊人只有默默无闻】

那些一夜之间瓦解或一夜之间崛起的团队远远称不上卓越,卓越的团队是不会有命悬一线和石破天惊的,有的只是平静、坚毅和持续改善。

8.【找好人不如找有缘人】

有些领导人错误地以为找到最能干的人就能做出好团队,但多次失败后发现,比能力更重要的是一个人能否长久和你一起,这点和婚姻一样。

团队靠的是态度、情感、事业来留住伙伴,不要求他们忠诚于团队,只要求他们忠诚于自己的内心。

9.【信任的力量】

一句"我相信你能做到"比"你必须做到"多了信任在里面,让伙伴能感受到"被尊重",在此基础上他才能产生高度的责任 感、使命感,竭尽全力地达成他(她)自己的目标。

10.【借力】

团队说到底是人,运作说到底是借力。

失败的领导人以其一己之力解决众人问 题,成功的领导人集众人之力解决团队问题。

建立团队的过程是一个借力的过程,只有越来越多的人愿意把力借给你,团队才会成功。

11.【心态决定状态,状态决定结果】

带团队就是带野心、带欲望、带状态。

12.【稍不小心,一切归零!】

有计划－没行动＝零,

有机会－没抓住＝零,

有落实－没完成＝零;

有价值－没体现＝零,

有进步－没耐心＝零,

有任务－没沟通＝零;

有能力－没发挥＝零,

有创造－没推广＝零,

有知识－没应用＝零;

有目标－没胆量＝零,

有付出－没效益＝零,

有原则－没坚持＝零;

有意志－没持久＝零。

五步法教你快速激活团队

员工积极性不高怎么办?团队步调不一致怎么改?任务不能及时完成

又该如何破？团队 n 个问题，一个对策——五步法教你快速激活团队。

如果现在公司里提拔你到一个新岗位上担任领导职务，你会用什么办法来进行团队建设？你如何快速进行团队建设以凝聚团队？要知道，集体不同于团队。如果你不能够很快的打造一个优秀的团队，那么，你很可能在这个位置上不会待的时间太长。下文中的小 A 就是一个最典型的例子，在新岗位上也就半年就被调离了。那么该如何激活一个团队呢？

虽然不懈努力做到管理层……

谈到团队建设的话题，总是会想起好友小 A 的例子。故事有点长，在这里尽量简单地给大家介绍一下。

小 A 在我们这些同时期进入公司的同事里出类拔萃，进入公司 15 年后晋升为科长。这是一个全新的部门，部门成员都是从其他各个部门调过来的。一个崭新的部门本应聚集很多精英，但是新的部门成员里面却有被原部门"抛弃"的剩余力量，也有比小 A 年长的技术骨干，甚至还掺杂着临时员工，可以说是鱼龙混杂。

小 A 认为"开头是最关键的"，在上任的第一天和下属匆匆忙忙寒暄之后，就召集全体员工进行了讲话。在讲话中，小 A 传达了公司对新部门的期待，自己的决心，以及为整个部门树立新的目标和宣言。随后又鼓励每个员工轮流说了一下能胜任的领域以及个人的工作目标。

第二天，全体员工都聚在会议室里，全面分析了一下整个团队的目标。虽然员工们被这种突如其来的高涨气势弄得有点晕头转向，但是在小 A 的倡导下，每个人也都表达了自己的决心、个人工作目标，并为此做了保证。在为小 A 举行的欢迎会上，大家都表达了对小 A 的赞赏和期待，此时小 A 自以为已经成功地统一了整个团队的意识。

虽然有人吹笛但无人跳舞（无人响应）……

当小 A 认为已经成功地统一了团队意识之后，开始在平时的工作中苛求工作成果，对于牢骚和解释一概不听，总是要求员工把工作做到直销的状态。在业务上也事无巨细地要求下属，彻底执行"菠菜法则"（报告、联络和商量，日语中"报联商"的读音与菠菜相同，故被称为菠菜法则。——译者注）。一旦发生重大问题，就紧急召集所有员工，强硬表达自己的想法。

但是，小 A 的严厉管理并没有促进业绩的增长，反而使错误的发生更加频繁。大多数员工逐渐形成了口是心非的作风，不与上司沟通，小 A 也无法及时得到工作现场的信息。员工之间的合作不协调，互相推卸责任的情况也越来越多。

每次，小 A 都会严厉指责，并对细节进行指示。这样反而使员工的士气越来越低落，工作业绩每况愈下。可以说已经形成了"虽然有人吹笛但无人跳舞"的局面。最终，小 A 没有取得显著的业绩，在半年后被调往其他的部门。

团队成员之间的关系性决定团队的好坏

小 A 的做法到底是哪里出了问题呢？小 A 过分专制的领导作风和过分追求业绩的做法确实存在问题，但是，在企业里面，有时在不同的场合和时间，也会需要这种领导风格。这一点，并不能成为责怪小 A 的理由。

小 A 最主要的问题在于急于追求成果，却忽略了团队建设。就像在没有土壤的地方奢求植物发芽一样，他从根本上弄错了事情的顺序。

团队是拥有共同目的的人的集合体。人集合在一起，就形成了人与人之间的关系性。所谓组织，代表人的集合的同时，也代表着各种关系的结合。因此，团队关系的好坏，即团队成员之间关系性的好坏，对能否有效发挥团队作用具有极大的影响。

例如，只有与上司之间取得良好的沟通和交流，工作才能顺利进行。关系密切的团体，才能创造出大量的优质创意。相反，如果彼此之间信赖度低，没有共同协作完成工作的意识，无论在多么直销的管理体系与守则下，都难以达成理想的成果。

当然，上下等级关系、权力、职位等也是人与人关系中的一种。"你为我做了……我也给你……"这种等价交换也是其中的一种。像这样，通过权力或者等价交换而使人发挥作用是现在企业里面的常用手段，但是仅靠这一点是不能够真正唤起团队的力量的。因为人都是有感情的。

感情在很大程度上左右成果

会议、商谈、研讨、研修……我们以商讨的名义通过彼此之间的相互协作，来达成创造或者学习的目的。要想通过商讨取得解决问题的对策、创意和方案，或是取得具体的成果，有两个要素是必不可少的。

一个是事实、知识、经验等之类的信息资源；另一个就是分析信息并将其进行重新组合的思考过程。拿电脑来举例的话,前者就是数据,后者就是程序。在电脑里面输入数据和程序,就会自动得出最适合的答案。无论何时,只要输入相同的数据和程序,都会得出相同的答案。

但是,人是有感情的动物,和电脑是不一样的。处在不同的心理状态下,数据和程序都会有所不同。即使是同样的数据和程序,由于不同状态时的感情差异,答案也会随之发生变化。

更何况,多人商讨时,彼此之间的关系与情感在很大程度上影响着结果。这种情况在日常生活中也比较容易表现出来,比如在讨厌的人面前不喜欢说话,生气的时候会不由自主地说很多不该说的话。无论别人怎么劝说,要是感觉无法达到一致的话就不认同。人是受感情支配的动物,如果不能很好地处理感情问题,信息资源和思考过程就无法灵活地发挥作用。

集体与团队的差异

就像最初给大家介绍的例子一样,并不是人与人集合在一起,就能组成有效的团队。即使拥有共同的课题,意识也未必能达到统一。如果不做好热身运动,就不能进行很好的交流,也不会有高涨的情绪和干劲。

大家知道集体与团队(组织)的不同之处吗?例如,导游举旗带领的旅游者的集合称为集体,相对而言,足球比赛中共同战斗的选手们则被称为团队。团队具有集体所不具备的三种特征。

(1)共同的框架

目的、目标、规范、步骤、任务等,要把很多人统一到一起,必须要有共同的框架。如果没有,那最多也只不过就是散乱个体的集合,无法进行统一的活动,也无法实现团队的职能。

(2)共同协作的热情

所谓共同协作的热情,就是"大家共同努力"的心态。即使拥有了共同的框架,如果成员有"只做好自己的事情就好"或"不喜欢与那家伙合作"这类消极的想法,就无法组成团队。每个人不仅要为自己奋斗,还要有为团队奉献的意识才能有效地发挥团队作用。

(3)调整团队意识和行动方向

如果不调整团队的行动和意识,好不容易拥有的协作热情会半途而废,也就无法有效地发挥团队的作用。具体来说就是要通过积极的沟通和交流,调整思维方式与行动方向。如果一个团队不能进行充分的沟通,也就不能称之为团队。

团队建设

在商谈之初,使集合起来的群体具有共同的框架,建立彼此之间的关联性来提高协同工作的热情,并创造出适合沟通和交流的环境。这一系列的过程被称为团队建设。也就是,为了使单纯的群体成为团队,要对团队意识和行动的相互统一进行调整。

作为团队的领导或者负责会议、工程等进程活动的推动者,必须在短时间内使团队充分发挥力量。所以,团队建设就成为活动最初也是最重要的课题。

进一步来说,团队的状态是不断变化的,我们必须不断地观察并推动团队力量发展壮大。这就要求我们非常仔细地应对各种状况,如果说团队建设决定成果,一点也不为过。

两天一夜的团队建设集训

下面,将要介绍的团队建设的方法,来看一个成功的团队建设实例,请与前一个例子进行一下比较。

小 B 并不属于小 A 那种聪明类型。但是,大家都认为他所担当的项目多数都很有活力,也很成功。可能是因为小 B 在业余时间担任着志愿者活动的领导,他非常善于调动别人的干劲。因此,小 B 接替了小 A 的职务。

上任的那天,小 B 匆忙与大家寒暄之后,提了一个建议:进行两天一夜的集体训练活动。希望借助公司郊外疗养所的会议室,在轻松的氛围中与大家进行交流。

第一步:集训中,大家先是阐述了当时的心情与期望,进行了"Check In"活动。

Check In(不限制人数,需要时间 20 分钟,不需要准备物品)

这是在会议开始之前,轻松并具有代表性的破冰法。每个人按照顺序,把身边最近发生的事情,或者感兴趣的新闻(好的 & 新鲜的)与大家分享,每个人一分钟左右的时间。主题任选,但是应尽量选择易于表述的内容。也可以根据会议的主题,由主持者提示一些与会议相关的主题。

【主题举例】

①最近开心(关心)的事情。

②现在的心情或现场的感受。

③来参加会议的理由或对于会议的期待。

④对于会议主题的想法。

总之,这个活动的目的,是为了让大家在轻松的氛围内开始交流,对于每个人所讲的内容大家都会欣然接受,而不会否定。另外,主持者也无须在每个人讲话之后发表评论,不必深度挖掘内容,最主要的就是要顺利、轻松、有秩序地进行。在活动中没有必要争强好胜,区分优劣,关键就是要顺利完成。

对于一些难为情或者不习惯的人,主持者可以随意地提示:"例如某件事情怎么样?"以此来促进发言。在每个人发言过后,大家共同鼓掌,这样也有助于形成会议的一体感。为了避免出现过于冗长的话题,主持者可在开始之前举一个例子来引导大家。

座位的布局可以选择 U 字形或者圆形,这样能够使大家彼此看到对方的笑脸。另外,如果一边吃着糖果喝着茶一边进行的话,可以使场面更加轻松愉快。

第二步:之后每五个人一组,来比赛用纸建塔的高度("纸塔")。通过这个活动,大家体验到了协作的重要性。

纸塔游戏(不限制人数,需要时间 30 分钟,需要准备纸)

纸塔游戏是通过团体合作来学习领导、服从、参与、交流等团体活动要点的游戏,是团队建设方法中具有代表性的练习。也可以用吸管代替纸来进行(吸管塔游戏)。

首先分成几个组,分给每个组 30～40 张 A4 纸,使用相同数量的 A4 纸来搭建一个能独立立在地面的纸塔,并且在规定时间内比较搭建纸塔的高度。开始搭建纸塔之前,每个组都有 10～15 分钟时间来讨论作战策略,在此期间禁止碰触纸张。活动开始后,每个小组利用 3～5 分钟的时间搭建纸塔并在结束时竞争纸塔的高度。在此活动过程中,相信每个小组都会变更之前的作战计划,产生新的意见和想法。

此项活动的目的并不在于胜负,而是通过共同的体验和回顾来思考如何顺利推动团队活动。通过回顾能够根据确立作战策略、分配任务、团体讨论等环节来学习团队合作的要领。

第三步：下午，进入了本次集训的主题"领导的融合 Leader's Intergration"。

目的是通过彼此间的自我剖析，小 B 与整个团队成员融为一体。活动中，正确的引导与小 B 坦率、不拘小节的个性相得益彰，活动结束时彼此之间的距离感已经完全消除。这种气氛一直持续到晚上聚餐，大家的笑声也一直持续到很晚。

领导者与团队成员的融合（Leaders Integration）（20 人，需要 60 分钟，白板）

这个活动的作用是在建立新组织或新项目时，促进团队领导者以最快的速度融入团队，从而加快团队建设的速度。此活动也可以称为"相互理解"（Assimilation），不仅能够尽快加深领导者与团队之间的相互理解，还能够促使团队拥有统一的计划、方针和目标，对领导者与团队成员间方案的制定也有很大帮助。

1. 开场白 Opening

首先，组织者陈述此次活动的目的，以及领导者与团队成员对于彼此的期待，并说明组织者在整个活动中所起的作用（促进双方积极交流、掌握时间、维持秩序等）。最后简单说明活动进行的步骤和规则，并提出希望大家能够配合的愿望。

2. 征集团队成员的提问

团队领导者暂时离场到其他房间，在此期间组织者要征集大家对团队和团队领导者的问题并且写在白板上。记录时禁止公开每个问题的提问者的姓名。

①对领导者的了解和意见。

②对于领导者，想进一步了解的事情。

③对领导者有何期待和愿望。

④能够为团队做哪些贡献。

3. 准备回答问题

团队成员暂时休息，领导者返回现场为回答问题做准备，此时组织者要再次说明注意事项（例如：努力分析自我，不能询问问题提出者的姓名，对没有建设性的问题采取毅然的态度等）。

4. 领导者回答问题

全体成员重新登场,领导者按照顺序回答问题,如果遇到不愿意回答的问题也可以拒绝回答。在回答问题的过程中,如果领导者对团队或团队对领导者要约定相关事项,请直接在现场宣布。

5. 结束

确认完新的约定以及追加问题之后,请领导者以及团队成员分别发表各自的感想并与大家共同分享。如果条件允许,活动结束后大家一起去喝酒来进一步加深彼此的了解。有关活动中新的约定和追加问题在几个月后应采取相同的方式来检验进展状况。

这个活动成功与否就在于团队领导者是否能够真正地向团队展开自己。如果很直率地一一回答团队成员的提问就能够拉近彼此之间的距离,反之,如果故意打岔,敷衍了事反而会使关系更加恶劣。为了避免这种情况的发生,应尽量创造一个适合领导者向团队敞开心扉的活动气氛。

第四步:第二天是个晴朗的好天气,所以大家改变计划,在外面一边散步一边进行了几个需要身体运动的"团队练习"。最初有的人不太喜欢,但是实际行动之后却发现很有趣,产生了很多新的体验和感觉。

几个具有代表性身体运动的练习

1. Trust Fall(信任跌倒)(不限制人数,需要30分钟时间,不需要准备物品)

两个人一组,一个人把胳膊抱在胸前闭上眼睛站在另一个人的前面。喊一声口号后前面的人向后倒下,后面的人负责接住前面的人。练习几次后可以逐渐增加人数并向不同的方向倒下,全体成员一起来接。通过此项活动,成员能够真正体会到信赖这个词的含义。

2. Pair Walk(搭档行走)(不限制人数,需要30分钟时间,不需要准备物品)

两个人一组,一个人蒙上眼睛由另一个人带领到户外散步,使蒙上眼睛的人体验除视觉以外的各种活动。最开始可以互相挽着手并肩走,习惯之后请尝试一下仅凭对方的声音来行走。通过这个练习不仅能够学习信赖他人,还能够使视觉以外的各种感觉更加敏感,获得各种各样意外的发现和心得。

3. 开始＆停止(不限制人数,需要30分钟时间,不需要准备物品)

5~6人一组站成一条直线,脸始终面向正前方从起点走到终点。在行走过程中禁止看旁边人的动作,以及喊口号和说话。团队成员要凭借彼此的感觉一起开始并同时停止。一开始可能难以掌握节奏,那种不和谐的状态会使人哭笑不得,但是你会发现在不知不觉中,大家会配合得越来越默契。

第五步:温暖了身心之后,下午以"怎样使团队更有活力"为题,用"国际咖啡馆"的方式进行了充分的团体间讨论。讨论进行到白热化时,甚至忘记了时间,最后大家一致通过了五个行动方针,至此集训结束。

国际咖啡馆(World Coffee)(不限制人数,用时超过60分钟,纸笔)

活动内容如名字所描述的那样,就是像在咖啡馆里面聊天一样。不同的是,参与者要来回移动座位。这样,虽然是少数人聊天,通过移动参与者的座位也能感觉是全体团队在对话。

1 开场

把5~6人分成一组,以一个圆桌为中心围成一个圆圈,并在桌面上铺一张大纸。首先相同圆桌的人互相进行自我介绍。然后按照各自的喜好为每个圆桌起个名字(旅馆或店名),并把名字写在纸的正中间。

2. 家庭对话

组织者宣布对话的主题,以圆桌为单位进行自由的讨论。选择主题的原则与对话活动相同,最好选择适合团队共同讨论的较大的主题(例如:我们追求的团队形象)。在对话期间,偶然想起的内容或印象深刻的内容都可以记录(涂鸦)在大纸上。记录方法自由选择,建议大家用各种颜色或图画来描绘。但是在活动中禁止私人记录,所有的记录都要保留在圆桌上。

3. 旅游目的地的对话

对话进行30分钟左右,每个圆桌都留下一个人,其余的人移动到其他圆桌,留下的人和移动的人都要在组成新的小组后,向大家介绍刚才上一个小组的对话内容。如果时间充足,可以反复重复移动座位的过程。

4. 再次家庭对话

结束了旅游目的地的对话之后,重新返回最初的圆桌。互相介绍在旅游目的地听到的话题,如果从中发现了大家的相同想法也要记录在桌子上。

5.全体成员共同对话

最后,收集各个桌子上的纸并贴在会场的前面。全体成员呈扇形坐在纸的对面,一边观察纸上记录的内容一边回顾此次活动的过程。在回顾中不要求得出什么结论,只需要大家共同探讨一下是否有新的发现和想法。

在国际咖啡馆活动中,可以把在旅游地听到的新鲜事,当作礼物带给原来小组的伙伴,这样能够使大家顿时产生意外的团结力量,极大地增强彼此之间的交流。

另外,此活动最能够显著发挥作用的场合是一年一次的年会或推广会,或者是在企业合并时各个组织组合在一起,彼此都是初次见面的场合。活动结束时,团队伙伴间的一体感一定会得到很大的提高。

这是一个非常优秀的活动,用来提高团队成员的团结意识。不仅可以用于制定团队目标的场合,还可以用于新组建的团队,并在短时间内能够建立团队关系和团队意识。

团队的五个统一

团队高效运转要做到以十当一,就是十个人团队在运转起来要像一个人一样灵活高效。做到这一点团队需做到五个统一:统一的目标、统一的思想、统一的规则、统一的行动、统一的声音。要真正达到这五个统一是非常难的,但我们在团队建设的过程中要向这五个统一靠拢。

统一的目标

目标是团队的前提,没有目标就称不上团队,因为先有了目标才会有团队。有了团队目标只是团队目标管理的第一步,更重要的是第二步统一团队的目标,就是要让团队的每个人都认同团队的目标,并为达成目标而努力的工作。

统一的思想

如果团队的思想不统一,你说东他说西,就像人在做思想斗争时会降低行动效率一样,团队思想不统一也会降低效率。作为团队的领导要经常做员工的思想工作,王永庆就是做思想工作的老手,王永庆认为,业绩不是讲出来的,而是自然产生的,团队管理得好,自然有业绩。王永庆不强调业绩,而重视三个方面:

第一,他希望跟下属有相当程度的共识,这样步调才会一致,不会有分歧。

第二,他要求下属不断地改善,坚持不懈,但不具体要求他们干什么。

第三,他要求下属严格执行他的命令,不得有丝毫马虎。

统一的规则

一个团队必须有它的规则,规则是告诉团队成员该做什么,不该做什么。不能做什么是团队行事的底线,如果没有设定底线,大家就会不断的突破底线,一个不断突破行为底线的组织是不能称其为团队的。

统一的行动

一个团队在行动的时候要相互的沟通与协调,让行动统一有序,使整个流程合理的衔接,每个细节都能环环紧扣。

统一的声音

团队在做出决策后声音一定要相同,不能开会不说,会后乱说,当面一套,背后一套。如果一个团队噪音太多会大大地降低团队的效率。在团队内部有观念的冲突是合理的,但在决定面前大家只能有一种声音。我培训过的一家美资企业做得非常好,他们的管理层推动大家在会上激烈的争吵,甚至可以和总经理争吵,但会上产生的决议大家都要严格的执行不能有任何不协调的声音。

第四章　ABC法则的终极秘密

第一节　ABC法则的代表意义

直销界的黄金法则——ABC法则,你确实会用吗?

ABC法则被直销界称为黄金法则,具有极高的成功率。成功的关键在于借力,ABC法则,也叫借力使力法则。

A是Adviser顾问:你可以借力的力量。包括上级业务指导、公司、资料;

B是Bridge桥梁:你自己;

C是Customer顾客:新朋友、顾客,能接纳你的产品并愿意和你一起创业的人

ABC法则就是在你的介绍之下,由你的推荐人或者团队领袖向你的潜在客户介绍公司、产品与制度的一种沟通方式。

A是有经验的老师,B是自己是桥梁,C是新朋友我们要讲解的客户。

第二节　如何运用ABC法则

A的切入方式:

1.A可以闲聊,渐渐地培养彼此关系,导入话题;

2.A必须知道最终目的,以免话题越扯越远;

3.从家庭、事业、产品、观念切入,从关心角度,渐渐引入主题;

4.可以从故事切入,较容易接受;

5.可以从说自己的见证,心路历程引起C之共鸣;

B的注意要点:

1. 进行邀约并确定对象、时间、地点；

2. 收集新朋友的个人资料：爱好、家庭环境、经济、健康状况、个人抱负与理想；

3. 把新朋友的个人资料告诉 A；

4. 推崇 A。

主要的细节：B 要与 A 提前沟通，B 要提供 A 有关 C 的个人资料，并选定见面的时间、地点，B 要在 C 和 A 没有见面之前，B 要先向 C 推崇 A。

记住：推崇产生你需要的力量。

要让你的新朋友 C 有种迫切想见 A 的感觉，推崇要适当，不要夸大。

第三节　ABC 沟通过程中的要点

1. 介绍 A

2. 介绍 C

3. 座位安排：B 与 C 坐同侧，A 与 C 坐斜对面，并且 C 的位置尽可能面对墙壁

4. B 要在 C 的旁边安静专心听 A 说明，并不断地点头认同、录音、做笔记、微笑。

5. 中途不要抽烟、乱讲话、倒茶或随意走动

主要的细节：

B 要介绍 C 给 A 认识，这个时候可以简单介绍一下 C，比如：这个是我的朋友 C 先生，现在在深圳从事 xxx 工作，对我们这个生意非常有兴趣，想过来了解一下。

介绍 A 的时候，因为在 A 和 C 见面之前，你已经想 C 推崇 A 了，就不要再当面再推崇 A 了，当面推崇效果不如背后推崇，你可以这样说。

比如：这就是我上次向你提起的 A 老师，他做这个行业非常有经验，现在有非常大的市场。我都一直在跟随这个老师学习，从他身上学了很多东西。

在 A 和 C 沟通的过程中，B 要在 C 的旁边安静专心听 A 说明并不断点头认同，也要做笔记和录音，以维持良好的气氛，这是非常重要的一环。

切记沟通过程中 B 一定不能东张西望,接听电话,甚至抢 A 的话。

沟通过程中 B 最好闭嘴。

第四节　沟通结束后

主要细节:

1. A 与 B 要研究探讨当天的成果与缺失;

2. 如果 C 决定买,B 必须做好产品售后服务;

3. 如果 C 决定参加,B 必须鼓励 C 参加公司参加会议;

4. 借出资料;

5. 约下次见面时间;

6. 泼冷水;

7. B 要和 C 确定下次跟进的时间和地点,B 要留下来与 A 研讨这次 ABC 沟通的成果和缺失。

第五节　细节是成功的关键

ABC 法则核心细节:

1. B 注意倾听,对 C 谈的内容给予肯定直到说完,然后再谈自己的理念;

2. ABC 法则的成功率:你自己占 50%,座位占 30%,业务指导占 20%;

3. 恭维不夸大;

4. 不插嘴;

5. 不当场纠正 A 的错误;

6. 陪在 C 旁边;

7. A 偏离主题,可适当提醒。

听成功者的话,按照系统的要求做规范的事,推崇系统、推崇公司、推崇你的上级指导老师、推崇任何你可以借力的人、事、物,借力使力不费力。

熟练掌握并灵活运用 ABC 法则,你的直销事业将变得轻松自如,成功自然水到渠成。

第六节　如何灵活运用"ABC"法则

在以往的做法中,我们都将焦点放在了新人的引进上,而极度地矮化了 B 角色。所以,我们这种思路和做法需要做一个彻底的调整,比如在关注 C 的同时,也要充分肯定和尊重 B,不要总是让 B 坐冷板凳。

这类问题产生的根源,就是教条。在很多人看来,直销就是完全复制,书上怎么说,上级怎么说,我们就一定要怎么做。我们过分强调了 A 的作用,推崇 A,让自己成为一个依赖者的角色,这是很多人在做直销的过程中不能获得较大成功或较快成长的一个原因。因为他觉得可以借力。他所受到的教育是"借力使力不费力"。但借力并非一定要如此僵化和教条。

我们为什么会出现教条? 主要是因为我们的 B 思维上出现了某种定势,觉得不推崇 A 会让他很没面子,他过分强调了一种权威或领袖,借用推崇来达到沟通的效果。实际上,只要你表露出一种真诚,沟通也同样可以达到效果。在直销这个行业,大家更应该推崇一种轻松,推崇一种简单,把业务的拓展当作是交朋友的过程。在未来的沟通中,最需要的是一种真诚,一种心与心的交流,并且,这也是效果最好的,不太容易产生压力的一种方式。所以在运用 ABC 法则时,要把握一定的分寸。

第七节　深刻挖掘 ABC 法则

ABC 法则,是指 ABC 三者之间的互动关系。如果能够熟练掌握 ABC 法则,做好基本动作,就将减少新朋友的抗拒心理,并增加新朋友的信心。

1. "A"的作用:

"B"对"A"的适当推崇,可让"A"凭借自己的专业知识和成功经验,帮助"B"达成沟通新人"C"的工作,让"C"对"A"的讲解增强信任感。

在市场运营中,公司也不断地推出各种可以让经销商借助的"A",如我们的公司网站、系统培训、各种证书、照片、用户见证、咨询热线、认证标识、光碟刊物等,供经销商有效地运用。

在营销中,借助"A"的力量可以说是一个十分有效的办法。卖瓜的没有不说瓜甜的,但是,顾客往往不相信卖瓜的言辞,这时要是旁边有个吃瓜的也说瓜甜,顾客往往就动心了。在我们的经销商中,很多人不知道互相配合的重要,也不知道任何借助"A"的力量去完成销售。我们看到,成功的经销商都有"A"的配合。但有些经销商只知道自己没完没了地"傻"讲,只相信自己的"说服力"和知识,只认为自己比较了解对方,不相信别人,这是很"愚蠢"的营销方法。好好回忆一下,为什么自己的子女,自己很难说教,交给别人就变得容易?因为太熟悉了,太了解了。实际上,我们所有可以借力的人都可以叫作"A","A"在我们的经营中无处不在,关键是我们会不会很好的应用,使"A"发挥作用。

2."B"的配合

"B"在 ABC 法则中起到的是承上启下的作用。在 ABC 三个角色里那个更重要呢?有很多人认为是"A"最重要,其实,在这三个角色里最重要的是"B"角色,因为"C"角色根本就不认识"A"角色,他是因为"B"的介绍才对"A"介绍的产品、公司等等感兴趣。"B"主要是通过借助"A"的力度与"C"进行沟通,要承担好这个角色可不是一件容易事。

首先,"B"要学会适当推崇"A",也就是为"A"造势,使"A"在"C"的心中感到重要,这样"A"才好展开工作。如介绍"A"时,强调其成功的经验和专业的水准,并介绍我们的产品质量与经营理念,这给我们的销售过程起到很好的铺垫。

其次,在整个过程中"B"一定要全程陪同"C",使其有安全感。一方面可以了解双方沟通的情况,同时向"A"学习其表达和说话技巧。另一方面可以针对"C"的情况在其不好意思问的时候带其提问,以解"C"的顾虑;"A"就立刻知道"C"的问题,可以通过对"B"回答的方式对"C"进行工作。

再者,"B"在整个沟通过程中应维护"A"的工作秩序,不要打断、抢话,不要干扰"A"的工作。在这期间你只要认真听、学会点头、微笑、做笔记就可以了。你知道吗?本来这个"C"是没有感觉的,只因为"B"角色做的好(当

"C"想要打电话,或想走动时,"B"角色马上提醒"C",听呀,很重要的哦——)。"C"马上就会集中注意力。同时在"A"对"C"的工作中,"A"讲的重要的部分,"B"要学会点头、表示赞同。

在销售中,学会做"B",借助各种"A"的力量来帮助自己是一个非常好的方式,也是销售中的黄金法则,在 ABC 法则中,"B"才是真正的主角。

第五章　该何去何从

第一节　邀约不跟进终究一场空

我知道很多朋友为此而苦恼。花了很多的时间给朋友打电话,搞关系,关心他们,但是他们似乎和你玩起马拉松比赛,你觉得非常累,效果却甚微。你不知道该不该继续跟进下去,你为此情绪低落……

对此,我非常理解。我觉得你对跟进的基本原则还不是很清楚,因此才造成这种疲惫不堪的局面。我认为跟进的基本原则有以下几个方面:

1. 首先要判断所跟进的人是不是潜在的将才或大客户。这决定他们值得不值得你花时间以及你花多少时间来进行跟进工作。我们不要作对牛谈琴的事情,这样你很累,但是不会有效果。

2. 运用20/80原则。花80%的时间跟进"老鹰或大客户",花20%的时间跟进"小鸡"或不活跃的经销商及客户。否则你就会事倍功半。这在实践中被证明是行之有效的规律。

3. 改进方法,对症下药。如果你方法不对,你仍然会产生上面的苦恼。要知道每个人的需求是不同的,你要了解他们的需求。不是每个人都会成为经销商的,因为不是每个人都对挣钱感兴趣,也许他们只对产品感兴趣,那你就不要整天给他们谈事业,应该侧重于产品,如果他们能成为你忠实的顾客,这也是非常重要的。反之亦然。

第二节　如何掌握跟进的时机

跟进的时机是非常重要的,首先,时机不对,不要跟进。什么是时机不对呢？比如一个人刚刚开了一个传统生意，正在全力以赴投入其中，他的全部心思都在他的生意上，这时候再好的生意，他也不会在意。

跟进分为"立即跟进"和"迟缓跟进"，有些你认为很好的人选，也许因为他的个人状况，现在从事直销的时机还没有成熟，这样的人，如果你一厢情愿的花费很多时间和精力去跟进，到头来还是竹篮打水一场空。有些时候，你也要学会暂时的放弃，先把他搁置一边，但是要将他列进你迟缓跟进的名单里，等到时机成熟了，你再去推荐他进入。

一般来说，对这种时机不合适的人来说，要遵循6个月的跟进法则。过6个月跟进一次，联络一下感情，告知你事业的进展情况等。为什么要6个月呢？因为据统计，平均发展每6个月，人的事业和生活会发生变化。这时候往往原来听不进去直销的人，现在却想听一听，了解一下，这时候，你的及时跟进才会产生效果。

一般来说，人读东西总是有盲点的，就像有时候找东西一样，你有没有这样的体验：你平常找一件东西，但怎么找也找不到。但后来才发现，原来一直在你面前。为什么会这样呢？那是视觉上的盲点。看书也是一样，你再怎么看书，你只能看到懂的东西，而不懂的东西你就忽略了。你所划的重点，其实都是你早就懂的东西，所以即使看上100本书，也不一定能理解和消化书中的知识。

因为，人是有盲点的，所以遇到问题自己学习，自己找答案，很多时候是没有用的。最好的方法是让别人来帮你寻找你所欠缺的知识，让成功人士帮你分析不成功的原因。许多大企业之所以要请专家来给员工讲课，是因为可以通过外界的眼光，来看企业内部，可以看到企业内部人所看不到的事情。遇到问题，不要自己寻找答案，看书研究是不够的。通过上课，通过旁人的角度，通过教师的讲解，让你发现原来看不到的问题。

如何做好跟进

1. 跟进对象

（1）跟进自己

我们跟进自己时，应该常问自己三个问题：我为什么要从事直销？我想要在直销事业中获得什么样的成就？我必须付出什么样的代价？跟进自己,再看看前面的目标,才能做出最明智的选择。

（2）跟进上级领导

直销是个逆流而上的事业,不进则退,所以当热忱消退时正是死亡的开始。必须和上级领导多做联络,激励心志、激荡思考、激发潜能,往往由此迈向另一高峰。

（3）跟进下属

第一,做一个最佳的聆听者。若正面而积极,应给予肯定;若负面消极,则对症下药。

第二,定时定点、互相联络,以免因为一两次联络不上,便索性不联络了。

第三,提醒他的承诺、梦想,并鼓励行动。

第四,共同研究其团队的成长。

第五,在意他周围人、事、物的情况,例如他的工作状况,家庭…

2. 跟进要点

对排斥的人,保持友谊,维持风度不争论,做给他看,用成功改变他的想法;

对观望的人,给资料,引荐他见成功的人;

对犹豫的人,给他展示与你合作的前景,给足信心,激起对方的参与意愿;

对要做的人,马上填写加盟申请表,选购产品,带他去汇款成交。

对不做的人,建立客户群,推荐不成做零售,卖不出事业机会就卖产品,请他帮忙介绍

对产品感兴趣的人,如果对价格还有不同意见。可以收集同类产品的价格情况,并讲解成为会员后所享受的价格优惠和权力;

对有加盟意愿也想与你合作,但由于资金问题暂时无法加盟的人,讲早加盟的好处,为了更快的看到收入,就需要尽早参与到这个生意中来。

3. 跟进技巧

（1）务必要在四十八小时内进行跟进;

（2）如果说情况允许，最好选择面谈的跟进方式，尽量勿使用电话跟进；

（3）跟进的过程不忘再次的促成

（4）跟进时，顺手带个小礼物

在跟进的运作流程当中，只要善用上述技巧，就能让你驾轻就熟地帮助伙伴，更快速地了解直销事业机会，进而帮他、也帮你迎向事业的成功。

四大技巧助你直销跟进成功！抓紧、面谈、促成、小礼物。

第三节　贴近式服务

人员直销在大健康产业具有明确的优势，就是人员面对面的贴近服务。直销的"贴近"服务意义很丰富，指除了提供产品本身，还包括提供信息、咨询、培训、检测等服务，这些都是具有一定技术含量的服务，它能够帮助消费者解决复杂性消费产品从购买到使用的全过程所面临的问题。

人员直销的贴近式服务仍然占据一定优势，它能解决具有深度有效需求的复杂性消费行为。不过，这就要求直销公司不断推出的直销产品具有新技术含量，使人们需要直销人员提供各种服务，而且直销人员提供的服务技能必须物有所值，才能获得消费者的信赖和支持。

服务的时代已经来临，尤其是口碑的事业，讲求"温暖销售"，更须做到百分之百的服务，才能得以永续生存。

服务品质好，服务精神好常可争取到更多的客户，赢得更多的喝彩与掌声。同样一家公司的产品，经过不同服务品质的经销商销售出去，产生不同的价值。就像同样一道菜在路边摊、一般餐厅、五星级饭店的价钱绝对不同，"一分钱一分货"，五星级饭店为何比较贵？因为装潢格调的投资，服务人员亲切的服务……这些都是成本，所以价钱就贵。产品的附加值就是服务。通和产品又好又便宜，如果再加上好的服务，那它的消费市场会更大。

做好通和的服务工作应注意以下要点：

1. 建立"人生以服务为目的"的正确观念；

2. 随时保持微笑；

3. 注意本身形象；

4. 谈吐应对得宜；

5.牢记每位消费者的特性、兴趣……

6.要有传教士的精神；

7.尊重每个人。

任何一个团队或组织要取得持续成功,最重要的前提是不断为他人和社会提供优质的服务。

直销人要做的服务分为两个方面:对产品用户即顾客的服务和对业务伙伴的服务。

一、服务顾客

1.成交之后的服务。

(1)诚挚简明地肯定顾客的购买决定是一项明智选择,并适当表示谢意。

(2)耐心详细地告诉顾客产品的用法、用量和使用时的注意事项。

(3)鼓励顾客回去后马上开始使用,并且强调一定要认真、耐心地使用。

(4)告诉顾客使用时有任何问题及时与你联系,你也会经常回访。

2.跟进服务:顾客购买产品三天之内,业务员一定与顾客联系一次,可以电话联系,但最好是见面拜访,这时要注意:

(1)以关切的口吻询问顾客是否已开始使用产品;B、若没有开始使用,问明白原因,看一下顾客是不是还有顾虑,没有顾虑的话让他赶快使用,告诉他早一天使用,早一天开始受益。

(2)若顾客说已开始使用,则先问一下对方使用时的具体感觉(如气味、味道、口感等)以确定对方已开始使用。

(3)详细询问他从哪天开始使用的,每天什么时间用、怎么用的、用量多少、该注意的事项注意了没有。发现不当之处及时给予纠正。

(4)像矿物晶等产品,也应在这时告诉顾客,我们的产品没有任何副作用,但使用时可能会有一些"好转反应",那是很正常的现象,可以放心使用。

3.长期的服务:业务员要与每一位顾客建立长期的联系,为每位顾客提供长期的服务,争取让每位顾客都成为长期顾客。

(1)建立好详细的顾客档案,记录顾客使用产品情况。经常与顾客联系,及时了解顾客使用产品的反应和效果,有任何疑问及时给予解答。

（2）所有的产品都要做好服务。保证让顾客用得满意,同时让顾客感受到直销业务员的责任心和敬业精神。

（3）服务过程也是教育过程:服务不仅限于产品、在服务时努力给顾客提供一些健康方面的建议,帮助顾客养成饮食、起居等良好的生活习惯去除不良嗜好,同时让顾客了解更多的健康知识,树立正确的健康观念,具备正确的保健意识。

4. 通过服务让顾客更好地认识和使用产品:服务时不要只盯着顾客的"病",不要老是问对方效果怎么样,具体症状有没有变化等,那样更容易让顾客缺乏耐心。通过服务要让顾客更全面、更深刻地了解产品,并从关心的角度询问顾客使用产品过程中睡眠、饮食、精神状态方面有什么好的变化,引导顾客细心、全面地体会产品的作用、并耐心地使用产品。

5. 服务赢得再次消费。

一套产品将用完时,一定要见面拜访一次,这时要提示顾客全面地看待出现的效果与关注整个身体状况的变化而不仅仅是病情,坚定继续使用的信心,鼓励顾客长期使用,用完后再及时购买。

6. 服务创造更多的零售:产品的延伸,顾客的延伸。

7. 把顾客当作朋友,在某些日子(如对方生日、节日、特殊纪念日等)以恰当的方式表达你的关心、问候和祝福。

8. 适时引导顾客成为优惠顾客,对于有意长期使用产品的朋友,要及时提醒和鼓励他成为优惠顾客。

9. 遇到直销产品的用户,不论是不是自己的顾客,都要去做服务。

二、服务业务伙伴

广义地讲,业务伙伴也是你的顾客,要树立为业务伙伴服务的思想,切实关心、鼓励、协助、帮助和指导他们一步步提高,在直销事业里不断走向成功。帮他们成功,你才能更成功。

1. 要处处为业务伙伴着想。

（1）不同阶段会遇到不同地阻力和心理障碍,经常站在业务伙伴的角度考虑问题。

（2）经常与业务伙伴一起研究解决问题的办法。

（3）经常与业务员交流具体的工作，最好是见面单独交流，特别在业务员起步阶段，每天都要联系，要很清楚地了解他每一天在做什么、怎么做的、怎么想的，了解这些情况才能给予有针对性的指导和帮助。

2.要协助业务员开展业务。

3.要给业务员具体的指导。空洞的道理和笼统的指导对业务员的帮助并不大，业务员真正需要的是很具体的指导，他最想知道的是现在具体该做什么、具体该怎么做所以在不同阶段，你要给业务员一些不同的提醒和指导。

（1）业务员刚填表时，你要教他怎样正确使用产品，提醒他听《新业务员培训》之前先认真看两遍资料，千万不要急于开口去讲，同时你要提醒他有思想准备，有些人可能会给他泼冷水。

（2）业务员要开始行动的时候，你要提醒他一定先列名单，并告诉他具体怎样列名单，列多少人，应在什么时间列好然后和你一起研究，你要和他一起分析每个人的需求点，每个人应从哪里着手做工作，具体每个人应怎样邀约。

（3）每一次运用 ABC 法则之后，你要告诉你的业务员，在会前会、会中会和会后会过程哪些地方做得不够好，应怎样改进。

（4）提醒你的业务员什么时间自己备货，备多少货，什么时间要开始讲课，怎样准备课。

（5）教会业务员制定周计划，月计划，并定期总结计划完成情况，帮 他制定切实可行的目标。

4.要给业务员以积极的影响。

（1）在业务员面前，你永远要表现出对直销事业充满信心、满腔热情、积极乐观，要不断用这种积极的情绪来感染他，他他从你身上感觉到一种信心和力量，让他不断受到鼓舞。

（2）永远不讲泄气的话、不讲消极的话，遇到任何事要引导业务员从正面、积极的一面去考虑。

（3）多鼓励业务员，帮助他建立自信心，要善于发现他的优点，并且一定要在不同的场合多表扬，如果你的业务员不积极或信心不足，那是因为你给他的鼓励和表扬还不够多。

（4）从事直销事业过程中自己学到的一些成功习惯要教给业务员去养成，该去除的坏习惯帮助他去除。

5.多给业务员提供成长的环境。

（1）多带业务员参加直销相关的活动。

（2）自己多组织一些有益的活动如家庭聚会等，给业务员提供相互交流、学习提高的机会。

（3）多给业务员一些锻炼的机会，如你讲课，让他做主持人，聚会时多给他一些分享的时间、让他一起来组织活动等。

（4）多带业务员与成功者在一起。

6.要帮助业务员在他的队伍中树立威信：

（1）找一切机会在他的业务员面前肯定他、表扬他，永远不要在他的业务员面前否定他、批评他。

（2）多给他机会去表现和发挥。如开会前你帮他想一些该讲的话让他在会上讲，你替他想一些行之有效的措施让他在自己的团队中去实施。

常说"谢谢"是一种客户服务技巧

说"谢谢"的确算不了什么，但是放在特定环境中，它就能产生强大的力量，可以感染人、感动人。当你与客户发生误解、矛盾，在对方陷入精神疲惫状态中时，你说一声感谢的话，简直犹如一股清泉渗入对方的心里，那是相当受用的。

"谢谢"，就这样简简单单的一句话，胜过了千百万语。正是因为它出现在关键时刻，所以才带来了巨大的震撼，给客户带来了感动。

只要做服务行业工作人员，无论是通过电话联系的话务员，还是直接与客户面对面的工作人员，都要学会说谢谢，时刻记得说谢谢，把它当作一种自觉习惯。

其实，每个人的心都是柔弱的。结束对话的时候，说一句"谢谢"，再加一句"祝您工作愉快"，能有效化解对方工作的劳累和心灵的疲惫，给他们带来一份好心情。

第四节　直销市场开发

如何开发市场,在我们的名单里面,我们有四种人。第一种人是熟悉信任的人,第二种人是熟悉不信任的人,第三种人是不熟悉不信任的人,第四种是陌生的人。

我们熟悉信任的人很少,他是你的好朋友,我们熟悉不信任的人比我们熟悉信任的人要多一点点,不熟悉不信任的人更多,尤其那些陌生人是我们人生中最多的一些人,而我们在整个的开发市场过程中还需要对我们四个人群进行分析,我们熟悉信任的人这叫作闺密也叫作铁哥们,他们这些人可以直接进行邀约,很直白的,因为你说什么他们信什么,你让他们干什么他们就干什么,他们会响应你的号召因为他们信任你,我们这样的人您只要给他,可以单人成交也可以约进会场,因为他们相信你。

对于那些熟悉不信任的人,他们是你的酒肉朋友,我们就要进行铺垫。因为你们之间有吃有喝有玩,只是他们不太信任你但是很熟悉你,经常吃吃喝喝,透过我们吃吃喝喝这些我们可以进行铺垫然后对他的需求进行下危机,也可以将来我们进行很快的暖身邀约到会场,对于那些不熟悉不信任的人,就是那点头之交的人,我们要经常联络他,和他取得更多见面的机会,取得他熟悉不信任到我们的熟悉信任,剩下就是我们另外一种人最多的叫作陌生人,陌生人我们的任务就是要认识他,如何去认识他如何去认识陌生人,我们可以去我们陌生拜访我们可以进去社团,我们可以加入一些组织,反正就是多多的使你的出镜率、出勤率、入会率增加,让你和更多陌生的人有见面的机会,这叫我们的陌生人。在我们开发陌生人市场上我们要有知道我们开发陌生人市场的目的和意义,开发陌生市场的意义就是人际关系啊都是开发出来的,在我们人际关系开发的过程中我们还要知道他的目的,我们在开发市场,陌生市场的时候,因为陌生市场人最多,透过陌生市场由我们认识,到我们不熟悉不信任,到我们熟悉不信任,到我们的熟悉和信任这是一个过程也需要一个时间,但是没有陌生的市场,我们的名单很快会枯竭,所以说我们要学会开发陌生市场,如何更好地开发陌生市场,是我们做直销员要掌握的基本功。

我们开发陌生市场的目的就是留电话留微信,而不是带着产品,带着产品说明书,带着我们事业说明书,带着我们的其他东西而直白的去进行邀约,去进行成交。

我们开发市场的流程第一是准备,如何去准备好呢,首先我们要准备好自己的形象,我们要自己的身体和衣服要整洁要得体,要穿的适合那个场合,比如说您参加一次企业的年会您要穿的漂亮一点正装革履,您参加婚宴你也要穿的正装革履,如果你要参加晚会你要穿的很时尚一些,如果参加旅游你更休闲一些更专业一些,这就是我们做好我们的形象的准备,最重要的是做好我们心态的准备,在开发市场时我们给人第一个感觉要真诚,我们真诚来自我们的眼睛和表情,我们的表情要学会微笑,用八颗牙齿去迎接每一个人,学会点头学会微笑用眼睛看着对方,很真诚的很热情地看着对方,因为人的眼睛不会说话并且随时随地的用微笑来用赞美,用热情来取得我们的真诚之心来不断的表达,另外就要主动我们的所有人都是销售的过程,我们要主动的和人打招呼,主动的要有礼貌,剩下的就是我们的一个平常心,正确的把握得失,不是所有的人在您见面过程中都是成为你的好朋友,所以我们要知道中华儿女千千万,这个不行马上换,而不要因为对一个陌生人的不认可,对一个陌生人的不成交,我们而丧失信心。

我们有句话说的好"开口就有闭口就没有",人家不理我扭头就走,一点损失也没有;开口就有闭口就没有,人家不理我扭头就走,一点损失都没有;开口就有闭口就没有,人家不理我扭头就走一点损失也没有,重要事情说三遍。

第二个就是我们开发市场的方法,第一个方法叫求助法,我们要求人办事,我们比如说问路,我们如果求教,我们找人,我们买东西,买菜我们接孩子都可以变成一个求助的过程,最重要的是你敢不敢开口,敢不敢用我们灿烂的笑容,真诚的眼神和礼仪和我们主动的用一场平常心和人打招呼;第二个就是我们的搭话法,我们赞美他,我们接话题,我们在和她说,嗳,您像我的表姐,您像我的好朋友,您像我的哪个教授,这样去恭维别人;第三叫自言自语,比如说您上车了,要自言自语是取得别人的注意,有的人上车之后感觉空调很冷,哎呀这么冷,哎哟他家都这么漂亮,这样自言自语的话会让大家注意你,你可以接下话题,我们还要在我们陌生市场开发过程中,要有一些记录,比如说记录时间、地点还有陌生人特点,你们谈论的话题,重要的是电话和微信,一定要取得电话和微信,如果您和他合张影拍起来那更漂亮,我们开发的重点就是心态要好,要敢开口要敢留电话要敢找话题要做持续。

我们还有一个秘诀,就是没事找事,看谁没事找事找的好,因为没事找事会取得别人的信任,取得别人的注意,我们每个人都是很优雅的直销人员,透过别人注意你,你用真诚的眼光,灿烂的笑容、点头、微笑、赞美来和人去相互的传递眼神来进行搭话,就可以取得好朋友的信任,至少可以迈出第一步;第二个秘诀就是敢比会强百倍,您在市场开发中您究竟敢不敢,敢不敢说,敢不敢点头,敢不敢微笑,敢不敢打招呼,这就是您迈出的第一步;第三个就是行动产生结果,我们有多少行动量就有什么样的结果,我们在量中求质,你一天拜访十个人和一天拜访一个人的质量就是不一样的,我们未来的队伍建设也是不一样的。

不管你的产品是什么,人们都尊重专家型的直销人。在当今的市场上,每个人都愿意和专业人士打交道。一旦你做到了,客户会耐心地坐下来听你说那些想说的话。这也许就是创造条件,掌握市场控制权最好的方法。

第五节　后期客户维护要优异

当商品出售之后,我们更应留心客户的反应,以便随时提供售后的服务。当客户体会到你对客户售后服务的精神,更会感激地永远跟随你。很多人会奇怪地问,既然佣金已赚了,还有那些服务呢? 这些服务,可以更直接地说,是一种投资,好待他日有更多收获。现将这些服务提供如下:

1. 对客户的一切询问,无论事情大小,也要做到即时答复的服务。自己可以解决的问题,即时办理,不能办理的,也要将该事转到有关部门去处理。因为你的推介,客户才购买了你公司的货物或服务。他们认识的,不是你的公司,而是你本人。所以,任何麻烦发生了,他们一定找你。客户对你的询问,是因为对你有了信心。如果你不能为他们努力解答,便会失去了一位客户。

2. 遇到偶然的机会或场合,必要做好应有的礼节,例如客户的公司开幕了,或举行庆祝酒会,邀请你参加,你必须准时出席。同时,又要考虑是否要送贺礼,例如花篮、贺卡之类。一方面可以讨人欢心,另方面又可免费宣传,实在是一项划算的投资。

3. 每逢过年、过节,应寄上贺卡,例如圣诞节、新年。在客户有特别纪念的日子中,例如生日、结婚周年纪念等等,也应有所表示,最低限度也要以电话恭贺。这样,关系便变得融洽了。如果有小巧的赠品,如日历、钥匙圈之类的东西,最好能亲自送上,顺便见见面,保持联络。

4. 你的产品和服务,也如其他货物一样,是循着日新月异的道理而进步的。货品在质量方面进步了,一定要知会客户,令他明白市场的变化。这样,可以显示你的关心,又可以避免对手的乘虚而人和中伤。一旦客户知道了新的和更好的产品而向你查询,麻烦便出来了。

5. 有些服务,未必要时常和客户接触的。但我们切勿因此有所疏忽,最低限度,我们也应主动地和客户保持联络。每年也应该寄上一份调查表格。附上回邮信封,以便客户将改变了的资料填上。

6. 客户和你进行交易,除了因你有好的产品之外,又因为你的才干过人。他们的心目中,觉得你与别人不同,以便将你的成就来向朋友炫耀,去证明自己的眼光。如果你是一名混蛋,他便失了面子,如果你是突出的,他也有光彩。所以,当你有特别成就时,一定要拿出来和客户好好地分享。

7. 如果发现了一些有关客户的资料,应即时寄出参考。例如客户有兴趣的文章,关于公司的资料,见报的图片等,他们是有兴趣的。如果你搜集了送去,客户会因为你的关心而受感动。

第六节　如何培养直销团队"潜力股"

俗话的说得好:"一个人要生存靠自己,要发展靠别人",我们可以延伸一下说"一个直销员要生存靠业绩,一个直销员要发展靠团队",那么在这里我们又会提出来一连串的问题,团队如何建设,如何筛选人才,如何发现有潜力的直销员,直销员如何培养等问题,在此,我们就如何培养自己团队精英来谈一下个人的看法。

团队是有人组成的,而且大多是普通人(现成的人才毕竟是少数的),我们做管理就是要激发一个平凡人做成不平凡的事情来,从而产生高绩效,这样才能使我们的团队壮大。

一个普通人，如何成长成为一个有胜任力的人才，一般直销体系都有一套完整的培养新人的方法，我们按部就班就能完成，但是完成的质量如何这就要看一个团队领导人的才能了，团队领导掌握一个人才的成长历程和应该具备基本的管理素质。如下：

（1）耐心：一个新人，成长为一个成熟的人才（胜任岗位），大概需要3——6个月的时间，因此我们领导人应该有足够的耐心。在很多团队发现这种现象，刚开始的时候，我们领导人还很热心，过了一段时间，发现新人出现了各种各样的问题，不是心态不好，就是做事情不积极，专业技能又不行等等问题，管理者的心理就开始失去了平衡，没有耐心，就会找各种各样的原因，不管不问了，导致直销人才流动率很高。适度的淘汰一些人，是有利于团队的发展的，但大量的淘汰，就是有问题的。

（2）解决问题为导向：作为一个领导人，我们应该学会倾听，倾听一下新人内心的声音，和他们的真正需求，而不是按部就班的按照自己的培养方法去培养，俗话说得好"一个人不是他没东西，而是因为没有触动到他那根敏感的神经"，因此领导人也要时刻的去观察新人的内心想法，当我们满足了新人的需求，新人才会满足我们的客户需求，我们的团队才会壮大、发展。

（3）影响力：管理不是一味地用权来管，作为一个优秀的领导人，我们还有具备超凡的影响力，当你有一定影响力的时候，我们的影响就会无处不在，从而帮助我们去管理我们权利无法管的方面。

如何应对直销团队中的负面因素

直销团队组织中的负面影响是直销健康发展的天敌，很多从事直销的人，在加入前很少知道或被告知直销将会面对很多"敌人"，因为这些"敌人"专和直销做对，并和直销网络始终连在一起，故称为"天敌"。要么被"敌人"打败，要么打败"敌人"，旧的"敌人"被消灭，新的"敌人"又将产生，直销与"天敌"的较量是长期的艰巨的任务。

面对直销可能产生的负面影响，如不能有效避免和应对，它就可能像瘟疫一样传播，侵害团队机体，严重时会给团队发展带来致命的打击。因此探讨直销运作中的负面因素的形成机制和规律，对症下药有效应对，是直销发展不可回避的重要问题。

一、直销经营负面影响产生的原因

1. 不健康的文化和运作系统的因素

（1）急功近利的快速致富诱导

直销是快速致富的捷径，其关键词就是"快""富"，专为满足一些人"心急气躁、急功近利、一夜暴富"的心理。于是"十天掌握秘诀，练就百万富豪""十二天金牌直销员"之类的书或说法到处弥漫；一些企业和团队的市场计划中"六个月皇帝、九个月皇后"的创富神话，为快速致富起到了推波助澜的作用。

直销致富到底能不能快速致富？一般来说，半年能入门就不错了，一年时间你的网络很难成个样子，一般情况下要建立数百人以上的稳定的销售网络，一般没有几年恐怕不行，所以有人建议，要把直销当作一种事业，准备直销致富要有长期作战的准备，要制定五年计划，当然能提前实现致富目标再好不过，可事实上一两年把网络做出点名堂的是很少的。发展更缓慢者和无数退出者更谈不上快速致富。

直销的本质是产品营销，直销员销售产品有多有少、有快有慢，因此所获得报酬有很大的差异性，也可能有人很快在直销中致富，多数人很难在一定时间内达到令人向往的致富梦想。

那些不能如愿以偿的人，由于巨大的致富心理反差，可能导致对行业理念的怀疑，产生对团队发展不利的负面影响。

（2）蓄意团队运作

那些被蓄意的团队运作拉进来的人，随着资讯量和个人经验的增加会产生受骗的心理，可能会通过语言、行为等不同方式，表达甚至发泄对团队的不满情绪。

（3）加入时不适当的承诺

为诱使更多不知情者加入，有些团体不负责的拍胸脯，作难以兑现的承诺，诸如"人人都能成功，几个月就能达到某某高级别，一年能赚几十万、上百万元"等等，而加入后慢慢感觉到是一种骗局时，影响团队的负面因素也就不可避免的产生了。

（4）运作简单论的误导

运作简单论主要由复制简单说和回避管理复杂性的挑战为主要内容。

加入直销后,从思想到行为都要符合行业的要求,这个转变的过程叫复制。直销在发展过程中,不断总结经验教训,在复制方面有很多行之有效的方法,如系统复制,靠很多人用一整套理念和行为体系去影响他人。复制的工作要贯穿直销员发展的全过程,不同阶段有不同的复制要求,直销能够发展壮大,复制的成功是不可缺少的重要环节。

然而市面上流行的关于复制的说法,往往给人以误导,其中网络营销四大通则之一"易复制"是最典型的观点。直销的推销服务和推荐服务,表面上看起来是很简单,只要有一点直销切身体验的人都会明白,复制不仅不容易,还可以说很难。

直销不是对物品的复制,而是对人的复制。复制者被复制者和被复制者的服务对象都是各种各样的人。具有不同思想、观念、思维方式和行为习惯的复制者,对直销理念制度系统的理解和表达方式可能不一样,能否根据每一个不同的被复制者的特点去复制,被复制者能不能接受,是表面接受还是心领神会,被复制的直销员能否根据不同的服务对象而灵活运用被复制的系统内容,这都是值得重视的问题。另外每个人在复制过程中都具有双重身份,既是复制者又是被复制者,这种特殊身份又使复制过程充满复杂的变数。由于复制系统环环相扣,任何一个环节出现问题,都会影响复制效果,严重的将导致复制失败,并造成极坏的负面影响。

管理在任何组织中的重要作用都是不言而喻的。直销网络作为营销的组织形式之一,当然离不开管理,而以人为主体的直销管理又有它的特殊性和复杂性,它的重要性似乎超过其他经济组织形式。

直销管理的特点,往往在发展新成员时被人为地淡化或忽略,加入直销行业的人很少被告知,以后随着网络的增大,将要在管理上承担巨大的压力和挑战。很多直销员加入时对直销缺乏认识,对自己能否承担管理任务没能作出分析与判断,从而导致因无法承担管理重任而失败。因此,回避管理复杂性的挑战,也是负面影响产生的重要因素。

2. 团队组织管理的因素

(1)管理和复制不到位

在直销团队中,规章制度不能得到有效落实,对直销员的复制不到位,管理混乱,正气压不住邪气,在这种情况下难免产生影响团队发展的负面因素。

(2)团队领导人的人品人格有问题

有些团队领导人在人格上有问题,自私自利,高傲自大,刚愎自用,在做人和做事方面起不到良好的表帅作用,这些都会对直销员产生不利的影响,进而会产生影响团队发展的各种负面因素,如"抱怨、无是生非、传播消极"等。

(3)与下级直销员缺乏有效沟通

团队领导人或上级业务员由于缺管全局观念和敏锐的洞察力,对下属关心不够,缺乏有效沟通,久而久之使交流渠道受阻,简单的事变得复杂,小事变成大事,以致问题越来越多,负面因素也就无可避免地出现,严重时会动摇团队发展的基础,造成成员流失和塌网现象。

由于团队管理职能不能有效发挥,健康积极的团队精神没有形成,良好的团队氛围没有建立,因此不能很好地抵御和阻止负面因素的产生和发展,使团队蒙受损失。

3. 个人因素

由于直销方式的复杂性、矛盾的多发性和不可确定性,很多人在面对发展困难或快速发展时缺乏对策,个人的素质能力等无法适应团队发展的状况,突出表现如下:

(1)能力不济

有些人加入时认为,找几个人卖几份产品就可以成功。随着团队的扩大,个人的管理能力等无法适应团队发展的需要,造成各种矛盾和混乱,当自己无法解开这些死结时,灰心丧气、悲观失望等负面因素就可能产生,有的人还会被淘汰出局。

(2)意志薄弱

直销中的很多损失本身往往都具不可弥补性,失去了顾客、流失了直销员等都是如此,直销员只有吸取教训,以后避免可能的损失,或通过努力在其他方面弥补。有些直销员面对很多无法挽回的问题和很多困难时,意志薄弱,渐生颓废,负面影响不胫而走。

108

（3）忌妒

一些直销员在自己不能克服困难,顺利销售和发展时,不是找自己的原因,往往忌妒别人,无中生有,搬弄是非,使团队滋生负面效应。

面对团队发展中的问题和复杂的人际关系,一些人无法适应,往往借题发挥,制造事端,自己好不了,也不让别人好,这种狭隘的极端心理对团队发展是极其有害的。因个人因素造成负面影响的情况很多,在此不一一列举。

二、如何有效避免负面影响的出现

1. 要建立健康的直销文化和运作系统,不要播撒负面影响的种子

不健康的文化和运作系统往往以致富误导甚至欺诈为主要特征,加入者无法实现预期而产生受骗心理,必然导致对组织的不信任和负面评价。这样的文化和运作系统是无法避免消极负面影响的,他们只能骗一个是一个,骗一时是一时,要想从根本上避免可能的负面影响,建立健康的阳光的直销文化和运作系统是首要和根本之举。

2. 加强团队建设,阻断负面影响成长的通路

团队系统建设是直销发展的重中之重,是直销健康发展的根本。强大的有凝聚力的团队,可以有效阻止和消融负面影响,确保团队的活力和积极健康的沟通互动的氛围,有力地促进直销团队的发展。

3. 团队领导人和上级直销员要不断完善人格,拥有积极向上的有包容力的良好心态

"上梁不正下梁歪""己不正不能正人",面对直销运作的复杂性,无风三尺浪的事情尚且常有发生,这是偶然中的必然,只有身正,才能不怕影子斜,团队领导人必须以大局为重,严格自律,以善做人,给团队和下属做好的榜样,避免因个人为人处事的不检点而引发负面影响。

4. 加强培训教育和引导,激发潜能,激活抗打击能力

负面因素的出现,多因为销售和发展不顺,可能是面对复杂的难题无法破解和应对的无奈之举,也有生性软弱之人的无病呻吟,要想把由此产生的负面影响降低到最小限度和范围,强化价值观和个人理想教育,努力激发潜能,激活并增强其抗打击能力,不失为一个有效的途径。

5. 要建立负面影响预警机制,重视预防,把问题消灭在萌芽状态

团队领导人和上级业务员要深入实际,了解并掌握团队发展的动态,善

于察颜观色,及时解决问题,大事化小,小事化了,把可能出现的负面因素消灭在萌芽状态,另外针对可能的发生负面影响的高危人群,要重点防范,及时解决问题。

三、出现负面影响如何有效应对

1. 对负面因素的制造者、传播者要努力加强教育、引导和帮助

在团队中要团结一切可以团结的力量,对负面影响的制造者和传播者,首先要搞清其原因,尽可能地教育、引导和帮助他们,使其走出阴影,面对阳光。

2. 迅速切断负面渠道

要搞清楚负面影响波及的范围和渠道,要及时切断其传播渠道,缩小影响范围。

3. 加强对负面影响波及者的疏导,提高其免疫力

团队领导人可通过会议、单独交流和分享等多种形式,让团队的积极健康力量去影响那些受负面影响的人,努力树立正确的观念,建立良好的心态,把影响控制在最小限度和范围内。

4. 执行团队纪律

对制造和传播负面影响、对团队造成极坏的影响的主要责任人,要进行严厉的批评和教育,可以在一定范围内做口头或书面检讨或使用团队的其他纪律,绝不能手软。

5. 对给团队造成极坏影响,经批评教育仍不悔改的,要上报公司给予处罚

对这种团队的害群之马,在做到仁至义尽后仍无效果的,要上报公司给予直至开除直销员资格的处罚。对于涉嫌违法犯罪的,可提起民事或刑事诉讼。

6. 要以正确的科学的态度对待负面影响

有人群的地方就有左中右,很多人明知贩毒可能被杀头,也还会铤而走险。在直销经营中,即使团队领导人在各方面都做出了极大努力,也还是有可能无法避免负面影响的产生。对此每个直销员要抱着正确的态度对待它,兵来将挡,水来土掩,要敢于面对问题,善于解决问题,要相信在积极健康的团队里负面影响是没有市场的,是可以得到有效控制的

如何优雅的打造"鸡血"团队?

最近总有朋友问我这个问题:"你们团队的每个人怎么都跟打了鸡血似的,你是怎么做到的?"虽然别人说我们"打鸡血"我也挺开心的,因为人家是在夸我们,但我更希望用"使命感"这个词,听起来更高端大气上档次,我大概总结了 10 条自己的经验,关于如何建立一个有使命感的团队,和大家分享:

1. 找对人就成功了 90%

任何事情都有一个重点,抓住它就可以解决 90% 的问题,在建立团队的使命感这件事情上,我认为重点就是找对人,我们的 CEO 蔡国其说过一句很实在的话:"务虚的人在一个务实的团队当中活不下来,反之亦然。"每个团队都有它的气质,就像每个人都有自己的性格,味道对的人,他第一天来上班就会让人感觉他已经来了很久,味道不对的人,总有一天要离开。

我们要的人需要具备这样一些特点:

自我驱动,有强烈的愿望成为一个出类拔萃的人,而非安安稳稳过小日子。

专注纯粹,愿意对所做的事情投入 100% 的精力,而非总是想着给自己留条后路。

勇敢乐观,敢于挑战高难度的任务,而非畏首畏脚。

善于学习,拥有持续进步的能力,而非坐吃山空。

有责任心,看到问题能够指出问题并解决问题,而非视而不见或者抱怨别人。

有人可能会说,你要求太高了吧,这么直销的人哪有那么多啊?我想告诉大家一个残酷的真相:好的人才总是扎堆聚集的,因为他们很难在一个平庸的团队里生存,这就叫物以类聚、人以群分,如果你的要求很高,你就会有越来越多的高素质人才。如果你让平庸的人进入团队,那你就会让其他的人难过,最终让整个团队平庸。

还有人可能会说,我如果找来这么多厉害的员工,我驾驭不了怎么办啊?别着急,下面的 9 条都是关于如何管理这些厉害的人才的。

2. 使命感是激发出来的,不是灌输进去的没有人会为了别人的事业卖命,所以,别认为自己真的有能力给别人洗脑。你能做的仅仅是激发员工对于成就感的渴望,然后帮助员工去实现它。

我会问我的团队这几个问题——你的梦想是什么?你来团队想获得什么?要获得这些东西,你会怎样做?

当员工自己回答完这几个问题之后,我就不用说什么了,他们已经知道自己该怎么做了。他们在实现自己梦想的同时,也会帮助公司实现自己的梦想。

3. 远景目标要足够大,短期目标要比能力高一点

最近我越来越相信,成功真的不难。当出现机会的时候,90%的人会因为害怕失败而放弃,你只要做了,就直接打败90%的人。所以,要获得足够大的成就,先要有足够大的梦想,然后勇敢地去尝试。千万别不好意思画饼,这个饼不是画给老板的,它是画给员工的。你不给大家一个遥不可及的梦,大家怎么有动力跟着你去改变世界呢?

远景目标是用来憧憬的,它的作用是给团队指明方向。短期目标是用来激励的,它的作用是给团队加满油。我从一个过来人的经历来看,对员工最大的激励不是薪水和职位,而是成长。如果你给了团队一个高于他们现在能力的目标,帮助他们完成了,让他们获得了成长,那种感觉是极其美妙的。

4. 信任驱动而非业绩驱动

开过车的朋友可能会有这样的经历:如果一个人坐在副驾驶的位子上总是指挥你,一会儿大叫前面有人赶快刹车,一会儿说你怎么还不变道,无论他是谁,你都会有想把他推下车去的冲动吧。

谁都不愿意被像个提线木偶那样摆弄,如果你想让员工把工作当作自己的事情来做,就要把他当成年人对待,给他足够的信任,管理他的工作目标而非工作过程。

如果你给员工绩效,那你只能收获业绩的结果,如果你给他信任,那你会收获更多。

5. 打破权威,分散决策

团队必须要有领导,但是最好不要有权威,没有人是全知全能的,这是谁都知道的常识,为什么一定要让某个人承担所有的决策责任呢?

树立权威对团队的伤害是非常大的,它会让团队成员放弃独立思考的能力,放弃自己的责任,他们会说:"因为当时老板说要怎样怎样,所以我们才失败了。其实如果那样,我们就不会输。"勇敢的把权力分散下去吧,那不会给你带来多少损失,却会给你带来极大的收益。信任你的下属比你更加专业,他们的信息比你更全面和及时。最关键的是,你只有给了他们权力,他们才愿意承担责任。

如果你还不信,那么我告诉你,google、腾讯、小米都是这样做的。九口袋也是这么做的,我自己很轻松,我的员工也很开心。

6.同甘共苦的经历

俗话说四种人是最铁的:一起扛过枪,一起同过窗,一起嫖过娼,一起分过脏。话糙理不糙,共同的经历、共同的回忆,是一个团队最好的精神黏合剂。

7.足够的物质回报

财散人聚,财聚人散。再多的钱可能也买不到员工的使命感,但是没有足够的钱,员工一定没有使命感。

8.足够的上升空间

好的人才离开,无非就是两个原因,一是钱没给够,二是做的事情没有挑战。原地踏步会让人没有安全感,员工害怕自己没有进步而被职场淘汰,只有不断进取才会感觉到安全。

员工和公司其实是在赛跑。公司跑得快,员工会被淘汰;员工跑得快,公司会被淘汰。

9.信息的充分透明

在科层制的组织架构下,信息壁垒处处可见——部门和部门之间互相不了解,领导和一线员工互相不了解,员工和员工互相不了解。如果团队成员互相都不熟悉,怎么可能有共同的使命感呢?

彭蕾曾经在阿里巴巴组织部大会上,点名批评了那些从来没登陆过"阿里味"(阿里巴巴员工论坛)的高管,并要求所有高管必须经常上"阿里味",她的目的无非是让管理层听得到一线的声音。

在我的公司,公司决策性的消息都会第一时间下达给员工,让员工随时掌握公司发展的动态,如果说信息壁垒严重的公司像一个乐高积木搭建起来的建筑,那么我的公司就像一个流淌着信息血液的有机体。

10. 超越工作的伙伴关系

当前面这些条都做到的时候,这个团队一定就不是简单的工作关系了,它一定是超越工作的伙伴关系

如何做直销团队更大、走得更远。

直销团队职业精神

成功的人身上有一种高效、敬业和忠诚的职业精神。主要表现为:思维方式现代化,拥有先进的管理理念并能将其运用于经营实践中。言行举止无私心,在工作中从不掺杂个人私心。这样,就敢于直言不讳,只有无私才能无畏。待人接物规范化,这也是行为职业化的一种要求。有了这种职业精神的人,到企业或者团队都是受欢迎的,而且,迟早会取得成功。

1. 逆向思维

面对市场中遇到的新问题,一时又找不到解决方法,而且,上级或者老板可能也没有什么锦囊妙计时,你怎么办? 有的人就擅长用逆向思维办法去探索解决问题的途径。他们清楚具体市场一线的人往往比上司更容易找出问题的关键点,是人为的,还是客观的;是技术问题,还是管理漏洞。采用逆向思维找寻问题的解决方法,会更容易从问题中解脱出来。

2. 换位思考

在考虑解决问题的方案时,常人通常站在自己职责范围和立场上尽快处理。而易于成功的人则会想得更多,他们总会自觉地站在公司或团队领导的立场去考虑解决问题的方案。出发点首先考虑的是如何避免类似问题的重复出现,而不是头疼医头,脚疼医脚的就事论事方案。能始终站在公司或团队领导人的立场上去酝酿解决问题的方案,他们会逐渐地成为可以信赖的人,也将逐渐成为管理能力超强的人。

3. 总结能力

成功的直销人往往对问题的分析、归纳、总结能力比常人强。总能找出规律性的东西,并驾驭事物,从而达到事半功倍的效果。人们常说苦干不如巧干。但是如何巧干,不是人人都知道的。否则就不会干同样的事情,常人一天忙到晚都来不及,而他们,却整天很潇洒。

4. 信息敏感

成功的直销人很在意收集各类信息资料,上至各种国家的政策、报告、计划,中至公司的方案、制度、考核方法,下至市场开发过程中遇到一切信息等等。尤其重视了解行业信息,吸取别人的经验教训,并加以改善利用。当自己遇到相似问题时,就可以信手拈来。这在任何教科书上是无法找到的,也不是那个老师能够传授的。

5. 自我调节

成功的直销人难道是一直成功的吗?当然不是。他们也曾遇到失败、挫折和打击,为什么他们没被打倒?因为他们常能自我安慰和解脱,具备超强的自我调节能力。"塞翁失马,安知非福","上帝在为你关上一扇门的同时,一定会为你打开一扇窗",他们坚信情况会发生变化,还会迅速总结经验教训。

直销团队管理的风险及防患

1. 消极言论

消极言论对团队的杀伤力是巨大的,在团队管理中,消极言论不下传是非常重要的。

形成:销售工作中遇到挫折是常有的事,如果不能及时调整心态,向上级部门作完整的咨询,以积极行动解决问题,就会形成消极言论。自嘲或许是对工作的一种审视和总结,但抱怨绝对是成功路上的绊脚石。

危害:消极言论不但会影响到团队里积极的成员,甚至还会影响到旁部门成员的工作积极性,让团队成为一盘散沙。

防范:消极言论的预防和处理本身就是一个长期而系统的工作,消极言论的预防应从新人就开始着手,从观念上进行引导,让其看大量积极的书,并让他养成这种习惯。

定期召开各种聚会,邀请有一定影响力的团队领导人做工作上的指导,及时和团队成员沟通,并在会议上分享成功的技巧及人际交往的注意事项。

当然,光有这些工作还是不能从根本上解决这个问题,所以还应该抓重点。一个团队能否健康发展,抓住核心领导人才是关键所在。

当团队中出现领导人时,要花大量时间和精力跟他在一起工作,让他成为一个积极的能解决问题的人。

只要一个团队有这些核心组员,消极言论就不会形成气候,从而不会对团队产生大的影响。

2.旁部门干扰

直销团队是一个松散的组织,其组织特征决定了旁部门的交叉干扰是非常容易发生的事情,因此在团队管理中,不遏制旁部门干扰现象,团队将不能永续。

形成:形成旁部门干扰的原因多种多样,有私交关系好而互相干扰的,有好为人师抢答提问的,有自己做不好也不让别人做好的等等,错误的咨询顺序往往会直接导致旁部门的干扰,究其根本原因主要还是对自己的目标不明确,关注一些与目标无关的人情事故造成的。

危害:某直销公司一名高级经销商历经十年的努力,建立了二十个以上的成熟的销售部门,但这些部门之间有频繁的业务交流。在去年的时候,有一个成熟部门的领导人选择了离开这家直销公司。

这个消息在团队中迅速传开,其他成熟部门的领导也纷纷去打听他离开的原因,一年之内,这些成熟部门有十几个领导人相继离开。旁部门干扰最终会导致消极因素的四处扩散,团队分崩离析。

防范:由于业务干扰主要产生于新人阶段,给团队打预防针就显得尤为重要,对新人讲清干扰所带来的危害,让他们自行遵守规则,建立正确的咨询顺序,从而杜绝业务干扰。

一、建立正确的咨询顺序,业务上的事情只能够向自己的业务指导老师咨询。这个时候推荐人和业务指导老师有可能不是同一个人。

这样的方式就从一定程度上防止了旁部门的干扰。因为旁部门的干扰总是从不恰当的咨询开始的。

在直销团队里,业务咨询是有一定规则的,业务交叉是指对业务过程中出现的问题进行咨询时,咨询对象不正确。

比如说下面这种情况:

A推荐C,B推荐D,A和B分属于旁级部门,如果按正常的咨询顺序,C去咨询A是没有问题的。

但是,如果C有疑问去咨询B就出现问题了,首先,A可能会认为,C是在怀疑自己的能力不足；

其次，D 不会满意 B 忽略了对自己的辅导，而 B 对 C 提出的疑问做出正确的解释还算好，如果不对，则 A 和 B 的也将产生矛盾。

而其中最大的危害在于 B 对于 C 存在的问题不十分了解，给予的答案不一定有针对性。

二、旁级合作时，有共同上级在场。共同上级了解各种情况，可以确保在合作过程没有干扰。

第三、防止感情纠纷，直销团队讲求的是一种商业利益合作，如果加入感情纠纷，必然影响团队健康发展。

第四、防止财务纠纷，直销给人们的理念是自由企业家精神和老板的心态，如果出现财务上的纠纷，也会影响团队的发展。一般在团队中推行 AA 制。

3. 自创风格

在讲究团队、讲究系统的直销团体里，一旦自创风格在团队中普遍开来，团队的战斗力将成反比。

形成：每个生意都有一个成功的模式，许多直销公司在实践中也都形成了自己的系统，而各个系统又都有着自己不同的风格。但这些都是经过实践证明的成功的经营模式。

许多新人刚刚进入直销公司的时候，由于对系统化运作还不是很了解，所以就用自己以前从事的行业观点来指导这个生意。从而形成自创风格。

危害：网络营销的四大通则：简单、易学、易教、易复制。由于自创风格，使团队的指导原则发生混乱。下级人员不知道该用什么样的原则来指导工作，从而使运作这个生意变得复杂、难学、难教，不能被复制，阻碍业务的发展，团队失去凝聚力。

防范：建立标准化的系统流程，定期开展各种培训课程，推广一定数量的书籍，让团队成员养成良好的阅读的习惯。

3. 领导力

一流的成功人士只做人不做事，二流的成功人士先做人再做事，三流的成功人士先做事后做人。

一般来说，领导者主要凭借影响力去发挥作用，这个影响力就是领导者的威信。一个领导者，要有效地实现领导目标，不但要会运用权力，更需具有威信。威信是领导者在领导活动中表现出来的品格、才能、学识、情感等对被领导人所产生的一种非权力的影响力。人们常常把领导者的威信视为"无言的号召,无声的命令"。

作为领导的你,一旦威信树立起来,即使你不在公司,你的同仁也会自动自发地认真完成工作;或者只要你一开口发布命令,不必过多重复,也无须多言,更用不着动怒,下面的人便立即禁声,竖耳倾听,照章去办。那么领导者如何树立自己的威信呢?

领导者威信的树立是一个循序渐进的过程。那些能够吸引下属长久跟随的领导肯定是有着极大个人魅力的,但一个有魅力的领导人并不是那么容易做到的。所以,我认为一个有魅力、有威信的企业领导人,应该做到四个阶段的修炼。

领导魅力修炼的四个阶段

第一阶段,先做事,后做人。只有先把事情做好了,才能说明一个人做事到位,才能反映这个人品格很好。同样,事情做好了,你才有资格说别人、指导别人。

第二阶段,既做人,又做事。事情做好了,证明了你的能力以后,还要继续做好人。事情做好了,人也做到位了,下面的人才会认为你是一个出色的领导人,是一个体恤下属的人,是值得大家与你并肩作战的好领导。

第三阶段,多做人,少做事。到了这个阶段,就要多做人,少做事了,因为你应该把更多做事的机会让给下属,分给那些相信公司愿景的人。你多多地放权,经常地培养锻炼他们,让他们也和公司一起成长,这样你肯定能吸引一大批人跟随你。

第四阶段,只做人,不做事。到了这时,你只要把人做好了就可以。你把同仁培养起来后,你只需要给他们制定好愿景和规划,设计好位置和舞台,就会有很多人跟随你、支持你,和你一起奋斗,甚至很多人觉得不为你多做点事,就会觉得内疚。如果是这样,你就是最有魅力的领导人了。

什么样的领导者才是最佳领导呢?当然是"超级领导"。所谓"超级领导",就是你的领导水平达到了让下属在没有领导的时候仍然正常工作。而到了第四个阶段,你就是"超级领导",就是领导的最高境界了。前三个阶段都是为第四个阶段做铺垫的,一个一流的领导者,是只管人不管事的,如果事必躬亲,出现问题就找领导,这个领导的下属就没法成长,而这个领导本身也就变成了"救火队长"!

毛泽东主席作为新中国的开国领袖,曾说过自己只抓两件事,一是出主意,一是用干部。其实这也可以用于企业的领导者身上。

为什么?因为一个企业的领导者也只有两件事要做,一是拿主意,一是用好人。领导的真谛在于只做人,不做事,让大家能够创造他们心中企盼的辉煌。简而言之,领导并非那个举旗冲锋的人。优秀的领导总是排除障碍,鼓舞士气,让他人得以把胜利的红旗插上顶峰。

第六章　唇亡齿寒

第一节　把客户当作自己人

要想获得这个世界上的最大奖赏,你必须拥有过去最伟大的开拓者将梦想转化为全部有价值的献身热情,以此来发展和销售自己的才能。

一个热忱的人,无论是在挖土,或者经营大公司,都会认为自己的工作是一项神圣的天职,并怀着深切的兴趣。对自己的工作热忱的人,不论工作有多少困难,或需要多少的努力,始终会用不急不躁的态度去对待。只要抱着这种态度,任何人一定会成功,一定会达到目标。爱默生说过:"有史以来,没有任何一件伟大的事业不是因为热忱而成功的。"事实上,这不是一段单纯而美丽的话语,而是迈向成功之路的路标。

关心你客户关心的就是关心你的客户,你关心的客户同样会关心你,他们关心你也就是关心了你的成功。所以要成为直销英雄,那么,关心你客户关心的吧!

大家已经知道了,产品的特性是指产品设计上给予的特性及功能。您可从各种角度发现产品的特性,例如:从材料着手:如衣服的材料是棉、麻、丝、混纺;从功能着手:如录影机具有定时录影的功能;从式样着手:如流线型的设计。每一样产品都有它具有的特性,不管您知不知道它是什么或会不会使用,它已存在产品身上。而产品的优点则是指产品特性的有利点,如:棉的衣服能吸汗、毛的温暖、丝的较轻;传真机有记忆装置,能自动传递到设定的多数对象;组合的隔间能随时移动等。

特殊利益指的是能满足客户本身特殊的需求,例如:

您每天都要和国外各分公司联络,因此使用传真机的速度较快,能节省大量的国际电话费。

牙膏有苹果的香味,闻起来很香,让您家的小朋友每天都喜欢刷牙,可避免牙齿被蛀。

这双鞋是设计在正式场合穿的,但鞋底非常柔软富有弹性,很适合步行上下班的您来穿。

特性及优点是以厂商设计、生产产品的角度,赋予商品的特性及优点能满足目标市场客户层的喜好,但不可否认的一个事实是每位客户都有不同的购买动机,真正影响客户购买决定因素,绝对不是因为商品优点和特性加起来最多而购买。您的商品有再多的特性与优点,若不能让客户知道或客户不认为会使用到,再好的特性及优点,对客户而言,都不能称为利益。

反之,若您能发掘客户的特殊需求,而能找出产品的特性及优点,满足客户的特殊需求,或解决客户的特殊问题,这个特点就有无穷的价值,这也是直销人员存在的价值,否则根本不需要有直销人员。而直销人员对客户最大的贡献,就是能够满足客户的特殊需求或帮助客户购得最大的满足。

如何让客户得到最大的满足呢?直销人员带给客户累积的特殊利益愈多,客户愈能得到最大的满足。

也就是说,我们要掌握将特性转换成特殊利益的技巧,具体步骤如下:

步骤1:从事实调查中发掘客户的特殊需求;

步骤2:从询问技巧中发掘客户的特殊要求;

步骤3:介绍产品的特性(说明产品的功能及特点);

步骤4:介绍产品的优点(说明功能及特点和优点);

步骤5:介绍产品的特殊利益(阐述产品能满足客户特殊需求)。

第二节　为客户寻找购买的理由

想想看为什么客户买A公司产品而不买B公司产品呢?其实A、B两家公司的产品质量几乎一样。您为什么把钱存在A银行而不存在B银行呢?A、B两家银行的利率是一样的。为什么您喜欢到某家饭店吃饭,而这家饭店又不是最便宜,您仔细想想看,当您决定购买一些东西时,是不是有时候您很清楚您购买的理由?有些东西也许您事先也没想到要购买,但是一旦您决定购买时,总是有一些理由支持您去做这件事。

我们再仔细推敲一下,这些购买的理由正是我们最关心的利益点。例如我有一个朋友最近换了一台体积很小的微型车,省油、价格便宜、方便停车都是车子的优点,但真正的理由是她路边停车的技术太差,常常都因停车技术不好而发生尴尬的事情,这种微型车,车身较短,它能完全解决我这位朋友停车技术差的困扰,她就是因为这个利益点才决定购买的。

因此,我们可从探讨客户购买产品的理由,找出客户购买的动机,发现客户最关心的利益点。充分了解一个人购买东西有哪些可能的理由,能帮助您提早找出客户关心的利益点。

您可从九个方面了解一般人购买商品的理由:

1. 商品给他的整体印象

广告人最懂得从商品的整体印象来满足客户购买产品的动机。"劳力士手表"、"奔驰汽车"虽然是不同的商品,但它们都满足客户象征地位的利益。整体形象的诉求,最能满足个性、生活方式、地位显赫人士的特殊需求。针对这些人,您在直销时,不妨从此处着手试探潜在客户最关心的利益点是否在此。

2. 成长欲、成功欲

成长欲、成功欲是人类需求的一种,类似于马斯洛所说的自我成长、自我实现的需求。例如电脑能提升工作效率,想要自我提升的人就要到电脑补习班去进修电脑;想要成为专业的经纪人,就会参加一些管理的研习会,上电脑课,参加研习班的理由就是在满足个人成长的需求,这种需求是这些人关心的利益点。

3. 安全、安心

满足个人安全、安心而设计的有形、无形的产品不可胜数。无形的产品如各种保险,有形的产品如防火的建材。安全、安心也是潜在客户选购产品经常会考虑的理由之一。一位直销小孩玩具的直销人员,提到每次有家长带小朋友购买玩具时,由于玩具种类很多,很难取舍,但是只要在关键时机,巧妙地告诉家长,某个玩具在设计时是如何考虑到玩具的安全性时,家长们几乎都立刻决定购买。

4. 人际关系

人际关系也是一项购买的重要理由。例如经过朋友、同学、亲戚、师长、上级们的介绍,而迅速完成交易的例子也是不胜枚举的。

5. 便利

便利是带给个人利益的一个重点。例如汽车变速器自动的便利性是吸引许多女性购车的重要理由,电脑软件设计时的简便性也是客户发展的重点,便利性是打动许多人购买的关键因素。

6. 系统化

随着电子技术的革新,现在许多企业都不遗余力地进行着工厂自动化、办公室自动化的发展。这些企业购买电脑、打印机、复印机、传真机等产品的时候,普遍都以能否构成网络为条件而选择,这即是因系统化的理由而购买的例子。其他如音响、保安等系统化都是客户能引起关心的利益点。

7. 兴趣、嗜好

您直销的商品若能和客户的兴趣、嗜好结合在一起,抓住这点诉求,一定能让双方尽欢。

8. 价格

价格也是客户选购产品的理由之一,若是您的客户对价格非常重视,您就可向他推荐在价格上能满足他的商品,否则您只有找出更多的特殊利益以提升产品的价值,使他认为值得购买。

9. 服务

服务分为售前、售中及售后服务。因服务好这个理由而吸引客户络绎不绝地进出的商店、餐馆、酒吧等比比皆是;售后服务更具有满足客户安全及安心的需求。因此,服务也是您找出客户关心的利益点之一。

以上九个方面能帮助您及早探测出客户关心的利益点,只有客户接受您直销的利益点,您与客户的沟通才会有效。

第三节　沟通,本质是一场交谊舞

选择适当的话题,缩短与客户之间的距离,使自己逐渐被客户接受,然后把话题引向自己的商品,从而开始商谈,这样才是成功的正确途径。

那么,如何选择与客户接近的话题呢? 这里有一条不应该忘记的原则是:在每个人看来,这世界上最重要最亲近的人就是他自己,他所喜欢听的,当然是别人提起他自己的事。因此,最好的话题是谈起对方最关心的事。

营销,是一场交谊舞。营销员必须能洞悉顾客需求,双方才能灵犀相通、舞出精彩,实现成功营销。营销员好比是优雅的领舞者,须有超群的"舞技",才能带动他的舞伴(顾客)跳出精妙舞步。想成为营销交谊舞的"万人迷"吗?那么,你必须掌握有效沟通技巧,学会发送和接收各类信息,解决营销中的各种问题,并与顾客建立互相受益的关系。而这些,正是今天要跟大家学习的营销技巧,希望能对您提高"舞技"有所裨益。

在商场上,能言善道的人,似乎拥有一件强而有力的武器,占尽一切便宜。但是,成功的人,并非因为那张嘴巴而成功的。正如俗语所说"水能载舟,也能覆舟。"很多人的失败,往往又是由于那张不能控制的嘴巴。事实上,上天赐给你的天才,但又没教你说话的技巧。说话的天才和技巧,又是两件完全独立的事。天才虽然是上天特别的照顾,但技巧便要靠后天的努力才可得到。

怎样去说话,才算是有技巧呢?方法很简单,首先要从自己的修养着手,心术一定要正确,没有邪念和要求,吐出来的话语,令人感到诚恳。有了诚恳的态度,客户便乐于接受你的建议和推介。"诚恳"这门功课,必须假以时日和心机,才可以培养出来。

"诚恳"是一门内功,需要用内在的修养来修练,一定要付出心血和时间,才有收获。所以,一般成功的推销员,年纪多数已达到四十岁左右。他们身经百战,没有了成功得失的心理负担,又善于压抑自己的利益,处处显出关怀的态度,生意便进行得顺利了。

除了说话要有诚恳的态度外,又要学习避免批评别人的习惯。每一个人都有极强的自尊心,绝不容许他人侵犯。如果自尊心的最底防线被人冲破了,必然会奋力反抗。建立一场友谊,往往要花上一段颇长的时间,但每每由于一句话,便将友谊推倒了。

在商场上,我们时常也会被邀请去参加一些展览会,在得意时候,很多人都会乱说话,忘记了还有别人。在商品试验等场合,主人家每多虚心地求教进步,乐意接受你的批评。但这些只是客套话,切勿妄加批评。但在朋友相处时,如果有进忠言的必要,我们首先一定要言辞恳切,态度从容。而且又要避免在人多的地方批评他人。就以自己作一例子,错误是难免的,自己也有些毛病。说话时,要令对方感觉你是为了维护他的尊严,便显得善意和中肯。三国时代,名相诸葛亮,看到了刘后主不妥的地方,写下了《出师表》,为后主进行了善意的批评和改善的方法,用字恳切,态度关心,成为后世批评文章的典范。

和朋友交谈,要提防相斗的话。有时我们会遇上朋友的叹息,抱怨环境太差,生意不好。但得到的答案,往往是:"你怎算差呢?我比你还惨呀!"本想找你略抒苦闷的心情,却被你吓破了胆。有些人又喜欢向人炫耀。例如有位朋友买了一艘游艇,向你威风一下,希望你投以羡慕的眼光。如果你说:"我有位朋友更神气,他的游艇,比你的还长呀!"以上这些,都是通常的例子,如果我们不戒掉这些坏习惯,敌人必然多了,自己的生活和事业,便孤立起来。

商业上的接触,必须要显出积极进取的心态。往往一句话,别人便为你下了判断,丧失日后机会。例如在谋求工作的时候,如果你不充满信心,对答肯定的话,哪个雇主会给你试试的机会呢?

以下有些例子,如果我们将说的方式改变,将会有不同的效果的:

"这次我是失败了!"可以说成:"又学了一次乖。"

"今年蚀了若干!"可以说成:"今年投资多少。"

"我又老了一岁。"可以说成:"我又长大了一年。"

"我只可以完成一半的工作。"可以说成:"现在可以掌握了百分之五十。"

"这是一件价钱很贵的货物。"可以说成:"这件货品的成本相当高。"

这些例子,在日常生活中,随处可见,如果我们留心去改变自己用字的技巧,人家便对自己产生了信心。

如果你想成为一个受人欢迎的社交人才,以下有七项原则,希望你能多多练习,成为一个长袖善舞的人:

1. 最好用的一句话:"我承认自己犯了过错,请原谅我吧。"

2. 其次有用的话:"你做得真漂亮!"

3. 再其次的一句:"你认为该怎么办呢?"

4. 有些句子,应该多用些。例如:"请便""谢谢"等。

5. 说话中尽量说"我们"这两个字。

6. 尽量少用的一个字是"我"。

7. 老话说得好:"逢人短命,遇货添钱。"意思是说,将人家的真实年龄,说少三五岁,又将人家的东西,明明值二百元的,说成三百元。如果你时常将奉承话说得如此含蓄,朋友便会将你视为知己。

直销沟通的四层境界,你在第几层?

1. 最差的:母鸡式沟通

表现:看到客户就两眼放光,拉着客户就讲个没完,也不管客户喜不喜欢听、想不想听,也不去了解客户的需求,只会讲我们的产品多么的好,多么的适合你,它可以如何提升你的效率、降低你的成本等自卖自夸的话。

特点:说的多、问的少、看的少、听的少,就像老母鸡下了蛋一样拼命地叫,也不管别人爱不爱听,听不听的进去。而且自己对行业和产品了解也不深,在说的时候没有条理性和逻辑性,讲的连自己都不明白怎么能让客户听的明白。

2. 入门级:公鸡式沟通

表现:该说的时候就说,不该说的时候就不说,而且说话的条理性和逻辑性比较好。

特点:能保障客户爱听,达到这种沟通境界的销售人员,赞美的技巧已经相当的成熟,能找到相互都感兴趣的话题,能让沟通非常顺畅和愉悦。这种境界问的能力还不是很强,不能真正的把握沟通的主动性。

3. 合格的:猫头鹰式沟通

表现:和客户沟通的时候不慌不忙、进退有度,而且能够挖掘客户的内心想法,在讲话的时候能站在客户的立场上,有的时候让客户感觉到你不是销售人员,而是他们企业这方面的顾问。

特点:这样的销售人员具备了很强的专业性,能够提出建设性的建议,也能帮助客户解决问题。在沟通技巧方面也非常的成熟,对问、听、说、看各项技巧应用的也非常熟练。

4. 高级的:老鹰式的沟通

表现:在销售人员对人性的深刻理解,他对人的共性有很深的理解,对人的个性也能及时地掌握。

特点:在沟通上的表现是他能跟任何人有效的沟通,不管是素质高的和素质低的,即使语言不通他也能让沟通继续,用通俗的话讲就是他可以见人说人话,见鬼说鬼话。他们把与客户的沟通当成一种乐趣。

直销沟通的黄金法则

直销中沟通很重要,但如果方法不对 往往会事与愿违。以下是一些直销行业老师的总结,希望对大家有帮助。

一、认同沟通法

在沟通中首先要认同对方的观点,让对方尽可能多地感觉到我们与对方是一致的,然后再表达自己的观点。马英九就深得此法之妙用。他在竞选国民党主席的过程中,被人说成是"不粘锅"。他顺势强调说:"我是不粘锅",首先认同对方,然后接着说,"我是不沾黑金的锅、不沾酒色的锅、更不沾台独的锅",巧妙地与选民进行了有效的沟通,最后取得竞选的胜利。

二、类比沟通法

沟通高手很喜欢用这种方法,因为它非常生动形象,并且容易被对方接受。比方说在七八十年代如果女孩子穿一个短裙子你会怎么看她? 她肯定被当作神经病。如果是现在呢? 那就觉得很正常了。其实超短裙没有变,变的是人们的思想观念,这就是知难行易,其实直销也是如此呀。用短短的几句话,朋友就明白了其中的道理。

三、故事沟通法

如果跟朋友沟通的时候,他说对直销没有兴趣,你可以反问:你对上班有兴趣吗? 接着用一个故事感染他。从前,有对父子,每天用牛车把柴拉到山下去卖,父亲的眼睛不好使,于是负责拉着牛的缰绳。儿子年龄较小,坐在车上负责看方向。每到该拐弯的时候,儿子就喊:"爹,该拐弯了"。天天如此。有一天,父亲病了,儿子只好一个人来完成这项工作。但是到拐弯的时候,无论怎么吆喝,牛就是不动。这时候儿子左思右想,看了看四周没人,便大喊了一声:"爹,该拐弯了",牛乖乖地跟他走了。朋友马上明白了一点:习惯,有好习惯也有坏习惯。小故事大道理。让对方在听故事的同时悟出道理,知道你要表达的意思。

四、人格魅力沟通法

在做直销沟通的时候,不用过分渲染公司、产品,也不用大讲前景,凭你的人格魅力对方就会相信你,愿与你合作。可以适当地找共同话题。这就是凭着对朋友的一种信任,相信你的人品。也就是说在沟通中要凸显你的人格魅力。

五、业绩沟通法

现在,很多人都十分现实。尤其,目前经营直销事业的朋友工薪阶层者居多,一些朋友对在直销中的收入没有把握,担心赚不到钱。这时用自身的业绩(或周边事业伙伴的业绩)来说话,这也是最现实、最有说服力、最有效的沟通办法。与朋友沟通时,可以把身边的事业伙伴通过几个月努力,月收入几千元的情况告诉了他,并且建议他与这些伙伴分别做一些交流。最终,他会对直销事业鼓足勇气,充满信心。

初次直销沟通技巧要给客户量身订制

大多数人沟通时,建议不要直接切入公司或产品(特指前期沟通)应先与对方建立友情,可以通过聊天,了解对方的思想、思路从而调整自己的思想、思路与对方产生共鸣。下面是总结了一些与不同类型的朋友沟通的心得,与大家交流探讨。

1. 对于那些找机会、找出路的朋友,与他们多交流一些:机会来时,要当机立断。犹豫者错失机会,等待者永无机会,强者抓住机会,智者创造机会。可以提醒一下:20 世纪 80 年代抓住机会经商的人已经成为百万富翁,90 年代抓住机会做互联网的人已经成为亿万富翁,21 世纪直销又是一次机会,就看我们能不能把握了。人生不应该为昨天活着,总是拍大腿后悔是不行的。应该为今天和明天活着,抓住今天,把握明天才是

2. 对知道直销是机会但害怕失败的人,应该从鼓舞他们的信心和勇气入手。同时要引导他们正确对待挫折和失败。一般情况下应该告诉他们,人生的唯一失败就是不敢参与,委婉地告诉他们其实人生没有失败,只有放弃,只有暂时停止成功。影响和改变他们对人生的看法,同时告诉并想法让他们牢记:今天的不幸往往预示着明天的好运,每失败一次就是成功迈进了一步。越是成功的人失败的次数也就越多,一般的情况对这类朋友不要操之过急。

3. 对销售模式有异议的人,分析以下商业发展史,告诉他们直销在

国外已经很普遍,在国内也是一种必然的趋势,是不以人的意志为转移的。直销是把计划经济和市场经济的精华拿出来,形成计划和市场的联合体。麦当劳既有全球计划,又有个人合作方案,这是一种店和店之间、店和人之间的连锁。安利运行了近半个世纪,从某种意义上来说,是公司与市场、人和人之间的连锁。销售产品时,传统行业收入是加法,直销体现的是乘法。

4.对有人说我们是有偿消费是名不正言不顺的人,应该告诉他们:在传统生意中我们的都是消费者,但在直销中不仅是消费者,还是经营者。消费的同时还有利润,这是新生事物。不能用过去的模式来套,社会要向前发展。发展过程是:在卖方市场我们是主动消费,在买市场——我们是被动消费——有奖消费——挣钱消费,这是一个规律。

5、对直销界的朋友,用轻松聊天的方式,从国际、国内直销发展的历史、现状、未来分析直销在中国发展的趋势,从更高更宽的角度去审视这个行业,让朋友对我们有一个更为全面的认识,用你的知识、能力证明与你合作是"跟对人"了。而不可大谈机会、市场、产品、制度、倍增,因为他们已经对这些有了比较多的了解,尤其是一个公司的优势他们会自己去比较的,有些东西点到就好,也就是人们常说的"响鼓不用重捶"。

6.对于那些抱着旧有传统观念不放的人,应该提醒他们:社会在发展,新的时代已经到来,新的机会随之产生。昨天是机会,不等于今天还是机会,新事物是为了代替旧事物而出现的。时代的进步,是任何人、任何力量都阻挡不了的。过去从事 PB 机、手机、化妆品、保健品是经济增长点,而现在网络经济、电子商务和直销是 21 世纪新的经济增长点。从观念上入手,并不断的跟进他们。

7.对于那些曾经有过辉煌的人,多与他们交流:人无百日好,花无百日红。新陈代谢是自然法规,长江后浪推前浪是永恒不变的,社会与个人一样,生存永远是第一位,只有发展才识硬道理,只有发展才是最好的生存,只有发展才能求壮大,躺在过去的辉煌上就等于倒退。所以,不要躺在过去的功劳簿的沙锅内,束缚在旧有的观念上,牺牲在自己的误区上。要在新事物中找寻机会,求得发展,再创人生的第二次辉煌。

8.对于戒备心特别强,又不断打岔、总是拒绝别人的人,应该告诉他:我们过去之所以失去了很多机会,是因为我们拒绝别人的太多了。只有善于倾听的人,才会掌握信息;也只有掌握了大量的信息的人,才会有更多成功的机会。拒绝别人等于拒绝财富,拒绝别人等于拒绝成功。因为世界上每一位成功的人士都有善于交流、善于接受新事物、喜欢与朋友打交道的人,所以要打开心灵之门,拥抱这个世界。

9. 对只想抓住机会却不善于学习的人,要与之探讨学习的重要性,并告诉知识匮乏的人,最有可能和财富擦肩而过。21 世纪是知识经济时代,就是凭知识挣钱,不学习,没有知识是行不通的。"有智吃智,无智吃力",正是这个时代明显的就也特征,不学习就不能把握机会,任何一个事业,都遵守自然法则,适者生存,优胜劣汰。要想在一个领域或行业成功,一定要逐渐成为内行和专家。

10. 对于羡慕直销前辈的成就的朋友,与他们多交流:如果要想也取得优秀的业绩,只要选择一个好的创业工具、创业通道、创业平台、创业机会,跟随一个好的直销系统,老老实实做人,踏踏实实做事,不断地积累市场,不断地学习专业知识,成为直销行业的内行,有一天会成功的。可以告诉他们多讲讲身边成功的例子,做到学有榜样,作有样板,让他们看到现实与希望。

《孙子兵法》所云"知己知彼,百战不殆"。

第四节　分享,直销的精髓

分享模式,无疑是营销模式上一次革命性的突破。与传统营销模式相比,它让直销少了推销的意味,多了人性化的主题,在受众的接受度方面,明显优于传统模式。分享作为直销的精髓之一,名驰久远。

在我们的日常生活中,告诉别人哪里有一家好餐厅吃饭、哪里的衣服卖得比较便宜、哪一家咖啡厅的咖啡香浓而且服务质量优良,这些都叫分享,这些分享,人人得而喜之;分享者,人人敬之。分享的存在,是为了让大家节省生活的成本,提高生活的质量。

而直销中所说的分享,指的是分享一种经验或是试用某种产品的感觉,或是从事某种事业的认识和感受,或是自己的成长经历。它的存在,与产品销售是分不开的,是有利润基础的,准确地说,应该是自己先使用过某种产品后,再把它"分享"给你的客户。

因此,分享者在方法上要掌握技巧,必须在找到和被分享者的共同点后,才可以进行分享。

分享的前提

直销不同于推销、也不同于一般的营销,它是把自己享用认可的先进的新生活理念和好的产品与亲人、朋友分享,在分享中实现销售。

这就要求直销商首先应该是产品的使用者,其次才是产品经营者。因为只有自己真真切切的用了这个产品之后,你才知道产品的优越性体现在哪些方面,这样才不至于分享的时候内容空洞,没有说服力。另外,身边的亲朋好友是熟悉你的,他们了解你的过去,见证着你的现在,看得到你的未来。所以产品在你身上发生的效用,他们是能够看得清清楚楚的。正因为这样,在分享的时候,他们更易于接受产品,更有信心去尝试产品。

分享的优越性

直销的销售之所以可以叫分享,就是因为一样的产品、同样的价钱,大家一起享用,这三者缺一不可,缺少一样都不可以称作分享。销售者以零售价推销,因为销售者与消费者使用的产品价格不一样,所以不能叫分享。如果销售者自己不用产品,只是一味地向别人推销,也不是分享。

从以上的描述中,我们可以清楚地看到分享式直销的优点具体体现在以下几个方面:

一、公平合理:大家花一样的价钱用一样的产品,这样就使得"买者放心,卖者安心"。因为直销这种营销方式,它直接面对的是最终的消费者,所以在销售过程中节省了众多中间环节,也相应地减少了这些环节的成本,所以在价格方面,它能够做到相应的统一。

二、消除了销售者与消费者的差距,使销者与买者之间更容易建立感情、维系关系。因为在直销中,销者首先是个产品使用者,他对产品的功效以及服用方法有了切身的体会,所以在与买者沟通的过程中,更易于找到共同话题。

三、更易于找到合作伙伴。直销作为一种商业行为,与其他商业模式相比,更能够吸引人加盟,主要原因是销售方式不是推销,而是分享。现在有很多人,一听到做销售工作,就会脸上现出不情愿之色,这可能与传统的营销模式中,推销的成分太大、被别人拒绝的次数太多有关。而直销注重的是分享,无形中就降低了门槛,使更多的人乐于去尝试了。这就让更多的人能够进入到直销这个行业中来,让组织快速发展。

四、易懂易学。大部分的直销商刚刚开始从事这个行业时,都是以兼职为主的,这就使得直销商的经营水平参差不齐,各行各业的人员都有,而且绝大部分的人是没有销售经验的。但因为分享式的销售模式十分生活化,直销商在销售的过程中几乎不要求有别的销售技巧,只要扮演好一个产品的爱用者的角色就可以了。如此简单的操作过程,大家掌握起来固然就容易得多。

直销人如何做好分享

用产品谁都会,但自我消费是直销人成功最重要的基础,而实践中又有些伙伴不够重视,我们有必要探讨一下。直销的业务员同时具有三重身份,即公司产品的使用者、推广者和经营者。要成为一位优秀的业务员,首先要做一个产品忠诚的使用者。实际工作中我们发现,有的业务员总是顾虑重重不敢开口推荐产品,那大多是因为他没有很好地使用产品,所以没有信心;也有的业务员每天东奔西走,极力推广,但就是成绩不佳,那也大多是因为没做好自我消费,因而信心不足,说话没有底气,也自然缺乏真正的说服力。

1.要用心体验产品。

作为业务员自用产品时,你和一个普通的消费者不完全一样,你需要认真使用、用心体会,才会发现和体会到产品一些具体的优点和好处,才有真实体验向朋友分享。例如你使用一款直销公司的沐浴露的过程中,要用心体会其气味、感觉、用量、效果与其他沐浴露相比有什么独特的地方。

2.要做到产品生活化。

直销公司的产品都是跟我们的生活密切相关的,真正优秀的业务员应让自己和自己的家人长期使用所有的产品,至少长期使用十种以上,一个家庭每个月平均消费额在500元以上,才算自我消费这一项做得合格。实际工作中,有的业务员只有一两种产品推广得好,那往往是因为他只使用了这一两种产品。我们的产品那么多,如果所有产品都能推广得好,成绩岂不是更大?

3. 首先使用。

要相信公司在推出每种新产品前都会做认真的市场调查和研究,每种新产品都会品质超群、价格合理并具有巨大的潜在市场。公司每推出一种新产品,业务员都要满怀信心地赶快使用,争取早一些有体验,早一些了解产品,早一些树立信心,早一些将产品推向市场。

4. 自己没用过的产品不要向别人推荐。

产品自己不使用,说明你对这种产品认识还不够,信心还不足,这时向朋友去推荐,首先对朋友不负责任,同时由于信心不足,说话没底气,往往花费很多时间去推广,效果总是不佳,反而容易错误地认为这种产品很难销售,没有市场。

5. 把自我消费当作最有效的投资。

有的业务员认为产品自己不需要,或者自己用不起,所以不想自我消费。问题是,自己都不重视保健,如何让别人重视保健?自己对产品都没有真正认可,如何让顾客对产品有信心?自己都觉得产品贵,如何让顾客接受产品?这时可以把自我消费当作一种投资,通过使用会发现,产品对自己很有作用,产品效果确实非常好,并且价格并不高。还会发现,自我消费是最合算的一种投资,因为不但自己能够从产品中获得很多好处,而且产品自己用得好也就很容易推广出去。

对于直销人来说,听取别人的经验是很重要的事情,因此我们应该学会与人分享,那么,如何做好分享呢?

一、分享的重要性

直销是一个分享的事业

分享是成为讲师的第一步

分享是直销人每天必做的工作

没有分享便没有直销

二、分享什么?

1. 我是谁?叫什么?来自哪里?以前做过什么工作?什么学历?

2.如何接触到直销的?(直销经理)是谁触动或者引发了我对直销事业的好奇与兴趣?

3.简单描述你与你们团队怎么结缘的,浅谈加盟后的感受。

4.成长和收获是什么?

5.目标与定位。你将在直销事业里取得什么样的结果,与你的人生追求。

三、分享原则

1.自我介绍要简洁

2.感恩领路人(发至内心的)

3.分享的语言要真实

4.分享内容要有事实与准确数据

5.分享目标清晰可达成的

四、分享要领

1.首先自我介绍,叫什么? 来自哪里,以前做什么的,现在是全职(或者暂时兼职)从事直销。

可以用某种特别的语句让别人记住你。

2.一句话感谢,能够走入直销,感谢推荐人,感谢系统,感谢团队。

3.明确主题,分享不是讲课,不能变成讲解了。

宁肯少说,绝不乱说。

根据场合可以选择话题:事业,产品,制度,心态,即兴演讲等。

4.只讲感受,感悟,不讲理论。通过自己亲身经历谈直销事业的认识和理解。讲自己的感受和思想转变过程。

5.分享时长,5分钟左右,如果写成文稿在1200字左右。

第五节 家庭聚会,金钻石的摇篮

任何事业的进行都需要一个氛围,直销更是一个气氛感染人的事业模式。可以这么说,没家庭聚会,就没有新人的成长,没有家庭聚会,生产高质量的消费者,也就无从谈起。没有家庭聚会,就没有了直销细胞,就没有了未来的市场倍增效果。

一、家庭聚会的功能。

1. 沟通伙伴、联络感情和经验分享学习；
2. 产品知识讲座和信息发布；
3. 家庭销售功能,增加零售业绩；
4. 产品示范和练习功能；
5. 培养产品爱拥者,挖掘事业者,推荐新人。

二、家庭聚会的形式

家庭聚会分两大类:产品类型,事业类型。

产品类型细分:健康保健、个人护理、家居护理、以及更多特色产品。

事业类型细分:成功心态、方法技巧、价值远景、利润分配等等。

三、家庭聚会实施流程

聚会前筹备:

1. 选择场所；
2. 设计流程,人员分工；
3. 正确邀请(根据主题邀约新人),新人 3 ~ 5 人,总数不超过 12 人；
4. 准备好相关用品(产品,实验用品,白板,笔,预售产品,资料,桌椅板凳,茶水等等)避免干扰避开小孩,电话等。

流程:

1. 主持人开场；
2. 轮流自我介绍(1 ~ 2 分钟)；
3. 主讲讲解(产品示范)；
4. 老伙伴切题分享(化不要多,整场会议控制 1 小时)；
5. 会后 30 分钟跟进(答疑,临门一脚踢。)打预防针。送走新人。立即总结经验,循环成功八步,造梦,为下一次家庭聚会做准备。

家庭会议,从"背靠背"开始和提升

家庭聚会就是磁场,是个薪火相传的好地方,新人不能光看我们怎么说,更会看我们怎么做。我们要手把手带出下级部门的独立能力,这才叫百分百的复制。如果有 5 个新人来参加来学习家庭聚会的运作,那么这 5 个人就是来"取火"的,然后再各自分开去组织家庭聚会,这个火势就是燎原的态势了。所以教会我们的下级部门去正确的复制家庭聚会的重要性不言而喻。

通晓"背靠背"

当我们推崇一个新人,在做这个部门深度工作时,我们要立即寻找到那些有梦想,有承诺,肯付出,愿配合的领导人,在你做启动工作时,要帮他们召开家庭聚会,连续帮他们两次,就叫"背靠背"。

背靠背有两种方式:

● 今天召开,第二天紧接着开;

● 隔周召开:如本周五开,下周五接着开。

背靠背有三个好处:

● 立即启动新领导人(有下级部门就是其领导人),不要错过的他的"兴奋期"。或让他走过多的弯路;新人一进来马上协助他开拓市场,才能打造有生命力的团队。

● 等于帮新领导人开了一个新闻发布会,让他的亲友知道他已开始了这个生意,该受影响加入的就加入了,反对的或不感兴趣的以后再说。这样比让他的亲友自己将此信息用错误的方式传达开来更好。

● 一般只给帮领导人召开 2~4 次聚会,这样即节省了时间,同时也在他的"兴奋期",在最短的时间内教给了他怎样开始工作,一直到这个部门中有新的几代领导人核心出现,这就是深度工作。

复制家庭聚会"背靠背"的话术

前提和问题要讲在前面,也是看决心,决心大不大,看以下 4 个方面:

● 你希望通过 xx 事业辅助你尽快达成你想要的生活方式吗?

● 未来 10 天到半个月你愿意配合我开展工作吗?

● 在这指定的时间里,你要举办两场 10 个人的家庭聚会(可灵活调整人数和次数),并提前把时间地点告诉我,因为我的行程是要提前安排的。

● 我承诺协助你打开两个市场,但其中一个由我来挑,这个我亲自带。

不但要成为老师,更要成为教练

新人不会看我们怎么说,他看的是我们怎么做。这个事业我们只是站在舞台上或平时对新领导人讲怎样做,作为台下的他们是很难掌握的,所以我们要手把手地去教,去做给他看,因为我们所讲的和新人理解的往往有很大偏差,新人在开始工作时失误往往来自两个方面:

● 不知怎样做是对的;

● 在细节上带来的失误往往毁掉了全局。

解决办法:

● 立即做给他看;

● 当他看过几次之后,我们正确的做法是要新人做给你看,在新人做时当时不要纠正他,让他把问题全部暴露出来,我们先做记录,事后切记一定要在"三多"(多鼓励、多赞扬、多褒奖)的基础上进行纠正。如:你是我见到的用这么短的时间做得最棒的,你一定可以取得惊人的成绩……鼓励表扬之后一般要委婉地将出刚刚记录下来的错误的地方。可以这样说:如果在 xx 环节 xx 事后,要是能够 xx,就更好了!

家庭聚会要定时、定期举办

解决家庭聚会开不起来或来人不多的唯一办法是定时、定期坚持举办下去,原因有三个:

● 你本来就不会开会,就没有影响力,只有熟能生巧,多开多办;

● 只有定时、定期,像时钟一样准确,才能扩大我们的影响,新人才会知道我们在哪里有会议,我们的领导人才可以放心大胆的带人,否则他就不会带人去,因为他不知道我们什么时间才有会议;

● 可以节省整天为团队成员做一对一沟通的时间,可以使你的工作、生活生活时间规律化,聚会就是成倍的生产方式,由点带动线,由线聚成面。

如何复制家庭聚会

复制家庭聚会唯一的办法是:边学、边做、边教。

● 边学:我们要向上级领导人学习。细心观察、做录音、做笔记、总结经验教训。

● 边做:勤能补拙,提升能力的方法就是多做,我们要争取及早地独立讲计划、回答疑义,及早定时、定期召开家庭聚会。提升个人能力最有效的

137

方法是独立工作。

●边教：我们的业绩的扩大、收入的增多，其中一个重要的方法是增加你团队中独立召开家庭聚会的个数和次数。统计显示，一个稳定的直接部门一般在深度上有8—12个固定的家庭聚会点。我们在深度上也要工作，要在底部点火不只是浮在面上，停留在一个点上工作。要想获得时间的自由、经济的独立教人钓鱼，而不是送鱼给人吃。

一般情况下部门的第一个高阶的出现往往是我们自己做出来的，而不是他自己产生的。

从陌生到喜欢到形成习惯

没有人天生会做这个生意，没有人天生就会召开会议。因知识程度不同，人类对陌生事物有天然的恐惧，也因此大多数人不敢开始，就算勉强开始，其事业的压力也很大，但只要我们坚持下去就会找到感觉，逐步喜欢召开会议，喜欢亲自主持培训，再把喜欢的事不断地做就会变成习惯。

注重产品

产品比我们更会说话。以产品为导向，没有见过产品示范的人是不会真正下决心来做这个事业的，所以在介绍机会的过程中最不能忽视的就是推荐、演示产品的步骤。

从家庭聚会开始，再到主持地区中心会议，再到参与主持大型培训会议，最后我们将成为一个受人尊敬的培训大师，并建立和拥有自己的商业帝国。

第六节　直销人该怎样演讲

讲到直销，大家有可能会扩大影响范围会时不时地进行演讲或上课授意，从事直销来说就是"讲"的事业，在直销中要取得大的成功一定是要具备演讲能力，所以，演讲能力是很重要一部分将决定成功地位。

而目前直销讲师大部分没有接受过专业系统的培训，直销界讲师都是做了段时间，慢慢地积累了上台经验和专业知识，就可以开始上台讲课，所以，导致演讲基础知识不正确，越是讲的时间久越难纠正。现在部分心得与直销人分享，希望能给各位直销人日后的演讲起到启发和帮助。

一、直销界演讲的现状

目前直销界大部分讲师都是其内部直销人转变而来的,很大部分直销人都没有受过专业系统的培训。起点将决定终点,没有正确的演讲根基越是讲到后面,错误的方式将越难纠正。

目前,大部分的直销人除了能讲基本的公司、产品、制度以外,很难有灵活的演讲应变技巧,都是只知道讲自我而把控不了听众心理,往往直销人有个互动的习惯氛围,不管台上老师讲得好与不好,有没听懂,只要是老朋友都会激情呼应,课后讲师都会得到大家的赞许和感激。所以,在这种光环的笼罩下,很多直销演讲人看不清自己的盲点,在自我的演讲中陶醉,失去了很多新朋友的心。尤其是直销界,这种氛围是其他行业所不及的,也是直销界所独有的,正是因为这种好的听众氛围才很难锻造出卓越的直销演讲人。因为平静的湖面永远造就不出高深的水手。

二、直销人演讲的重要性

众所周知,从事直销就是从事演讲的事业,演讲的能力将决定于团队发展的进度,因为大家都知道只要是正规直销公司,不管是产品、公司或者制度都各有千秋,如何使自己的团队能够独占鳌头,这就需要领导人综合能力。

在从事直销前期是做事,后期是做人,其中就包括个人的各方面能力提升,所以,唯有演讲才是批发观念的最佳手段,同时也是最好传达与复制各种操作办法的途径之一。所以演讲是每一位直销人必修课程之一。

三、直销人演讲的目的

无论做任何事情都有其目的,当然演讲也不例外,所以每一次的演讲必须要达到其所预期的目的。直销中演讲至少应达到五个目的:

1. 行动效应:我们在演讲中讲得再多,不管是促使新朋友加入还是老朋友增加士气,最终的目的都是为了使大家采取行动,这样演讲的付出才有其价值所在。

2. 激励效应:每场演讲不管是讲什么,都应该起到激励的效果。激励是精神动力的源泉,只有适时的激励才能保障团队更好的发展,这就是为什么在直销中惯用领导人的成功来激发团队坚持心和成功心。其实每个行业都有人成功,只是直销界需要用成功案例来激发团队的梦想,只有当

团队成员有了足够的梦想,成功的希望才会更大。(总结:用成功的案例激励梦想)

3. 信任效应:我们每场的演讲无论什么样的性质或课题注重的都是结果,而这种结果取决于听众对演讲内容的信任。所以一场成功的演讲它总能潜移默化地使听众产生信任。

4. 复制效应:直销强调的就是复制,前期人少还可以手把手地教,等团队一做大就需要"批发"复制,只有这样才能效率最大化,而这种效率莫过于演讲。

5. 学习效应:在直销中演讲肯定要让听众有所其感悟,不管是了解公司制度或产品都要通过演讲使每位听众有新的感触点。

直销演讲的注意事项

直销人最惯用的方式就是演讲,然而一次成功的演讲应具备丰富的知识面以及注意演讲的细节,在整场的演讲过程中应该注意五要素:

1. 演讲的布局:在演讲的过程中布局是非常重要的,因为什么样的布局将会决定什么样的氛围,怎样的氛围又将影响到授课效果,在整体的演讲过程中应该根据不同的课题不同的性质采取不同的布局,在演讲中大致分为四大性质:动态、静态、理性和感性,不同性质的内容,布局和授课方式都不一样。

2. 演讲的开头:演讲在开头一分钟之内听众将决定有没有兴趣听,只要开头开好了,接下来的演讲就会比较简单,一旦开头没开好,没有调动起听众的兴趣,后面的内容将很难弥补。

3. 演讲肢体动作:演讲中肢体语言是至关重要的,因为肢体将决定状态,状态将决定效果,俗话说"外行看热闹,内行看门道",卓越的演讲家包括上场、拿话筒的动作、鞠躬、眼神、手势、站姿、表情整个肢体都将决定你是否专业。

4. 演讲的互动技巧:演讲互动是至关重要的,好的演讲师他总是在幽默互动的环节中传达着所要表达的内容,然而这也是很多直销讲师所不具备的,在整个演讲的过程中应该懂得多提问,只有跟听众互动才能更好地打开听众的心门,使听众思想与课程内容结合一体,在互动问话的过程中应该懂得问简单的问题,问封闭式问题,比如:"是""好的"的问题。

这样就很容易互动。而恰恰相反很多的直销演讲人就喜欢问些复杂的问题,问一些开放式的问题,所以导致无法控场。

5.演讲的控场技巧:演讲之前,首先要懂得自我心理暗示:"我的演讲很精彩,一定能帮到他们"。

最好是在演讲前先熟悉会场有利于演讲的效果。应事先了解听众对象,懂得把握听众心里,适时的互动、幽默有利于学员打开心门。总之要成为一名卓越的演讲人,就应该具备丰富的知识量,只有头脑里存的知识足够多,才能够灵活运用。所谓人法天、天法道、道法自然,只要平时多学多悟,加上专业的演讲教练指导,就肯定能成为卓越的直销演讲人。

第七章　绝对隐私

第一节　九个为什么

1. 为什么约了不来

直销约出来是我们成交的第一根本,能够把我们的合作伙伴,或者是我们的朋友约到会场。借助会场力量进行最后的成交。约出来是我们的基本功。所以我们要仔细地分析一下,为什么约不出来?第二原因是根本没有邀约或者量不够,我们为什么叫邀约?要邀约就是我们在前期的列名单,暖身过程中,你要找到他的需求,并且根据需求去来捕捉他的这个评估价并且排序。

我们什么时候邀约呢?我们在什么时间?邀约什么样的人?都是有一个根本要求的。但是在邀约过程中我们进行邀约的时候,都是有一个很好的态度的分析。或者是技巧的问题,第一是态度问题。我没有及时的跟他沟通,沟通的效果不够。我们好多邀约,想邀约人的时候就是骗人家。那里有个老师来讲课,那里有个朋友来主持座谈会啊,这有个很好的事,你跟我做,根本就没有把别人的需求找到,并且没有告诉我们的目的性。我们约出来,至少在我们约的时候,我们要让他知道:第一,这是我们的直销事业;第二,她认可直销;第三,她想做直销。

对下岗失业的,对于那些想用我们产品的,你干什么呢?第一,认可营养品;第二,她想用营养品。这样才会有后期效果,我们在后期的会场量上战斗力上就很高。还有我们的技巧问题。我们在邀约的时候一定要有邀约的技巧和话术的培训。

我们的财富危机。现在传统行业这么萎靡,而直销行业这么经典,我们可以对比一下。我们要做好深度的暖身和基础事件的铺垫。掌握单个根本原因,没有掌握对方的需求。世界上有一句话叫作物以稀为贵,实际上我们把它改过来,叫作物以需为贵。顾客的需求才是我们要表达的最重要的一个目的性。跟他邀约和暖身过程中,我们要知道,并且要判断出他准确的需求,对它的需求我们给予答案,说正确的真正能打动他的理由。

大家可以问自己几个小问题,第一,你在邀约过程中是否说了公司制度和产品。第二,你在邀约过程中,如果他拒绝你,你是否会下次邀约他。第三,你在邀约的时候是否有备胎,是否达到五比一的邀约会场,第四,你邀约的时候,是否真正的了解需求,是否用需求和下危机的方法来进行邀约。第五,你在邀约之后,入会场之前,是否和你上级部门、上级老师进行规划和你邀约话术的训练。

2. 为什么来了不听

直销事业里面我们邀约是最重要的,只有人约进来才能够进行成交,因为成交的磁场里面有同样同频的人来让他看明白直销事业的伟大,所以我们第一成交是在会场上成交,第二成交是我们 ABC 的法则成交。在我们会场上千辛万苦邀了几个人来,为什么他们来了不听,我们要解决好他来了听得问题,只要他来了并且认真听了,他的心门才真的打开了,那么他的问题邀约率到了,他的会场成交率就会高,这也是对我们每个会员的网络铺垫和我们整个信心的增加,所以我们要认真解决好了不听的问题。

还有,在让我们的会员邀约出来的时候,我们的 B 角色一定要到会场,因为 B 角色才是可以撑腰的,没有 B 角色不要把人邀到会场,来了真的不听,即使听了也没有往心里面去,透过我们对会场的分析,我们会发现 B 角色在我们整个会议成交里面占着很大的作用,可以要求我们的 B 角色做好前期的铺垫,做好时间地点、我们老师的讲座、要把老师的背景、老师的品格、老师的成绩这些都要推荐给他。

3. 为什么听了不买

听了不买,把朋友约到我们会场,当听到我们的事业说明会或者产品说明会的时候，我们主要目的就是听了就要买，可是为什么我们这些会员领来的新朋友，到会场之后他不买呢？

我们要分析一下，第一就是在我们前期去暖身邀约请他到会场的时候，我们有没有告诉他这是一个什么样的会，是我们的事业说明会还是我们的健康说明会，我们而不是盲目地把他骗到会场，我看到好多朋友为了在会场上凑数，为了让一个朋友进会场，说了好多不该说的话，也没有把问题说明白，所以我们在邀约人入会场的时候，我们要认真分析这个会是对谁的，他的需求是什么，我们在会场上如何满足他的需求，他如果对自己健康有深深的认可，对我们健康产品有的认可度，我们就可以把他约到我们的健康说明会上，让他去聆听那些专家、聆听那些分享者在健康上所取得成绩和健康上所得到的改善，在这里我们还要认真明白每一次听的会员，让这些朋友来到会场的时候，一定要安排好他的位置，做好前期的接待，我们会前的这些相互的互动，会中的这些认真地听课还有在我们整个会议过程中，我们一定要对症下药，我们今天讲的会议内容，今天健康说明会的主要内容针对的什么样的群体，我们就安排什么样的人，什么样的会议主题就要安排好在这个领域有专业知识的专家，对这些主题深入的剖析，在这个主题上有哪些通过我们营养品调理好身体的这些见证的分享者，进行同频的分享，我们来的所有的朋友，和这些会上主要讲的内容，和那些主要分享者一定要对号入座，当他们产生同频，产生同样的话题和同样的困境的时候，他们在会场上找到了同样的答案，这样他就能够快速的和我们达成一致，最重要的当我们在会前、会中我们形成一个统一的互动以后，我们在会后一定要深度的去做好服务如果在会上有机会，我们要让我们这些朋友和上台上的老师，或者是我们在会下和那些分享的那些同频的嘉宾进行一次互动，进行一次面对面短暂的沟通和专业问题的提问与交流，这时候我们那些新来的朋友就知道自己的健康问题出在哪里，它的答案是在哪里，一定要带着问题来，带着答案走，当这些我们约来的朋友有了答案之后，在会后我们对这些会员一定要进行很好的服务，他想吃什么，一定要在第一时间给他一个足够的理由，他想怎么吃，一定要在第一时间帮助他怎么吃，他在第一时间得到了这些很好的服务，并且有了会场上那些鼓动人心和自己看到自己身体健康未来希望的时候，他就是听了就可以吃，听了以后就是我们一个成交的过程，而不是听完就走,重要的我们在整个会场上要安排好你的朋友进入会场,所有从前到后的时间,而不要来了之后心不在焉,不遵守会场秩序,玩手机、打电话还有小朋友的那些干扰,当他心不在焉的时候,他心门没打开,他不会成交,并且不要让他早退,并有机会一定要跟我们会场上的那些主讲老师,以及那些分享嘉宾进行面对面的沟通,才可以做到听了就买。

4. 为什么买了不吃

买了不吃,有好多的朋友进入会场之后一冲动,就买了好多我们的产品,而买完之后束之高阁,他没有按照我们老师要求去吃,并且有很多的理由,我吃不下去、我不想吃、我没有时间、我忘了等等理由,使我们这些优质的营养品在他买完之后形成了买了不吃,而买了不吃的后果就是没有效果,他会形成一个负面的宣传,他会跟朋友说我参加某个会,我买了多少产品,结果不管用,实际是不管用吗?是没有好好的服用,怎样能好好服用呢?买了如何能吃呢?第一让他真真正正了解,他现在的身体状况是什么样的状况,这种状况未来对他身体产生什么样的危害,对家庭产生什么样的危害,有什么样的恶果;第二我们的营养品如何去修复他的身体,做到哪些方面的补充,能够达到什么样好的反转;第三找出那些见证的资料,那些和他一样病情的人,一样身体状况的人,通过我们营养品的服用而得到了见证、得到了好转,可以用图片或者是面对面的方式;第四一定要在第一时间把我们的产品做好面对面的服用,第一次服用的工作,比如说当着我们的面把瓶子打开,把产品服用下去,您提供的一些量杯等其他的工具,知道这个产品怎么服用,知道是饭前、饭中还是饭后服用,每次服用产生什么样的效果,并且不断地去挖掘他的见证,最重要的就是在我们服用过程中,我们要不断的跟他见面,去跟踪,去跟他服务上面的到位,做好八小时之后的面对面的这种关心,才能使我们这些朋友买了我们产品之后,买了以后要很好的吃,当他吃完之后,当他吃上一段时间之后,他的身体有了变化,这个时候他就开始做见证,这个时候我们的事业才能不断地发展,我们的队伍才能不断地扩大,我们的宣传度、我们的美誉度、我们的见证会不断地挖掘,不断地延伸,使我们的事业不断地发展。

5. 为什么吃了不做

　　吃了不做,在整个直销过程中我们分四个项线,第一是消费者;第二是销售者;第三是经营者;第四是领导者;我们重要的就是透过我们这些消费者吃产品的人,让他通过产品的服用得到身体状况不断地变化,由亚健康转为健康状态,使他自己和家人认可这个伟大的事业,然后从事和经营这个事业,这也就是我们让他吃的一个目的性,而好多人他吃了好了不说,并且吃了也不做,这是为什么呢?我们想一想他为什么不做?第一是他没有深深的认可这个产品在他身上的功效,第二是没有把这个产品吃完,我们再去经营这个产品之后,所得到的这个未来没有跟他说清楚,第三就是在您整个服务过程中,您的一些举动、一些举止让他产生了反感,在了整个服务过程中,我们要拿出我们的高姿态、高风格、诚心度和爱心来帮他去深度了解这些营养品,并且每个营养品都是花钱的,我们怎样不断地去阐述,让他明白做了可以少花钱,做了可以不花钱,做了还可以多挣钱,让他的见证不断地在会场上去分享,不断地去和那些有位阶的人、有进步的人、有诚意的人去接触,我们不断地去让他和那些领导人去接触,让他明白仅仅吃这个产品是自己的享受,而做这个产品是把这些健康的爱的责任全部传播给我们所有需要的人,这是一个爱的事业,也是一个传播的事业,让他去到那些大的会场去感染他,去熔炼他,这样他就不断地去明白这个事业的重要性和伟大的意义,才能够更好地在这个事业里面挖掘自己内在的潜力,把这个好的事业通过自己的服用,自己身体有了变化,而让更多的人服用有变化,让更多的人从事和经营这个事业,有了更好的变化,这样他就能够很好的由吃产品到我们宣传这个产品,到我们最后经营这个产品,到我们最后形成了一个优秀团队的领导人,做好服务带到会场,让他展示他的梦想,展示他整个的分享。

6. 为什么做了不久

　　做了不久,做直销的人有好多人做着做着就不做了,在直销界也有一句话"成功的路上并不拥挤,因为坚持的人不多",是的,成功的路上坚持人不多,所以成功的人才不多,在直销过程中为什么做的不久?我们分析分析,第一是他没有从内心认可这个事业给他带来的变化是多大,看一看直销事业能带来我们财富自由、健康自由，能来我们改变命运的一个事业，他没有深深认可到第二件事情，就是在做这件事情的时候，他没有快速形成自己的核心团队，他的团队建设速度不够快，并且他的专业基本功不够好，当别人问他的时候一问三不知，三问九摇头，使他自己没有在直销事业展示自己所有全部的才能，没有得到更多的关注度和受众率，重要的是他的部下，他的合作伙伴没有快速的膨胀，没有快速的发展，队伍不够大，再说直销是一个复制倍增的事业，我们要复制我们的基本功，倍增我们的团队和业绩，才能使我们这个人，这个合作伙伴进到我们团队里面，让他越做越长久，当他专业知识有了不断地提升，基本功超级扎实，他的分享越来越多人去受众，他整个事业的发展，团队的建设越来越大之后，他在直销这个事业里面，这个坚定的信心也会越来越足，也会让自己的梦想和别人的梦想捆绑在一起，让我们所有这些从事和经营这个事业的合作伙伴拧成一股绳，形成一个很大的团队，做到一起的事业就会很长久，团队的建设、领导力的胸怀、基本功是否扎实、未来的规划是否明晰，也是让我们这些合作伙伴在这个直销事业里面如何更长久做这项事业。

7. 为什么久了不和

久了不合，做直销事业是一个团队建设的事业，在人和人接触的过程中肯定有这样和那样的矛盾和摩擦，而这些摩擦一是因为我们业绩，第二是因为我们团队，因为有业绩和团队的摩擦，使我们这些团队与团队之间我们做了久了就不合，使我们在团队之间形成了很大的内耗，让我们每个人的精力都放在那些小事情、小分歧、小矛盾上，并且通过这些矛盾如果不及时解决，会让我们的团队瓦解，久了不会和，是经济上面有冲突，你借我钱，我借你货，欠你欠他就久了不合。第二会抢线，您的人我去抢，我的人您去扒，让我们每个人都很不团结，去抢人头、拉人头；第三我们相互的贬低，使我们每个人背后不是正能量的传播，也不是推崇，而是贬低；第四许诺太大，而达不成我们所有的那些要求的目标，让我们做了一些说和做不一样的结果。第五有感情的纠纷，有的男女之间有了感情的纠纷，朋友之间有了感情的纠纷，还有就是个人隐私不断地抛出，个人隐私的抛出会酿成我们受到更大的伤害，而这些会酿成在整个直销事业里面，我们做的久了，我们团队大了，应该出业绩了,而团队与团队之间不合了,团队与团队之间有矛盾了,矛盾之后就形成了内耗,没有形成一股劲,一鼓作气去开拓市场,而是你的、我的、他的,老死不相往来的,这个事不归我管,与我无管,各扫门前雪,不管他人瓦上霜,产生了团队与团队之间的矛盾,产生了有劲不往一处使,土崩瓦解,也产生了我们这些不和睦的、不和谐的这些声音,让我们整个团队建设没有进入一个快速的轨道,让我们把更多的力气放在我们内耗上,这就是我们做久了不合的原因。

8. 为什么和了不大

和了不大,我们团队就是一个从小到大,从无到有、从少到多的一个过程,但为什么我们做了好久而不大呢?我们想一想,要从我们经营人数上去做分析,在我们整个团队过程中,我们如何让我们的经营人数不断增加是我们一个直销事业倍增的一个重要的板块,我们要有更积极的心态去开拓市场,有些领导人取得成绩,自己停止不前,没有把这个领头羊的工作做好,喊破嗓子不如做出样子,你想让我们的合作伙伴去开拓市场,你首先自己要勇于开拓市场,永远不要因为自己队伍有了一点小小的成绩,就忘记了推荐,就忘记了开拓新的会员、新伙伴、新市场,因为你自己开拓市场会带动更多的积极伙伴去开拓市场,鼓励我们伙伴增加宽部门,增加直推人数,要增加我们队伍的宽度,我们如何变大就是让我们的宽度不断地增加,在我们做事的同时增加我们的宽度建设,让我们的异地市场的建设也形成一个很好的开拓,重要的就是我们要学会运作会场和市场,我们要学会市场的运作和会场的组织,形成不间断周期性各式各样的招商会、核心会、体验会,这样的会议不断地去运作,让会场发挥我们凝结的作用,让我们的会员通过我们的会场能够快速的复制和倍增它的人数和它的直推人,做好我们的培训工作,我们想把这个事业做大,已经有自己的培训团队,有我们的讲师有我们的主持人,有我们的分享团队,有我们事业的专家组,也有我们产品的专家团,在我们异地市场的扩展团,有了不同的会议和不同的这些培训,使我们整个队伍里面五脏俱全,有打市场的,有保后方的,有团队新人培训,有团队我们的位阶培训,有团队的市场培训,有我们专业的事业培训,还有我们专业的产品培训,这样你的队伍就会快速的扩张。

9. 为什么大了不稳

大了不稳,团队大了但不稳定,如何让我们的团队更加稳定是我们每个领导人每天都在琢磨的事情,如果大了不稳,也会一日坍塌,建立健全我们团队的教育培训资源,让各个阶段的伙伴都会有学习的时间和提升的空间,我们首先要完善自己团队的培训体系和培训资源,您的团队要形成一个适合你团队独特的运作模式和培训系统及教材,并且在我们整个培训过程中是您每一条线的每一个小的分支,都有一个独立的培训队伍,让他们都明白如何去培训、如何去学习、如何组织学习、如何提升每一个会员的学习空间,并且快速地掌握每一个培训学习的主要内容和独立运作水平,重要的我们在整个团队建设过程中,我们要想团队稳我们主要把我们新人的稳定心要做好,给他们定心、定位、定市场,做规划,重中之重就是做好他们的基本功,直销无神功,只有基本功,做好我们事业的基本功,如何把自己的梦想和目标结合起来,如何把我们的规划和我们的计划结合起来,如何把我们的列名单、分析名单、增补名单暖身邀约、入会场、成交、跟进和服务这些基本功练起来,当他们都明白这些基本功以后,他们就知道我们为什么要做好直销,我们怎样才能做好直销,我们如何才能让我们的团队伙伴活起来,快速的透过这些直销的基本功的正确运作,让他们成立核心小组,让核心小组的这种凝集力,把我们的直销事业做稳,只有核心小组稳了,核心小组再不断地复制倍增,我们的队伍才能稳,直销还是要提升我们每个伙伴的收入,好多直销人员为什么不稳? 就是因为在这个里面没有赚到钱,学习花钱、入会场花钱、到外地花钱,我们没有收入,天天是花钱,而不是赚钱,也是我们直销队伍大而不稳的一个原因,要保证我们每个会员每个团队的每一个成员,通过我们的事业帮助他提升业绩,让他的收入不断地增加,是我们团队大了才稳最核心的基础。

第二节 九个金三角

破冰金三角

破冰金三角就是在您跟一个陌生人接触的时候,您如何让他快速的喜欢你认可你,和你达成目的一致。我们的目标叫:偏偏喜欢你。好,我们今天要讲,一个人要让一个人喜欢,首先要有一个很好的容装,就是你的外表。漂亮的发型整齐,首先要干净,您的衣服要干净,穿着打扮要漂亮,给人是得体的。您的语言、语气、语调、抑扬顿挫的是不是招人喜欢。就像帅哥看到美女一样,两眼直勾勾的。美女看见帅哥一样,两眼色眯眯的。是不是这样。所以说我们今天要想让别人喜欢你,在第一时间又不认识成为最好的朋友,就要学会点头,点头就是认可你。刚才说话时候你要学会"哎呦,帅哥好""好～""赵老师好"?要学会点头,点头是表示对别人尊重且我们是意见相同的。

要学会不断地点头,点头就是这样,不断地点,在点头过程中就是别人认可你了。点头还一个好处,治颈椎病,你脖子不好你就不断点头。你看过去我们中国人看文字都是竹简,从上到下,从右到左这么看。而现在中国人看书是横看,所以说中国人颈椎病越来越多。所以说为了治疗颈椎病,你要学会什么?点头,不断地点头再点头。学会点头之后,在点头过程中,我们要有一个动作,要看着别人的眼睛。如果不好意思看别人眼睛你就看他的眉毛中间。看着他点头,给人感觉是亲切的感觉。点头很重要。最重要的是微笑,相逢点头笑,举手问个好。这是我们古老的一首歌。在点头过程中我们要面带微笑,微笑叫作嘴角向上,说看见一个人面带笑容,然后面如桃花,眼睛放光又学会点头,你看看是不是那个人就给你感觉好一点了。

你试一试你把你的笑容送给你身边的朋友,看看他送给你的是什么,他也是给你笑容可掬的。所以说跟任何人,不熟悉的人要学会彬彬有礼,要学会点头微笑,就成了。第一,感觉是尊贵的;第二,迎来的是赞许的。有了点头微笑,在说话过程中还要学会适度的赞美。如何去赞美别人呢,赞美有要求,第一要单一化,不要从头到脚都赞美要单一。第二要赞美他身上固有的东西。第三说话要有个度。来我赞美一下,您长得很白。美女长得真白不是白癜风吗?她也不高兴。哎呦!美女真白,不是白血病吗,你更不高兴。所以说赞美人一定要有个度。比如说美女你的发型真漂亮,真飘逸。你高兴吗?高兴是不是,还有你这衣服真好看,搭配颜色真漂亮。刘姐你这衣服颜色老黄瓜刷绿漆,装嫩,她高兴不?她不高兴。所以说我们在赞美别人时候要学会见物增值,见人减岁。看见人,美女今年二十几,嘿嘿,实际她今年都55了,你看看她臭美,舍去了好几十年。叫见物增值,见人减岁。看见人要少说10到15岁,你别说真是年龄55了?挨骂挨打,还有见到物品的时候,这书包便宜不了得好几万块钱,是不是他心里准高兴。你别说这不是赝品吗?是A货吗?人家也不高兴。所以说我们说话要讲个度。在我们整个赞美过程中,要学会单一的赞美,要学会赞美他身上的,比如说,哎呦!你皮肤真好。哎呀!你真漂亮。你别说这褡,别有五天没洗了?车轴似的?你怎么也不高兴对不对。是吧,要学会赞美她身上的东西,本来人家就长得前挺后撅的,哎呦!你长得真丰满,也挨骂对不对。丰满是个褒义词,但女孩听了高兴不,不高兴。在我们整个赞美,点头,微笑赞美过程中,需要我们每个人有个对度的把量,我们今天每个人要练习微笑,请把你的头偏向你对面那个人,微笑送给他。然后你再轻轻地赞美他一下,让他认可不认可。我们先相互训练一下,赞美他一下。你看看这个帅哥他说了,这个帅哥是这样说的,你烫这个头真年轻,好像不烫头就不年轻似的。对不对。你看这样表扬就不行。哎呦!今天化妆了,化完妆你就是世界第一大美女,不化妆也不美。赞美你要赞美不好,人家也不高兴,所以说我们要练习好赞美,练习好点头,练习好微笑。

加入金三角

加入金三角就是让我们每一个准备有想干这个业的人,怎样让他快速地进行决断来做这件事情,好多人就是说我们找人真的不好找,刚才入会场之后,哎呦!他都不报单,是不是着急。是因为你功夫不够,当你功夫够的时候你肯定会加入了。我们今天所做的三个工作就是,我们谈感情,找需求,做承诺。我们加入金三角就是让你的事业倍增,当你不断地有直接推荐人一个又一个的时候,这个事业就成了。所以我们在跟我们的伙伴在做前期加入的时候,首先要先做谈感情,如何做好谈感情呢?我们好多人都是陌生的,有些是陌生,有些是多年不见得朋友,突然有一天你给他打电话,请问是不是有点突兀,他感觉不舒服,他问你是谁?他担心的事情你为什么要找我,对不对。所以说有些人当我们加入直销之后,他已经改变了自己所有的习性,什么习性,过去打电话很冲,是不是。现在一作保用之后打电话,喂亲爱的,整的人家不明白了,不男不女了。你一作直销一定要坚持你的个性,不要因为这个事件忘了你的性别好不好。和你给他打电话的时候还是这样"是勇哥吗?我是你的好朋友,我是微妹","呦!微妹啊,有事吗","没事,今天翻电话本翻出你了,想你了,没事咱们有事打一会啊"。行了,是不是这样。谈感情我们用这样老朋友可以经过一次两次的见面来谈直销。谈感情三不谈叫什么,公司产品和赚钱。三个谈什么,谈感情,三不谈,公司阐明和赚钱,啥公司说不说,啥产品说不说,啥制度到说不说,说什么,说感情,想你了,见个面,干什么,吃饭喝酒,这叫我们的谈感情。对于一个陌生人来说,我们要给别人留下好感,陌生人一样留下好感。留下下好感最重要的原因是什么,是你的穿衣打扮。同样的场合,不同的服装具有不同的效果。为什么人家喜欢你,是因为你身上的衣服和你身上的状态喜欢你,一个人的身材是由他的修养决定的,所以做直销的每个人身材都是棒棒哒。如果你大肚子抽烟喝酒,你说你做健康产业还天天抽烟还天天喝酒请问是健康人吗,你是挂羊头卖狗肉,你说做健康没人跟着你。所以第一时间我们做健康的人,第一要求我们身材是标准的,要求我们卫生是干净的,要用穿着是得体的,给人留下最好的印象,包括我们跟人家说话语言、语气、语调,包括我们彬彬有礼。比如说我有个小故事是这样的,有一次我跟刘姐,我们去天津去听课,周一给他们讲课,当时说了,说外地人,外地来的朋友可以坐凳子,本地的朋友全站起来站后面去,我是一个领队,我没有凳子,比如刘姐给我占得凳子,但我没有坐那,我自己站在最后排,最后那个犄角,在那里,因为那里的光线最不好,空气流通最差,听得声音最不好,是犄角,这时候我发现身旁有两个大姐都是年龄比我长,她们也站在哪里,她们一边站着一边动,但她们听得很认真,不时地记笔记,突然间我前面一个男的走了,凳子空了下来,我完全可以坐在凳子上很好地去享受下面的听课,这时候我把凳子腾出来让两位大姐,姐你坐,因为我是个男士,这两个大姐不好意思说,该你坐,我说不该我坐,你俩坐,她说咱们换着坐,我们就这样简短交流我们换着坐,坐了一段时间她站起来让我坐,我说我还没有太累,我让她另外一个伙伴坐,就这样她们两个在不断地交换坐,当讲到最后的时候,她让我坐在哪里,我就悄悄坐在那里,只坐了几分钟,当会议散的时候,我就麻烦了,为什么,这两个人不让我走了,把我挤在犄角里面整整三十多分钟不让我走,为什么,她们说我很有礼貌,因为她们有静脉曲张站不稳,只能坐下,很感谢我给她们让了座位,还有她们想加入直销的事业,正好找不到领导人呢,她认为我是一个优秀的领导人,就这样一个让座一个礼貌使我们有了互动,这样她们在八月二号的天津会议上有两个人加入白金,前两天我又去,又有一人加入了白金,就是这个让座使天津市场不断地打开。所以说我们在跟人谈感情之前要有礼貌,当一个男人上楼梯下楼梯的时候一定要给女人让路,当一个男人进我们的电梯门和进门的时候要给别人让位置,当一个男人遇见那些拿包袱的女人的时候,你还要替别人分担一点重量,这就是我们谈感情基础。谈感情就是让别人悄悄地认可你这个人,做直销做的是什么,人品,当人品好的时候,更多人会吸引到身边。谈感情对于一个我们已经是好朋友的人,我们在谈感情,我们就要干什么,要增加感情,增加感情中国有一个很好的一个武器叫什么,叫推杯换盏。好朋友干一杯我不醉不归,不用多,三次喝酒,叫吃别人嘴短拿别人手短,您不断地跟他互动,我们感情有了,你就会悄悄地让他知道你在做什么,悄悄地认可你人,当认可你人的时候就认可直销这件事情,当认可你这人的时候,就认可你做直销的这个品牌,谈感情很重要。谈感情是先谈才有感情,就像我们谈恋爱一样,谈恋爱是几部曲,是三部曲叫谈、恋、爱。请问谈是多还是少,越多越好,恋呢是选择重要的去恋,爱是爱多少,爱一个,说谈恋爱三部曲,谈感情也是三部曲,先谈谈完之后有感觉最后产生感情最后合作。当这个人有了感情之后,我们才跟他什么,要在跟他互动过程中要学会找需求,找什么需求,每个人都有需求,比如说,我们的财富需求,谁怕钱多,还有我们健康需求,还有我们孝敬父母需求,还有照顾孩子的需求,就是这样需求还是有她们的自由,有没有时间,上班累不累,就是让需求找到我们不同的伙伴,来和你一起完成这个工作。有句话说叫物以需为贵,找到了需求就是找到了他的命门,打蛇打蛇打几寸,打七寸,找人找什么,找需求,有了需求我们不断地满足他的需求,在满足需求的过程中，我们就形成共识，完成了一个统一大业，最后我们就承诺，当一个人怀揣着梦想，认可这件事情，认可你，认可你的需求，找到需求之后，我们想跟着这你一起做这件事情的时候，你是不是要有一些承诺，承诺什么，承诺是金。都结过婚，结婚的时候两人要相互站立，有时候西式婚礼要捧着圣经，中式婚礼还要交换信物要问一句，你愿意她成为你终生的妻子吗，你要说我愿意，你愿意他成为你终生的丈夫吗，我愿意，这个愿意就是承诺。在做直销里面也要有承诺，比如说我如何承诺，怎样帮你带队伍，如何承诺，帮你做好 A 角色，如何承诺，帮你一起去学习，如何承诺，和你一起去成长，如何承诺，一起去打拼天下，这个承诺要做到。比如说，我们会找到更多和你志趣相同的伙伴，一起去开拓市场，一起去带领队伍，一起去当讲师，一起去当我们主持人，一起去当主讲人，一起去当分享嘉宾，这就是我们的承诺。一个人来到你身边，有了一个承诺，有了相互之间的互动，这个事业就好发展了，比如说，当一个新伙伴已经加入之前，你跟他没有承诺，他不知道你心里想什么，他认为就是你想赚我的佣金的时候，他跟你合作可能性不高，当如果他成为你的合作伙伴，你又跟他一起去学习，一起去跟他带领队伍，一起去跟他带市场，一起去作 A 角色的时候，那是不是我们的事业就有管道原理，有一个管道变为更长的管道，由一个人干到一群人，由一群人干到一个队伍，到一个市场的建立，所以我们在加入金三角里面一定要对我们的倍增有关系，倍增就是您推荐人越来越多，让你推荐人跟你更好的合作和加入，就是谈感情，找需求，做承诺，有这三个方面我们就可以把我们的事业越做越好，把你队伍越建越大。

经营金三角

经营金三角，做直销是经营一个事业，他不是一个生意。他是长长久久的，透过我们的努力把管道修起来，形成一个倍增的收入而改变我们整个的命运和我们的未来，但是如何去让更多的人参与和加入你的经营队伍，在我们跟别人沟通的时候，当你和别人探讨未来事业的时候，往往有些人没有说到点子上，结果把很好的事业的伙伴酿成了自己的对手，酿成了自己一个和我们割袍断义绝交的朋友。所以在我们的经营里面，我们想发展我们的事业，拓宽我们的人脉。我们要学会如何去掌握时机，去把握商机，去化解我们的危机,只有透过这三点把我们的痛点找出来,我们的合作伙伴才会主动地和你一起在直销的事业上风雨同舟。我们先说时机,不同的人群,我们的环境是不一样的,比如在我们现在的大环境下,整个国家的 GDP 下降,各种传统生意受到电商,受到互联网 + 的冲击,使我们更多的中产阶级的老板,他们的收入步步维艰,透过他们生意的不好而形成了大量的裁员,比如说商业裁员,超市裁员,包括我们现在银行裁员,而这些裁员却让我们从事经营工作的人没有一个固定的收入,一个中产阶级背后有无数个家庭在撑着家庭,而中产阶级的倒闭,形成了我们没有一个固定收入的每一个线条的断裂,所以在我们实体里面当我们看见那些打工人,我们要说未来您的这种行业还有没有生存点,您在整个行业里面还能干多少年,您是不是该做这条路。对我们中产阶级,我们要透过资源如何整合市场,还有我们现在随着我们空气的变化,水的变化,食物的变化和作息时间,压力变化,使更多的人存在亚健康的状况,高血压,糖尿病,肥胖症,睡眠不好,好多好多亚健康问题降临在我们年轻人,中年人和老年人身上,甚至我们小朋友也有这样那样的亚健康问题,而这些实际就是对那些有梦想,想从事这个行业的人,想把直销行业变成未来事业的人,一个很好的时机,所以透过我们目前对经济状况,对我们现在生活状况,我们健康状况的分析要把握我们的时机,根据不同人群去说出来。您要有不同的族群,比如说我们的银发族,我们的上班族,我们的老板族,我们的学生族,这些不同的族群我们有不同的话术,不同的分析方法,而不能千篇一律,透过我们时机我们来说商机,在我们整个中国和世界经济学里面有一个经济学术语原理,叫供和求原理。什么样的事业叫供大于求,当我们的买方和卖方出现不平等的情况下,大和小的情况下,我们就会出现一个供求的原理,比如有五套房子,500 人去买,那么我们整个房子是买人多产品少,就会有一个涨价的过程,如果有五万套房子,五个人买,这个时候就出现了我们买方少,卖方多的时候,这个房子就降价,而未来我们在这个中国事业上我们商机,分析我们直销的商机。从经济上分析,从国外马来西亚台湾和欧洲,他们有 10% 到 17% 的人从事和经营直销事业,而我们的中国,从事直销事业还不到 1%,未来从事直销人群越来越多,可以这样说在未来 5 – 10 年里每个家庭就有一个从事直销事业,您选择没有从事直销,而你身旁的朋友和你身边的家人,他们会从事和经营直销的事业。还有就是我们供求原理的健康原理,现在我们亚健康的状态,我们糖尿病人,现在中国一个多亿,高血压病人1.5个亿,而我们七七八八的肥胖症和血脂高,血糖高的病人更多,这些人在未来都会从事和使用我们治疗亚健康的保健品,而这个事业就是我们直销的事业。所以我们在透过经济板块和消费板块未来直销事业都是巨大的商机,而再看看我们的危机,现在我们每个人都存在这危机,上班人存在的危机就是我们下岗,老板存在的危机就是我们的收入和产出不成比例,未来整个的事业线条存在着我们未来的事业不会长长久久,而还有我们那些银发族,他们身体有问题,他们有几十年的劳作,透过几十年的身体支出,现在他们的身体出现了亚健康的问题。还有我们各式各样的环境危机,还有我们整个的未来,如何去保证我们收入和健康各方面的问题,透过我们的危机,我们在跟别人转述的时候我们要认真地挖掘痛点。每个人都有痛点,在我们整个的供求原理上,在我们整个经营问题上,我们要找到对方需求,就是说他在实际上有什么需求,他在经营上有什么需求,他在我们整个的危机上有什么样的害怕的地方。把我们的痛点找到不断地放大。找到一个人一起风雨同舟,去从事经营的事业只有一个办法,找到痛点,找到伤口,把伤口撕大撒上一把盐,在来揉一下,这样他的伤口不断地扩大,您在这个方面就会和他找到一个共同点。就会主动地让您跟他一起抓住商机,去找到时机,去和我们一起化解危机,只有把我们的痛点找到了,让我们的合作伙伴明白您为什么,为什么我能帮助你把这个事业做好,我们未来如何去打拼这个事业。这样的话你的这个合作伙伴就是你未来经营上最好的伙伴,透过我们经营金三角使我们大家明白时机,商机和危机找到他们的痛点不断放大,形成一个共同的战略目标,他就是你未来的合作伙伴,也希望我们所有朋友在未来找到你经营伙伴之后要认清时机,把握好商机,化解危机,找到痛点,不断放大,形成一个更好地合作伙伴。

事业金三角

　　一个事业的核心就是我们公司,产品,制度。这个金三角叫事业金三角,也是我们经营的核心。如何来保证我们的核心不断放大,在我们的事业里面不断地放大我们的公司,放大我们的产品,放大我们的制度。让更多的人了解我们的公司,认可我们的公司,认可我们产品,并且享受我们制度的优越性。在直销里面展示一个重要的板块，我今天和大家一起探讨我们的公司在经营直销里面到目前为止中国有 91 家直销公司是合法的公司，所以我建议大家在从事经营直销里面一定要找到合法的公司进行选择，因为这样是你最重要的保证，每个公司都有自己优秀的企业文化，优秀的创始人，还有公司发展的历程，这就是公司能够在市场上得到国家商务部的认可，得到社会的认可，得到我们渠道的认可的只有保障，公司的好与坏就承载着所有的直销人的未来好与坏，公司发展壮大，公司有竞争核心力和拳头产品，有着一个很好的文化理念，有一个优秀的企业队伍来打拼市场，在众多的企业里面脱颖而出，也就是我们选的时候有一个很好的未来，所以在我们的公司，我们要认可我们的公司，首先要认可我们公司的理念，我们公司是一个什么样的公司还有认可我们公司未来的发展，我们公司未来是什么样的战略，还有我们公司的宗旨和我们未来的愿景。知道我们这些公司的未来，我们那个让他和我们的头脑匹配，并且我们可以和公司一起风雨同舟，每个公司都有不同的产品，根据我们市场的需求，根据每个公司的生产链，根据每个公司研发的产品和对市场的定位以及我们产业链的终端的消费程度，每个公司产品都会有一个很大的产业链，每个公司的产品要认真地去了解产品的质量，产品的配方，产品的功效和产品的说明。更重要的是产品如何搭建和组合，保证我们在未来的功效上起到一个重要的作用，公司的产品是我们的载体，也是我们每个直销人员深度了解这些产品的。我建议每个从事和经营的人，你从事一家公司一定要好好的受用公司的产品，只有我们自己用上了，我们才能了解产品的功效，才更多的有话语权而不是人云亦云，这样的话我们能够保证产品在自己身体上的功效有一个很好的发展，有很好的疗效，使我们自己成为产品中的产品，你是产品的代言人，这个时候你在跟别人诉说产品的时候你有一个巨大的信心，因为你就是产品中的代言。透过公司的产品，我们一定要深深地了解公司的制度，每个公司的产品背后和我们公司运作的后面都是有一个很好的制度来进行衔接，每个公司的制度也是不同的，因为他们跟时代跟产品的链条和所经营的人群，和受众量不同，他们制度也不一样。每个公司制度都是优秀的，每个公司制度都有不同的这样和那样的一个优点，我们在了解公司制度的时候，在和别人阐述我们公司制度的时候，第一不要夸大我们公司的制度，第二要深度了解公司制度的优点,最重要的,他和别的公司的一些差异。透过差异,我们要明白每个公司制度都会有拨比率的多少,每个公司的制度都会有前期中期后期如何去拨比。就像过去有个的小笑话一样,有 10 个枣去给猴子,早晨给一个枣,中午给 2 个枣,晚上给 7 个枣,猴子不满意,结果饲养人员早上给猴子 7 个枣,中午给 1 个枣,晚上给 2 个枣,猴子很高兴。为什么?这个故事就像我们直销似的,我们直销里面有好多前期加入的钱多,中期的会少,后期的会多,也有这样,前期少,中期的一般,后期的多。也有前期少,中期多,后期少。总之他的拨比率是一样的,只是游戏规则不一样。适合什么样的人群,我在这里也要告诉大家,根据你自己的职业,环境,年龄和人脉不一样,你可以选择不同的制度,但是每个公司的制度是优秀的,至少适合人群不一样,透过我们对事业金三角的了解,不管你加入哪个事业,加入哪个直销品牌,一定要深深了解在家公司,爱上这个公司,并且使用这个产品,即成为这个产品的代言人,明白制度的拨比率,如何去拨比,里面是如何人性化,透过一个人性化,透过未来,透过对我们制度的拨比率的分析,让很多的人明白这个管道是怎样修建的,这个管道在未来里面如何来保证快速进步,一个好的公司能够让我们搭上一条航母,一个好的产品就是航母动力,让我们驶向多远,一个好的制度就是航母上的船员,能够保证这个船员有多少人去劳作,只有劳作人多,只有我们动力强大,才能保证我们公司这个船驶得远,驶得好。我们的船驶得好了我们的事业就不断地发展,在这里我还要和大家一起回忆一下,公司产品和制度对我们未来事业核心的重要性,好的事业需要好的公司好的产品和好的制度,您的未来更需要好的公司,好的产品,好的制度。只有把这些事业的金三角分析好,你才能更好地我们未来更好地去做好自己的事业,或去发展事业。

发展金三角

发展金三角,要想事业发展的好,一定要利用好发展金三角。您想事业做大吗?想。您想未来有一个很好的结果吗?就要用好发展金三角。发展金三角需要列名单,暖身和邀约。

列名单第一,不要当判官,哎呦!这个美女好,能做,那个美女不好,不能做。任何人都是可以从事经营事业的,因为直销里面不分三六九等,不分男女老少,不分学历高低,不分体重和白黑。列名单,叫名单大事业宽,论列名单要求,四个字叫越多越好。列名单我们有多种多同法则,第一,要学会列我们的同学,把你的同学都列在一起。列多少? 四十个,小学同学,初中同学,大学同学。第二同事列多少? 四十个,你上过班的,干过这个干过那个的同事,都要列出来。第三同姓,都姓张的,张一、张二、张三、张四,都写出来,都把姓张的写出来,从张一开始写,先从张一爹开始写,因为都姓张,同姓。还有我们的同乡,我们的同乡,还有我们的同行,把我们这些相同的都列在一起,每一项列到二十几个,这样一来,你整个就是两百多个名单。为什么说名单大呢,我们按照我们数学上有一个二八定律,一百个人列完之后有二十个人跟你做的,是不是? 如果你列到两百个人就有四十个做的,这就是名单大。列名单是先近后远,先从本人身边来,先近后远,这叫列名单。有名单这个事业我们是不是未来我们子弹的弹药库是不是大了,这民家粮食多不多看仓库,仓库大了是不是我们生活日子就好了。列名单是不是要多,并且列名单不想判官越多越好,列名单要分类,还有谁给你入的保险? 谁在事业上有厌烦的感觉? 谁辞职了? 谁生小孩? 谁给你当的媒人? 你给谁当了媒人? 试着把这些都列出来。第二个列名单之后,我们要学会分析名单。后面有一张表格,这是分析名单表。看看分析表格,第一项内容就是我们的姓名,第二项是我们的电话号码,第三项叫性别,第四项叫收入。论收入,我们这个直辖市算个中高端,如果这个人连钱都没有,请问你跟他干吗? 没有钱的不是我们范畴之内的,不是我们势利眼,因为未来带起来很费劲。第四就是他的职业,第五他的家庭住址,而我们后面,他对经济需求有没有需求? 想不想赚钱这是百分之百想赚的,对健康有没有需求,对产品有没有需求? 最重要的和你交情好与坏。列名单、分析名单,要分析交情好,比如说我跟这个帅哥交情好,好到啥程度? 半夜 12 点睡觉了,我说帅哥说咱俩出去玩。行啊,说明天我请客,诶,兄弟,饭做好了,来吃呗! 我不去,我说连饭都做好了来吃你都不来,我说这个交情够不够? 不够。说交情也好,如果交情不好怎么办? 请吃饭就是请。女孩子跟男人喝,喝酒不是酒量是什么,是胆量,好朋友干一杯我不醉不归。喝三次之后,你说,你不是女的,是男的,亲哥们,这事就成了。你们大家要学会分析啊! 要把感情到了五分熟的时候这个人就可以互动了,列完名单分析完名单我们还要不断地增补名单。每天要增补名单，比如说今天我看见谁了，今天我留谁微信了，今天我加谁了，今天我给谁打电话了，最重要的是今天谁给我打电话了，重要不重要？今天我发微信，谁给我点赞了，这个人就是要互动的。每天把这些增补名单写在本子上，这些增补名单，列完名单分析完名单增补名单后我们就开始暖身。我们目的发展就是把未来做好，列完名单之后，我们把这个人要邀约到我们的会场，而这人来不来呢是看什么？看那交情，叫暖身。暖身是多少次的事情在暖身过后，就是不断地跟他见面，打电话算暖身吗？不算，打电话询问，因为打电话是最容易拒绝。你要不断地跟他去玩。

　　比如说我有一个朋友是澳大利亚的，他在那里，他看到一个老板的桌子上有一瓶直销产品，到了那里他就到了服装店一看，你的桌子上有一瓶这个，这是我从北京带来的，但是这里面没有，没找到还想找，是一个很好的机会。他是经常去那里干什么？买衣服，经过一年多的暖身，把他成功邀到会场，最后这个老板卖掉了四个服装店，成为直销成员，并且一年成为钻石，请问合算不合算？在跟别人暖身过程中，请不要打草惊蛇，因为打草惊蛇会让你所有的计划变成空，所以在我们的暖身过程中，一定要听他喜欢的事，干他喜欢的事，对不对？要跟他互动，你爱干啥我干啥，你想干啥我就跟你玩，不断的暖，暖身的目标就是建立一个感情基础。在暖身过程中，女孩子暖男孩子是不是最好暖，暖身的过程中我们一定要投其所好，让人家不反感你，到啥程度，今天他不给我打个电话，我心里不舒服。离不开你了，只要离不开你了，暖身到位了。暖身完成后的目的是什么，干什么，是邀约进会场，暖完身之后，暖身是多长时间，是 n 天的时间，但邀约是一次，邀约，邀这个人，邀他过来，邀约是邀他干什么，进会场，来听我们的会，直销是能力的事情还是尽力的事情，尽力，哪个力？会场的力，是不是我们要进会场，那我们你跟这个人变成了好朋友了吗？是不是变成好朋友了？你走哪里他跟你哪里，那有一天，我就问你，我有一个朋友开了一个直销会，我们去听听呗！去不去？去就好，邀约成功，对不对？但邀约的过程中，在邀的过程中，你邀了他来不来，可需要个时间，说进会场，每次进会场，你要邀几个人？邀两个人，最后一个人会怎么样，会出现七七八八的事情，当出现七七八八的事情，你是高兴还是不高兴？你要高兴，因为你仅仅带一个人，那个人留到下次，一人拒绝一次拒绝两次，如果拒绝十次八次之后，那是不是出问题了？那这个人是不是暖身不够？

　　暖身，你要感觉，只要邀不去，肯定是因为您暖的身不够，你认为你俩好了，其实你在他心里没有占位置。为了表示咱们的感情好与坏，你今天就听到最后一堂课再走，那表示咱俩感情好，对我工作支持对不对？你看着办吧！多听一堂课你高兴呀，所以说我们在我们发展金三角，未来的发展，我们的事业里面就要不断的干什么，增补名单，不断地去干什么，暖身，不断地去邀约，不断的带会场，可以这么说，有口诀叫一日一访就地阵亡，一日两访摇摇晃晃，一日三访才算正常，一日四访汽车洋房，一日五访就地辉煌，今天你暖了几个？一天不允许超过五个，如果你每天坚持邀约五个，暖身五个，暖身邀约到会场，你肯定会事业成功的，所以说在我们今天我们还要训练一下，列名单不用训练对不对，分析名单找老师好不好，增补名单是自己事情，我们的暖身是谁的事？暖身是自己的事，跟别人有关系吗？有些人人品不好，让人一看扭头就走，这跟我没关系。但邀约入会场是谁的事情？邀约入会场，那就是我们的事情，一到会场，是不是我们大家帮他，在我们的邀约过程中，我们的邀约话术是不是很重要？

　　邀约分为两大类，第一是干着事的叫经营者，第二叫吃产品的叫消费者，我们先说经营者的邀约话术，邀约分几类，经营者分三类，第一类是老板，第二类是白领，第三类是打工者，你说老板，当我们跟老板不断接触中，为什么说老板是第一类，因为经营的世界，老板的思维跟打工者的思维是不一样的，他会把这个事干的更大更强，所以我们在为未来的目标里，你们要多找一些老板。他干这事干得踏实，我想把这事干大，因为老板，他有他自己的梦想。我们在邀约老板的时候你要知道，老板的心结是什么，老板的心结是怎么来的？是怎么来的是通过暖身来的，对不对，我们进行了长时间的暖身是不是老板的心思你知道了，比如业绩下滑，不赚钱了，员工不好管了，是不是这样的话，我们怎样去做呢？当我们不断暖身跟他互动的时候，我们的目标是把老板带到会场，当进入招商会的时候，你可以这样说，哎呦赵总，你看看现在生意都不好做了，对呀，现在你知道天天上这来，没有多少人，咱们不能坐着等死啊，我的好多朋友也是做企业的，有的是千万富翁，有的是百万富翁，有的做二十年三十年的，他们都在积极的找另外一条路，直销的一条路，我有个朋友做直销，他为啥爱直销，他说，透过直销奖制度,把直销奖制度用在我们员工身上,业绩提升了。另外您像您在这里,比如说您是卖保险的,或是干别的,您在直销里面也有很多你的需求人,混圈子嘛,在那个圈子里是不是还能找到你的客人,我建议你赵总,这里面有一堂课,也是直销课,里面有好多和你志同相合的朋友,我们在一起可以交朋友,不要钱,咱不拒绝信息,做老板的都不拒绝信息,我们在一起玩一玩听一听,看看能不能两条腿走路,给自己预被一个备胎,好不好,是不是一定要在他的角度上说。

对于白领族,上班当经理的,你要跟他说,现在当经理压力越来越大了,是哦,夜不能寐,也是,老板花这么多钱做生意,当经理的给你那么多钱你不努力,谁干,但是现在这个世界上,你再努力也不一定有结果了,好多的聪明的白领是运用现在的人脉变为财脉,快速的修建管道,你现在有这么多的客人,老板还这么器重你,你不如现在用你的权利把管道修理好,直销就是修管道的,有时间咱们去听一堂直销课,在那里你看一看这个管道怎么修,我们家里有个朋友姓张,也是我们好朋友,他能给我们指一条明路。万一有一天你的岗位不保,我们把管道修,就算我们不下岗还坐在那里要是把我们的管道修好,多增加几千块钱收入,也不亏的慌是不是,这是我们的白领。

打工族更是这样,当约打工族的时候,我们打工族是不是收入不稳定?并且每天很辛苦,你看一看打工现在岗位不好找,并且我们老板他克扣你的东西越来越多,打工的收入远远不能满足我们所有的支出,因为你挣的有数钱,不如现在我们用下班时间,用我们的人脉,用我们的能力用我们的触角,和你的时间做一个平衡,把我们的直销管道修一下。我有一个朋友,原来也是打工上班的,最后依然把我们的直销事业做得很好,现在他的收入已经远远超过直销了,有机会我们去听一下好不好?

而作为我们健康课话术,可以邀请一些这三个人。一个是那些退休的老干部,你可以说您看看,你现在国家给你这么多钱,你生命越延长,国家给你的钱越多,是不是,如果您把国家给你的钱拿出一部分来,去保护自己的身体,让身体更健康,是不是人的寿命就长了?国家给你的钱多了,实际上你是在赚钱,拿国家的钱赚自己的钱,不要攒钱让身体健康,我们那里有仪器,经常有健康课。比如说我们骨骼系统,腰椎颈椎增生,心脑血管系统,消化排毒系统,这些系统我们都会讲课,听课不要钱,能不能听一堂课? 对那些我们的身体亚健康存在问题,肥胖的,我们这里有排毒的,比如说爱美容的我们这里有直销产品,是不是可以好好邀请他们。所以我们做我们的邀约过程中,就是针对不同人群有不同的话术,叫,见招拆招,叫兵来将挡,水来土存,不一样的人用不一样的话术,只要你前期把名单列好,把增补名单做好,把我们的感情谈好,不断地去暖身,去做好邀约,然后到现场成交,我们整个的未来发展金三角是光明的。我也希望我们每个人能学会列名单,分析名单,增补名单,学会跟朋友在一起去暖身,暖到两个人跟一个人似的。然后用你的标准话术分为两大块,经营者和消费者来到我们会场,使他在会场成交。

同事金三角

同事金三角。我们在一起叫相聚一团火,散开满天星。我们在一起是一起一条心,一件事,一辈子,相互拼打的一群人。我们在一起相互帮助,你帮我,我帮你。在一起,你推我,我推你。只有这样才能把我们事业干好,但是我们中国人往往就像柏杨写的:中国人一个人在一起是英雄,两个人在一起是狗熊,三个人在一起真的就是小虫,不是龙了。为什么?因为我们中国人往往擅长的是窝里斗,眼睛不向外,而向内。我们把内耗都放在窝里,所以说做直销,我们在一起虽然是一个团队,但是随着我们队伍的扩大,随着我们能力的提升,随着我们业绩的不断提高,会有那些人不是羡慕,不是爱,是嫉妒和恨。这就出现了我们同事之间如何相处,但从事相处里面我们有一个目标叫作什么和谐。在一起我们要学会不断地分享自己那些小故事,不断地去感恩我们同事、我们对手、我们领导,把正能量传递给我们每一个人。分享是我们直销的唯一一个做好事业的一个重要的砝码。分享叫分享故事,比如说今天赵刚老师从外边来了,我们说好赵刚老师说说你这几天的分享工作,赵刚老师说的不是人干的,找一个死一个,找一对死一双。请问这是分享吗?这不是分享,这叫负能量的传播。这就好像一团火刚刚要起出火苗,赵刚一泡尿给他浇灭了,说赵刚这人就不是一个好的合作伙伴。什么叫好的伙伴,今天他把他成功的经验拿出来,我是如何去开拓市场的,我是如何去服务我们客人的,让我们这些好的经验在我们身边不断地传播,使他的经验变成我的经验,使他的挫折不成为我的挫折。使他的失败成为我

163

胜利的基石。分享一定要真实,分享还要讲究我们的方式方法。当我们和另外一个朋友去分享的时候,一定要同频。同频是什么？你那个分享的故事跟他有没有关系,分享对不对路子,我们好多人分享说东说西,说狗说鸡,说的事情都是缥缈的事情,都是和自己和说对者没有相通的语言,分享切忌夸大事实。分享,我们就是把我们工作的事情,把我们遇到的事情,把我们所做的那些事情,轻轻地说出来,让别人感受到你在做这些事情。我们分享只分享两件事情,第一件事情是干这事情的,第二件事情是吃好的。干这事怎么干,你要说自己的好经验,分享给别人。吃这事吃的是吃出效果来。说分享是要求我们每个人都要学会的自己的直销故事,说要会说,分享里面要有头,有序,叫作点展收,叫总分总。我想说什么,要点出来,我怎么说,怎么做的,要说出来,最后我想让你跟我学什么,叫分总,有分有总这是分享。第二要感恩,在这世界上有一首歌叫作感恩的心,你是妈妈爸爸的结晶体,感恩首先要感谢我们的父母养育之恩,还要感谢我们伙伴,是我们伙伴的前进使我们加速度前进,是伙伴们的成功让我们跟着一起成功,是伙伴的努力使我自己努力,是伙伴爱学习,也使我爱学习。还要感谢你的对手。做直销不是所有人给你掌声的,有些人是看你笑话的,看你走下坡路,正是这个眼神,那个动作,正是那个话语,使我们象打不死的小强一样,越战越勇,越来越坚强。因为我们很自信,我们相信直销的事业能够让我们成功,还有分享。我们感恩,你要感恩我们领导人,感谢你的推荐人。虽然他今天的业绩没有你好,今天他的队伍没有你大,虽然他今天不如你爱学习,但是直销是给自己做的,没有你的领路人你也不知道这个好的事业,没有你的领路人你也不能做好这份事业,最重要的,我们在分享过程中,在同时接触过程中,一定要传播正能量。你干得好,我干得好,我们每个人都要好好干,我们做直销叫作吸引不叫勾引。当你自己的能量不断壮大,当你知识不断增加,当你队伍不断扩大的时候,更多的那些优秀的选手会情不自禁地来到你的身边,成为你合作伙伴。当你有正能量;当你每天传播正能量的时候,你的朋友都是正能量,当你算计、小气、狭隘、自私、不自律的时候,您的队伍也是狭隘、自私、不自律、小气这些队伍,所以说这些队伍就不好带。所以说我们每个人,每个直销伙伴在我们同事相处中,用正能量来照亮别人,就像太阳一样照到哪里哪里亮,用阳光普射到所有的人,让别人更温暖,你的队伍也会更温暖。你也会在太阳下不断壮大,使你的能量越来越强,吸引更多有能量的人来到你身边,成为你合作伙伴。我们正能量,分享和感恩,是我们同事之间相互了解,相互帮助的唯一一个法宝。

起步金三角

起步金三角,起步金三角是关系到一个人前途和他的成活率,一个新的会员加入到我们直销事业里面一定要有个标准的起步,第一要定心,第二要定位,第三要定律。定心就像我们画一个圆一样,当我们的圆规的圆点没有定下来时后,你这个圆怎么样也画不完画不圆。所以我们定心很重要,他定在这心里他自己认知到直销这个事业是不是他未来长期追寻的事业,未来是不是能给他带来丰厚的收入和自由健康的一个事业,未来他在这里能得到什么,让他心定下来。定下来心之后,他就能够把心踏踏实实的放在直销这事业里面,在直销事里面能看得到明天知晓明天发生什么事情,知道自己的结果是什么样的结果。没有一个很好的定心,只是打酱油似的今天来明天走,他的事业永远也发展不了,他也没有前途。定心,是每个新会员加入直销里面首先要做到的一个,我爱不爱这个事业,我在这事业里面将得到什么样的成绩,我要为这事业奋斗出什么样的结果,这叫定心。最重要的还是定位,当你来到直销事业里面,你是定位自己是消费者,吃产品的?还是自己是一个消费者,我们把这好产品介绍给别人?还是一个经营者,我从事经营这个事业?还是一个领导者未来我要领出千军万马形成一个大的一个团队的时候。他的不同的定位,就给我们有不同的结果,您站的多高就能看的多远。当您把自己定位是一个消费者的时候,那您只是一个吃产品用产品的一个很好的受用者。他不会在这里面拿到一个什么样的收入,拿到一个什么样的未来。当你把自己定做一个销售者的时候,您只是把我们的好产品介绍给我们的亲朋好友,让她们有更好的一个生活的一个态度。当您是一个经营者的时候,您是在这里有了收入,并且有了足够的这些自由。但是最重要的定位就是当我们进入这个事业时候,当我们认可这个事业的时候,您是不是把自己当作一个很好的领导者,未来的领袖。不同的定位,也有不同的结果。高的定位有高的结果。在我们整个起步金三角里面还有定律,任何事情都有它的定律的,直销也有它的定律。当你刚刚进入的时候,您是一个兴奋期。当你慢慢地从事和经营这个时候,你要知道这里面有多少该做的不该做的。您在团队中要帮助别人什么样的事情,您在我们整个的上级和下级过程中如何相处好我们的关系,在我们整个的事业板块里边,如何处理好我们家庭事业和工作上的关系,所以我们的定律在整个的我们的起步金三角里边定律首先要知道的在这里面有什么样的规律,有什么样的好的规矩,有什么样不好的,不允许你做的。比如说,在我们直销里面,我们要做好我们一些固定的定律,包括我们要知道我们每个人要不误导别人,不进行我们其他的七七八八的交换。第二,我们也不贬低也不吹捧我们的产品,最重要的我们也不能依赖,不能抱怨我们的上级不允许我们进行钱财上的纠葛还有感情上的纠纷。宗教政治我们要免谈,个人隐私我们要免论,这样的话我们知道自己在我们整个过程工作过程中有什么样的定律,有什么样的您该知晓的那些规律和纪律,您就明白,在未来的事业里面,如何去做好我们的事业的一个长久的规划。也要让我们所有的人明白,在我们的直销事业里边,您是一个守纪律者,您是一个懂纪律者,您也是一个维系纪律的一个很好的领导者。我们只有这样才能把握住我们的前途,让我们的前途更加璀璨光明。

收入金三角

收入金三角,收入金三角主要是对我们未来的财富得管道建立所设置的。在我们收入金三角里边,首先是业绩,你有什么样的业绩?第二个就是跟进,如何去跟进?第三个就是如何去服务,在我们的整个服务过程中,业绩是能够体现您的价值的,业绩的好与坏,不仅仅有你的上升的空间,还有您足够的收入。在业绩里边,我们分为两大块。第一大块就是就是我们的经营板块。我们经营板块,你要发展更多的我们经营和从事这个事业的人也叫会员。不断增大您的整个经营的人群和团队,对于您未来的队伍来说,它是一个倍增的原理。它能够快速的让您队伍扩大,让您这个队伍里边有更多从事经营这个的涌现。而另一个板块就是我们的消费板块。在消费板块里边,有两种人,第一个是吃产品的人。他认为自己需要使用我们产品的人,他认为自己家庭或个人需要的产品,所以他是一个很好的受用者。他是传播者,他自己并不想从事和经营这个事情。但是他是一个能把这件好的产品告诉自己的亲朋好友,告诉自己身边和周围的人。让她们也知晓这种产品的功效,能给她们带来生活和精神上的一些转变。所以这也是我们提高业绩的另一个板块。在我们整个业绩提升板块过程中,我们希望每个人掌握好比例。您的经营网和我们的消费网比例最好是 5:5 或者是我们 6:4。一些直销人员他们在做整个事业里边,他们的业绩并不稳定。他们的业绩也不会更快的发展,就是他们过大的依赖她们的消费板块,他们一直把直销事业当作一个卖产品推销产品和我们供应产品的一个事业。而直销真正的事业是在我们卖产品和推销产品过程中,她们的事业不会倍增,因为不是所有的人都能够把这种好的事情传给别人和告诉给身边的亲朋好友。要想增加自己的业绩板块,首先要提高自己在整个经营板块上的这种力度,找到更多的志同道合的合作伙伴来开拓自己的市场。第二,叫跟进。当一个朋友加入到我们的事业里的时候,它成为一个我们优秀的会员,刚刚进入来的时候。就像一个小孩刚刚降生,需要一个人认真呵护,认真地去帮助她,从小到大,从不知道到有知。从不会到会,从成长到成熟的过程。而不是进来之前是个态度,进来之后是一个态度,让我们所有新来的会员很迷茫,很颓废并且觉得很失望。在整个跟进服务过程中,我们要跟进的第一是她个人的进步,第二是她个人的发展,第三是她个人的成长,所以在我们整个跟进服务过程中,我们每天要关心他,比如说我们每天必须要她做的工作还有我们给他留的作业。在我们整个经营板块需要进步的内容还有我们整个消费板块中只晓得健康的知识产品的知识,这样她有了学习的氛围,有了学习的劲头,他就有了更好的一个快速晋升的机会。在我们跟进过程中,重要的是把他们带进会场,让他们找到那些能力强,进步快,有正能量的那些领导人跟他们去接触,跟他们接触之后,他们自己心中的正能量也在不断地膨胀,也在不断地提升,这样他就能够快速地和你一起前进。第三个版块就是我们的服务,服务过程中是用心服务,什么叫服务?服务就是八小时之外面对面的关心。只有服务好,才能让我们的使用者更好地去继续使用,服务是给谁说的,服务是给那些使用产品的消费者和那些不断推广的那些像是者服务的。服务过程而不是打个电话,不是发一个微信发个短信或是见面打一个招呼。服务就是面对面的过程在八小时之外。我们要经常去和那些使用产品的人进行面对面。比如我们要去索取我们的见证,去和她们攀谈。在我们整个使用产品过程中有什么变化？有什么益处？出现什么问题及时解决，不断地去服务的过程，也是把他们不断地去引进会场的过程，我们在直销里边就是把那些使用者不断变为经营者的一个很好的转变过程。当我们的产品在使用者身上有了很好的变化，有了很好的见证之后，我们要把她们请到会场上面来做分享，当作一个很好的分享嘉宾。他们把自己的心理变化，把我们面临的这些喜悦跟大家传播过程中，她自己也坚定了信心。第一，她会不断地使用我们的产品。第二，她们也会透过这些成功的经验，透过这些需要改变的人群的目光，把自己由一个使用者变成一个经营者，这样我们整个业绩就会提升。收入金三角说的是业绩跟进和我们的服务，它是一个财富的收入来源的一个重要的板块。

我们每个人都心中有梦，有的人希望能过着高品质的生活，有的人则希望能改造这个社会，然而因为生活中的诸多挫折和日常琐碎，许多人的梦就此缩水，甚至再也提不起劲想去实现。各位可知道，当没有了做梦的念头，人生也就注定了永远不会成为赢家。

用手抓石头，能抓多牢就抓多牢，但紧紧地抓牢，只是为了将石头掷得更远些。石头落在哪里，路也就伸到哪里。

第三节　天龙八部

如果您是一位商店的营销员，客户会主动地走进您的店，您可向他推销您的商品，答复他的询问，客户购买后离开，这当然是一种营销的过程。但是，作为一位专业的直销人员，他的范围要更广。他必须要从主动寻找客户开始，因此，我们为了能更有系统、更清楚地说明直销的过程，我们用八个步骤及一个课题来说明直销的过程。

第一部：直销准备。没有妥善的准备，您无法有效地进行产品介绍，以及直销区域规划的工作。在直销准备的步骤中，您要学会：1. 成为专业直销人的基础准备。2. 直销区域的准备。3. 开发准客户的准备。

第二部：接近客户。好的接近客户的技巧能带给您好的开头。这个步骤中，您要学会：1. 直接拜访客户的技巧。2. 电话拜访客户的技巧。3. 直销信函拜访的技巧。

第三部:进入直销主题。掌握好的时机,用能够引起客户注意以及兴趣的开场白进入直销主题,让您的直销有一个好的开始。这个步骤中,您要学会:1.抓住进入直销主题的时机。2.开场白的技巧。

第四部:调查以及询问。调查的技巧能够帮您掌握客户目前的现况,好的询问能够引导您和客户朝正确的方向进行直销的工作。同时,您透过询问能找到更多的资料,支持您说服您的客户。这个步骤中,您要学会:1.事前调查;2.确定调查项目;3.向谁做事实调查;4.何种调查方法;5.调查重点;6.开放式询问技巧;7.闭锁式询问技巧。

第五部:产品说明。在这个步骤中,您要学会:1.区分产品特性、优点、特殊利益;2.将特性转换利益技巧;3.产品说明的步骤及技巧。

第六部:展示的技巧。充分运用展示技巧的诀窍,能够缩短直销的过程,达成直销的目标。这个步骤中,您要学会:1.如何撰写展示词;2.展示演练的要点。

第七部:建议书。建议书是位无声的直销员。任何一个直销人员都不能忽视它的重要性,特别是您若要直销较复杂的理性产品。在这个步骤中,您要学习:1.建议书的准备技巧;2.建议书的撰写技巧。

第八部:缔结。与客户签约缔结,是直销过程中最重要的了,除了最后的缔结外,您也必须专注于直销时每一个直销过程的缔结。每一个直销过程的缔结都是引导向最终的缔结。这个步骤中,您要学习:1.缔结的原则;2.缔结的时机;3.缔结的七个技巧,分别是利益汇总法、"T"字法、前提条件法、成本价值法、询问法、"是的"法以及哀兵策略法。

第八章　雄霸天下

第一节　一群精英分子

大凡精英分子，一定自视甚高。以往的管理实践，使我们学会了对"体力"劳动者的管理，而现实的管理挑战是，如何对"知识"劳动者进行有效管理。直至今天，别 以为一切已经搞定，别以为我们已经学会了对知识劳动者的管理。再重申一遍，不要盲目乐观，真的不能认为自己在"管理甚至领导"一个精英团队。这是一个世界级的难题，也许我们中的许多人花一辈子的精力，未必一定学会对知识劳动者的有效管理。面对知识精英，我们很多管理者几乎是管理上的"白痴"。包政老师的这 篇经典的"团队建设 10 条"，应该能给你一些灵感，一起来重读。

一、坚持"以人为本"

在精英文化的组织里，必须珍视每一个组织成员正直的品格、创造性的天赋、自我价值实现的内在冲动，以及个性上的自由意志。通过有效的管理，以及建立健全有效的"共享机制"，为组织成员人格自然力量的释放设计组织通路，不断激励全体员工为共同事业做贡献。

包括致力于创造一种环境，鼓励团队成员发展，达到个人职业生涯可能的高深境界。珍视团队成员的思想、背景与多元性经历。把组织起来的成员，看作核心竞争力的来源。把团队建设看作是公司的第一原则，通过事业的机会，牵引促进团队的成长；并通过团队及成员的成长，满足客户的需求，提升公司的品牌价值与外在形象。

只要我们的团队能够成长，企业就一定有未来；团队成长的速度，决定公司的成长速度；团队的素质与能力，决定了公司的经营规模与运行效率。

离开了团队的成长,公司就不可能处于"组织状态",不可能在队伍的发展基础上不断深化业务结构,走出未来战略的大模样。

各级领导以及管理者,都必须集中精力去关注团队及成员的成长与疾苦,努力解决团队及成员的困难,为团队的成长承担责任。必须抱着积极的姿态,去直面团队及成员的困难,去正视客观的要求与意见,倾听他们的心声或心底的呼唤,关心他们的健康成长。

依靠积极主动的姿态,及时处理现实难题;通过点点滴滴的持续努力,来系统表达管理阶层的诚意,必须基于"人本主义"的基本价值立场;使"以人为本"的价值观逐渐落地,逐渐落地到组织形态与制度形态,从而建立普遍的"上下信任"体系,这是制度建设的开端。当年刘备求贤若渴,缺乏资源,以眼泪笼络人心,用心良苦。

二、悉心"呵护成员"

大凡精英分子,一定自视甚高;偶遇难题,信心不足,不免装腔作势;结果被人耻笑,走向极端,没等到"功到自然成"的一天就折了。如同家庭中的"问题孩子",随着逐渐长大,麻烦不断。

面对知识精英,我们很多管理者几乎是管理上的"白痴",或者充其量只是"巴纳德协同理论"的勇敢实践者。可惜,巴纳德并没有解决这个难题,现存的管理学也没有解决这个难题。德鲁克《管理:任务、责任、实践》一书的核心,就是探讨其中的答案;认为以往的管理实践,使我们学会了对"体力"劳动者的管理;现实的管理挑战是,如何对"知识"劳动者进行有效管理。

直至今天,别以为一切已经搞定,别以为我们已经学会了对知识劳动者的管理。再重申一遍,我们不要以为已经学会了对他们的管理,不要盲目乐观。真的不能认为自己在"管理甚至领导"一个精英团队。这是一个世界级的难题,也许我们中的许多人花一辈子的精力,未必一定学会对知识劳动者的有效管理。

精英分子是读书出生,从小到大,在"学府"中百战百胜,一年升一级;以为已经达到很高的高度,可以展翅飞翔,搏击长空;以为"什么都懂","什么都会"。这是现行教育体制的缺陷,至少没有让他们明白自己只是"高素质的普通人",基本上不懂"人事";没有让他们明白自己还在地上,没在天空。一旦进入产业社会,"高薪低能"的状况,令他们备受折磨,其中有许多人或一蹶不振,或装模作样混日子,境况很惨。

精英分子最缺乏的是与人打交道的能力,动辄出错、举措失当;每每在"人事"上出现问题。顺便指出,缺乏沟通能力或与人打交道的能力,使精英们"综合做事能力"受到了限制。一旦出现人际关系的麻烦,没有自拔的智慧与心理素质,往往不会给自己找台阶下,往往不想给自己找台阶下;甚至日思夜想、没完没了地寻找理由、事实与证据,证明自己的清白与无辜。一股脑地把人生或工作的目的全忘掉,竭尽全力争回自己的面子与尊严。知识分子一旦撕破脸,可能一辈子都糊不上。所以人们不愿意同文人骚客打交道,不爽。

公司需要一批觉悟了的管理者,依靠精神的力量,以更大的思维规模,更强的心智模式,以及更强的人格魅力,去笼络精英们的情感,驾驭他们的心灵。只有通过"同构精神境界",引发"思想共振",才能打动知识分子。所以古人说,打天下者必须胸有天下;必须先修身养心,然后齐家治国平天下。管理者如果不能触及到团队成员的心灵,是不会迸发出热情的。不要以为"聊表心意",就能触及他人的心灵,这里需要"大智慧"。

三、放弃"使用权力"

古人云,身怀利器,谨慎用之。面对知识精英,最好不要用之。精英分子骨子里蔑视权威,有天然的"平等思想"与"民主意识";不会接受"科层制",十分反感等级结构。管理者要学会彻底放弃依靠"权力",放弃对精英团队进行"科学"管理的企图。万不能依赖权力与控制系统,操纵与驾驭知识劳动者;尤其不能像个建筑施工队的领班那样,按工程进度进行"派活",施以严格监控。

知识分子本质上是自我引导的,即便是新兵,也不能对其指手划脚,以"指挥与命令"的方式展开管理。要小心翼翼地保护他们的自尊,迎合他们的民主意识;让精英们能看到组织起来的威力,体验到协同的价值;进而,把精英们变成自觉的战士。舍此不可能建成一个精英团队。

与精英们在一起工作是一个"搏傻"、也就是"争着比傻"的过程。千万不要自作聪明,尤其不要装模作样;当你打算"拿架子""端起来"的时候,你得弄清楚自己几斤几两,弄清楚在别人心目中的实际地位,拿捏不好,相互折磨的过程就立即开始;这个过程可以说是,没头没脑,愈演愈烈。

也许我们可以通过"建立等级结构"，依靠手中的权力驾驭团队中的每一个成员；很快获得"秩序与效率"，使管理者从现在的"人事压力"中解脱出来。然而，一旦这些精英们感到失去了足够大的成长空间时，脑子发硬，思想停止，心情郁闷；其结果一定是"武大郎开店"，组织的未来随之葬送。我们如果采用"科层制"，建立"权力组织"，无疑是在做"牺牲未来前途，谋求现实效率"的傻事。

组织确实中存在着一种"无形"的力量，不断迫使我们屈从，把组织的结构固化，形成等级结构条件下的秩序。这是十分令人担忧的事，如果我们屈从，意味着没有未来；如果我们不作出反应，我们何以能够减缓来自于管理者传递过来的"人事压力"。

我们非常理解一些管理者特别是基层管理者的现实处境，不仅要完成向专业化转化，同时还要完成向职业经理人转化。然而，离开了组织或职务权力上的支持，去面对一群源于书生的精英，无论你多么兢兢业业，结果往往难尽人意，但我们不能因此而"依赖权力"。

我们没有别的选择，解决问题的根本出路，就是改变观念与提高能力；改变管理者的观念，提高管理者的能力。我们不得不这样说，因为我们没有别的选择。这是世界级难题，是组织建设的难题，是精英团队建设的难题；每一个精英型组织都必须接受这一挑战与考验，都得过这一难关。

四、扮演"管理角色"

管理者一旦离开了"权力""支配资源的权力"，就是一个"角色""什么都不是"的角色。领导人或管理者的最高境界，就是依靠威信与能力，对组织与他人施加影响力与支配力。

管理者是团队中的一个"管理角色"，作为团队中的一员，承担着"管理协调责任"，包括沟通、协调、指导、约束、帮助与激励，所谓"领导就是奉献"。不要把管理职务当作一项权利，或一种地位或一种论资排辈的"官位"；管理者不能变成"处级干部"。

传统组织管理者是"凌驾"于团队成员之上，形成"职务"等级；知识精英型组织应遵循的等级应该是"资格"。把"任职资格"与"能力""贡献"相联系，以防"官本位"观念进入组织，进入"个个自命不凡"的精英团队之中。

知识精英型组织的管理者必须从原有的"职务等级"中走出来，以自己的实际能力和长处,完成在项目团队建设中的角色定位。必须从自己的职业生涯的"系统动态"全过程、从团队的实际协同过程中,逐渐认清自己的价值所在,或扮演管理协调者的角色。

要逐渐地完成这种转化,使管理者不再是高于团队成员的"一级管理者或领导";而是团队中一个"平级"的成员,扮演着"管理协调责任者"的角色。团队中不存在"职务等级",只有"资格等级"。我们的精英团队将是"扁平化"的,精英团队也将随之完成在经营与管理上的"自治"。精英团队将依靠自己内生的力量,直面客户与市场,深化团队的能力与秉性。

只要管理者能够做到平等待人,以自己的长处,扮演相应的角色,成员就能心悦诚服,团队就能形成。团队形成的主要标志是,团队运作的有效性与团队成员的成长性。团队运作的有效性,在于"专长发挥基础上"的有效协同;团队成员的成长性,在于"思想互动基础上"的智慧愉悦。

按"平等待人、发挥各自长处"的原则行事;在发掘他人的长处的同时,实事求是地把自己作为团队中"平等的一员",发挥应有的作用,也使一些管理者的处境变得稳健、备受尊敬。这正好应了一句老话,尊重与承认是相互的,尊重自己先要尊重别人,承认自己先要承认别人,可谓辩证。

团队建设的价值就是让一批各有所长的人,能够通过团队化运作,扬长补短,有效地协同起来,放大能量,产生协同效应。八仙过海、各显神通;依靠团队,到达成功的彼岸。与"权力组织"相对应的就是"责任组织",责任组织强调的是在共同责任基础上的有效协同,实现组织的目标与任务,同时满足个人的成长需求与利益上的需要。

五、承担"共同责任"

作为知识精英型组织,未来的风险在于,是否能够留住足够多的一流的"经验获得者"或专业领域的"悟道者"。唯一能避免这一风险的方法就是,尽早地学会把事业成败的最终责任,赋予全体精英分子或精英团队;使他们真正认同这是共同的事业,使他们没有理由背离或背叛自己的事业。这是巴纳德给予我们的基本信念。

善待精英分子,不是"三顾茅庐"的历史故事;否定权力结构,不是"理想主义"的未来梦想。这必须成为我们现实的行动,成为我们的价值立场与做事原则。我们不能把管理职务变成"组织的权利"与"组织的地位";我们不可能把公司当成管理职务担当者的"挣钱机器"。我们必须不断地开放各等级管理职务，把各管理等级职务明确为"责任"。赋予更有胸怀、更有智慧的顶尖人才，以更高的管理职务，以及更大的责任。

否则，我们无法让所有聪明绝顶的精英们相信，这是我们共同的事业；无法真正赋予每个组织成员以最终的经营责任；无法激励所有精英人才为自己的事业承担责任，努力工作与学习；无法让精英分子从承担责任中获得"事业上"的使命感，以及"工作中"的成就感；从而，无法与所有精英分子风雨同舟、共渡难关；无法按长期价值回归的要求，去不断磨练我们的团队。

管理者要努力维护好一个团队，把团队当作"公司的资产"，当作"公司财富的源泉"。管理者要有长期眼光，不断吸纳优秀人才，在壮大团队规模的同时，改善团队的人才结构，以及素质水平，打造一个"精英团队"。

六、走向"强强联合"

应该鼓励"以团队的方式"进入市场，积极地利用市场的机会与资源，历练才干、积累经验、结交朋友，所谓"走走江湖"。成员间要形成足够强大的"思维规模"，包括系统思考与综合分析问题的能力。完全应该鼓舞勇气，去勇敢地经历种种挑战与磨难，建立健全足够强大的"心智模式"，包括意志力与责任心，以及体验"无依赖的市场竞争压力"。俗话说"自古英雄出少年"。公司要成为他们的大本营，鼓舞与激励着他们勇往直前。

在保持相对稳定的"公司政策"下，要致力于团队建设的"长期努力"，尽快地"强大"起来，并尽快地承担起更大的责任。否则，组织就不可能建设一群"独立自治的精英团队"，使组织不断趋于"扁平化"，使组织能在更高的"能级"与"量级"上保持活力与效率。

七、落实"成长责任"

知识精英们之所以能够努力工作与学习，完全是因为他们"以为"在组织能快速成长、能学到真本事。如果我们不想与组织的"方向与力量"背道而驰；那么，我们就要顺应精英们加盟组织的初衷和本意，在他们的热情与兴头消退之前，积极主动地引导他们，完成团队建设；为自己的未来，从而为组织的未来或共同的事业，承担责任、贡献力量。换言之，我们要不断提高精英们承担"发展自我"责任的意愿与能力；把他们承担"自我成长"责任的热情，引导到团队的目标任务上去；在相互的"专长与思想"交融中，不断深

175

化合作的内涵,不断突破合作的难关;在团队的有效协同中,体验到共同成长与共同成功的感觉。

这是《组织行为学》的基本假设,恐怕是对的。我们没有别的选择,只能认为是对的。这样的"管理实践"一定能为中国的产业界与教育界培养出一批真正的行家,至少我们可以知道《组织行为学》错在哪里;弄不好,无心插柳,成为大学问者。

每个管理者必须懂得通过"关注人"而不是"关注事"来履行职责,搞不定人就搞不定事。我们每一个管理者要真心实意帮助一个团队成员、尤其找到感觉、进入状态,要用人所长。没有人会拒绝真诚而善意的帮助与提携,没有人会故意与他人作对,除非此人品格上有问题,那就请他离开。如果团队成员的"品格"没问题,但思想不活跃,彼此不互动,心灵不默契;或无所适从、毫无方向感等等。那么,管理者需要检点自己,俗话说得好,"兵熊熊一个,将熊熊一窝"。

管理者应该创造各种机会,让更多的成员在更多的专业领域或方面一试身手,并从中发现谁有什么样的潜质;帮助有望或期望出人头地的能人与强者脱颖而出,帮助每一个精英早到组织中的位置。要依靠自己的真诚,依靠团队的力量,支持与帮助团队成员,使之能够获得充分的锻炼,尽快在团队的协同活动中,得到成长的感觉。

管理者要努力发现团队成员的长项,多花精力帮助团队成员找到相应的位置,以及尽快获得承担责任的能力,至少依靠团队的力量能够承担部分的责任;每个团队成员要努力按专业化分工的要求,刻苦钻研,尽快学会应有的专业知识与技能,积极承担某一方面的责任。形成一个有组织的"专业化分工合作"的团队。并且,与客户企业沟通好,让客户企业认同。

面对有头脑必然有个性的新队员,管理者必须一把钥匙开一把锁,取得相互信任是关键,千万不能操之过急,谨防以简单生硬方法让人就范,反受差辱。要像"驯马师"一样,小心翼翼地去接近"烈马或野马",千方百计加强沟通与交流,充分表达出你的诚信并使之确信无疑;然后,才能开始下一个进程,直至学会驾驭良驹。

管理者要做真正的聪明人,懂得"先做小、后做大",轻易不摆架子,这叫"大智若愚"或"尊重别人"。要学会克制,不要流露出"渴望尊重与承认"的动机或给人以这样的印象;不然会招来别人的"沉默"与"捉弄"。精英分子是很敏感的,往往会无端从别人的姿态上进行推理;一旦认定别人在装腔作势,就开始防范,唯恐太尊重别人。精英分子在尊重人方面是很小气的,有时有点吝啬;不到万不得已,是不会真心尊重或承认别人的;谁要是强求别人尊重,会令他们很不舒服。因此,与精英分子打交道,要懂得"个人品牌管理"。不然,遇到高手,应用起"马太效应"来,"越有越给予,越无越剥夺",会把人逼疯的。

可以说人人都希望获得成功,没有人会拒绝成长。每个人承担责任的能力与意愿,与成长的机会相联系。反之,越没有机会或越不给予机会,越难以驾驭,越难以调动积极性,于是,就越需要权力来驾驭;势必造成组织结构的固化,有背我们的价值立场。管理者不应该成为组织中的"挡道者";而应该成为"举荐者"或"提携者",为组织结构的柔性创造条件。

组织将依靠成员承担责任的意愿与承担责任的能力,依靠团队的有效运行,依靠利益共享的机制以及责任共担的"扁平化"现代组织体系,而不是严格的监控体系;努力降低管理控制与内部交易成本,避免内部政治过程的发生与发展,避免组织的坏死。

八、提升"成员价值"

精英们的加盟,是要提升自身的价值,使自身的价值最大化;因此,要把精力集中在能力的培养上,发展他们的长处,发现他们的价值。管理者的职责就是本着"抱团打天下"而不是"包打天下"的原则,积极组织团队成员思考与研究。公司未来的基本组织形态,将有一群"学习型创新团队"所构成。

管理者短期的经验或体验,根本不可能成为"悟道者";不可能开启自己的智慧与思想源泉。如果我们只能依靠别人思想的"活水源头",使自己的"思绪之潭"不断得到清澈;那么,被组织中别人超越,甚至被新成员超越,是很快的事。

这是客观现实,每个管理者都要积极依靠团队的力量,让自己也让成员开动脑筋,深入思考,相互交流;有时还要进行"跨团队"交流,主动征求组织内"学有专长"人的意见,所谓"群策群力"。千万不要自信过头,自我封闭;千万不要太在意一时的成就和能力。如果不能正确估计自己,那就会封闭自己,心胸不开阔,气度出不来,难以悟道,不能练就"葵花宝典";只能自功,只能以武功高强自居。组织要主张依赖"精神素质"最强的人来发展共同的事业,寄希望于精英们能够开阔心胸,以不断开放的心态,获得"向一切人与一切事"学习的本领,依靠学习能力,进而贡献能力,确保自己在组织中的应有地位。

我们并不认为管理者必须样样都拿得起来,样样比队员都行,才能服众,才能使团队组织有效,以及项目获得成功。"蜀中无大将",以及蜀国37年而亡,表明诸葛亮管理的失败;这也许是"团队建设"取代"权威管理"的历史逻辑。"阿波罗"登月计划的成功,其项目经理不是科学家或顶尖专家,不是权威,而是一个普通的"管理协调者";这充分表明现代管理的有效性,并不取决于职务上的位势,也不取决于专业上的权威;现代组织的管理者可以成为一种角色。

面对高度专业化或信息爆炸的时代,谁都不可能样样都行,谁也别指望成为当年的诸葛亮"鹤立鸡群"。管理者要做的事就是,让团队成员兴奋起来,让他们的思想活跃起来。团队运作的有效性,在于团队的学习能力与进取精神;团队管理的有效性,在于管理责任者营造组织氛围的能力与技巧,以及他的胸怀与品性。

应该把担任管理职务,当作组织给予的一次"锻炼机会";同时为组织培养人才作贡献,通过培育精英团队,获得在组织中的地位。管理者如果发现自己不擅长于"培育人"与"激励人";不擅长带队伍,那么就要重新寻找位置,组织也会重新给予时间与机会。通常情况下,有些人擅长于"推动人",有些人擅长于"推动事";潜质不一样,上帝造就的,谁也不能强求;谁都应该"有所为才能有所不为"。专家在于"会做事",管理者在于"会做人"。

当你不适合管理职位时,不要勉为其难,否则你的"机会成本"是很大的。不要刻意去固化自己偶然获得的职位,进而去固化在组织中已经取得的地位。否则,会造成对组织的压力,迫使组织去固化组织结构。任何超出众人的认可和接受范围,容易错位;任何强化或固化个人在组织中地位的企图,都会带来普遍的反感。应该致力于每一个人的"长期价值回归",而不是短期利益的回报;不要拘泥于一时得失,不沉湎于现有的地位。

九、学会"意见公开"

基业长青在于公道,所谓公道就是普遍的认定的价值立场与心态或心理契约;公道无所谓对与错,组织必须遵循大家的意愿,确定组织的规范与程序,决定一项事宜或成命,以免个人主观意志决定是非,有失公道,冒犯众怒,不能长久。中国的传统文化,天道人道,合而为一,就是这个意思。

每个组织成员,有权公开发表自己的意见与建议。如果在网上公开发表自己的意见时,必须具名自己的真实姓名。任何人都不可予以阻拦或以其他方式进行反对。但是,发表言论者,必须是建设性的,而不是破坏性的。必须实事求是,就事论事;不要无端猜测,搬弄是非;尤其不要对人长处、短处,缺点与不足进行评价,不要公开推断他人的心思、动机与价值观。但是我们有责任对不良事件、错误行为、损害他人或公司利益的行为,乃至表露出来的动机,进行公开的批评、揭露与制止。

有关对个人的批评或不宜谈论的话题,可以越级报告与上诉。同样,要本着公开性的原则,实事求是,抱有善意;以书面的形式,并且,必须在告知"相关者"后,上报或上诉。同样,组织将保留追究责任后果的权力;避免不良后果的发生,或诬告与诽谤事件的发生,防止组织氛围的破坏。

我们要保证组织的稳健,必须要公开言论或开放言路,防止权力的使用不受责任的约束,防止权力的使用有悖大多数成员的意志与意愿。希望通过公开意见,包括网上论坛,发育组织的"社会机能",以制衡"有序放权"的过程,使精英团队达到自治的境界。从而,把达成共识的意愿,上升为组织的公理或基本价值理念。

我们信仰工作过程中知识的分享与智慧的愉悦;我们推崇通过"行为与言论"的开放,相互欣赏与彼此提携;以不断提高的精神境界,来规范组织与个体的行为,拓宽事业成长的空间,防止组织的坏死与个性的膨胀或恶化。

十、提高"个人理性"

组织建设的理性化过程,必然使成员的受控程度提高,所谓天堂是自由美好的,走向天堂的路是由一系列令人厌恶的规则或约束铺垫的;必然会引起成员的紧张,以及抑制成员的成长;最终使组织不可能在更高的能级与量级上,保持高效率运行。这是许多中国企业,不得不背离原有的业务体系以及人才队伍,走向不相关多元化,导致进一步失效的根本原因。

解决问题的方法是,在提高组织的理性同时,同步发展成员的个人理性,两者相辅相成;直至个人理性达到一定的程度,个人的职业化达到一定高度的时候,组织将依靠一批自觉的战士或悟道者,依靠组织氛围或企业文化,而不是管控系统,维持更高的整体运行效率,制度性规范进而组织理性才可以逐渐弱化。这叫否定之否定。如果我们努力,一定能看到这一天;反之,上帝就只能哭了。

知识管理者需要不断开放自己的智力平台,向一切认同组织的使命,以及价值主张的"精英分子"开放。不能凭借"个人意志或意见",简单决定一个人的职位去留与资格升降。不能保护一个缺乏"承担责任意愿与能力"的人。每个加盟的精英分子,必须加强"个人理性",必须依靠自己的力量,必须依靠自己实际的能力与贡献,而不是依靠他人的"保护",以及编织起来的"人情关系",获得或保留组织中的职务与地位。

而个人理性强调的是"职业化",包括"责任心"与"专业性"。"责任心"强调的是承担责任的意愿、姿态与实际贡献;强调的是职位价值的发挥程度。"专业性"强调的是承担责任的能力;强调的是在分工协作体系或团队协同中,个人在"专业素质与技能"上的水准与量级。成员应该像职业球星一样,训练有素,依靠自己的球艺,与团队成员展开默契而有效的协同;依靠娴熟的技艺,以及认真而执着的姿态,赢得团队成员的青睐,以及观众的满意;从而赢得个人价值的回报与个人的地位。职业球星并不依靠人身依附或私交关系活下来,而是依靠自己的本事,包括个人的专业能力与素养、团队合作的精神、最终成果或业绩的意识。

要彻底摆脱"等靠要"的思想或意识,提高自己的理性,按组织成果最大化、对团队贡献最大化、个人价值最大化,以及个人才干提升最大化的目标,努力工作、积极协同。在这方面知识精英也要耐得住寂寞,要勇于付出;要相信世间自有公道。凡"大成就"者,理当虚怀若谷,耐不住寂寞成不了大事。圣雄甘地一生为人处世的准则是"乐于舍",有人说成功并不难,只要不断收受、不断获取即可;悟道很难,成就更难,必须不断放弃。

与"个体理性"直接相联系的是,要尽量避免"以个人的是非为是非",即便是公司的领导人也不能这样;要尽量要减少"人的主观随意性"。随着业务、进而组织体系的迅速发展,每个人的贡献与价值将趋于多样性与复杂性,使我们根本不可能依靠"个人意志",解决公正评价问题;所谓"质上不同量上无法比较"。我们也无法仅依靠少数人,对下列复杂多样的价值要素,进行"主观评价",诸如团队建设、思想贡献、举荐人才、文化建设、业务开拓、氛围维护、人才培养、新领域进入、业绩成果提升、组织功能提高、知识智力平台建设等等。

否则,个体的理性化程度就不可能提高;可能的倒是阿谀奉承、溜须拍马现象,进而,以人划线、拉帮结伙、玩弄权术以及政治过程的发生。古代科举制及监察制的失败,充分说明了这一点。任何人都不可能是"客观公正的化身",企图依靠个人意志和主观评价来决定他人的命运,用不了多久,必然"豪门多权贵,高官无寒士"。

必须导入"市场竞争法则",使每一个成员都处于"无依赖的市场压力"之中;只有这样,才能不断提高组织中"人的理性"。依靠市场竞争的压力与机会,激励与约束团队成员的行为,牵引或迫使每一个人成长。而不是主要靠个别人主观价值评价,来驱使人的行为,调动人的积极性。

团队化运作给我们一个机会,使我们有可能直接导入市场竞争的法则;迫使团队直面市场的机会,以及竞争与客户的压力。每个团队能力的复杂多样性,以及价值贡献的复杂多样性,不依赖于"主观意志"的评判;而依靠被认为公正的、至少可以接受的"市场法则",直接进行评判,或奖励或惩罚,无怨无悔。

随着组织理性的进一步提高,每个团队成员可以像职业球星一样,按个人的意愿,寻求能够充分发挥自己个性专长,以及提升个人价值的团队。成员在团队之间的流动,逐步从"申请批准制"向"自由转会制"转化;团队也将从组织安排或领导任命,逐步过渡到"自由组合"与"竞争上岗";这就是"职业化理性"。

迫使每个管理者将不得不寻求最优秀的精英人才;千方百计按有用人才的意愿或自由意志,进行管理协调,客观上会满足"现代组织理论的原则",建立"在个性基础上的非个性化"精英团队。同样,管理者一定会包容弱者,一定会有效而客观公正地使每一个团队成员的贡献价值等量回归;除非管理者真的不懂价值回归的重要性,或真的不懂每个人的素质、贡献与价值。假如这样他就不会有追随者,连管理职务都当不成了。至此,组织才可能完成"团队自治",完成充分授权,完成个人的理性化建设。

第二节　8大苍蝇人

面对高压的工作、堆积如山的事务、千丝万缕的人际关系、竞争激烈的商业环境。如果还有一帮"苍蝇"在耳边嗡嗡地吵闹,不郁闷才怪。为了每天能安心工作,请远离他们!

在团队里,表面上一池静水,暗地里却暗流涌动。其中"传染"最快的不是那些鼓舞人心、积极向上的信息和能量,而是那些让人消极、倦怠、心里不爽的人和事。若你稍不留心,自己也可能卷入负面能量的漩涡,不仅影响正常工作,伤害人际关系,严重还可能因此丢了工作。谨记,远离"负能量",才能获得正能量,积极向上!

1．杀伤力最大辐射面最广——抱怨

团队里的"祥林嫂"可男可女,他们总爱数落工作和生活中的种种不满,自怜自艾。工作中谁没有压力,成天抱怨咒骂,让本来安心工作的人也容易被负面情绪困扰。抱怨是团队中最易传播,辐射最快最广最具杀伤力的"负能量"。抱怨让自己和他人陷入负面情绪中,消极怠工,一个人会传染一个部门,一个部门会传染整个公司。有时,为了"维稳",公司不得不"和谐"掉这样的人。

2．最易动摇"军心"——消极

"公司大概没前途了吧!""这样下去怕是工资也发不出了吧!"办公室里,总是有人消极怠惰,对企业发展缺乏信心,患得患失。这种人的往往内心能量比较弱,而且行动力不高,总在瞻前顾后中蹉跎了时间和机会。员工消极的心理状态对团队氛围非常不利,当大伙都在为目标奋力拼搏时,这类人会传播出各种忐忑不安扰乱"军心",对于有攻坚任务的团队来说,这种人的威胁极大。

3．最耐不住寂寞——浮躁

怕左右摇摆的人,也怕急于求成的人。社会够浮躁了,每个人都急于得到一个"成功",想要一夜暴富。在办公室里这种急于邀功,做事不踏实的人很容易破坏团队的协作和平衡,也容易带动其他人与他一样"急行军",而少了脚踏实地的积累。不管是处于哪个发展阶段的企业,此类人肯定都不会受到青睐。

4. 最易演变成办公室冷暴力——冷淡

团队人际关系冷淡对团队建设有很大的负面影响。表现为工作协作中有意不配合,疏远同事,甚至有意给同事设置障碍等。冷淡的问题不及时处理就会演变成团队"冷暴力",导致整个团队人际关系恶化,人心背离,缺乏战斗力,极大地影响团队绩效。不少人对办公室里的"冷暴力"倍受压力,难以负荷就会选择辞职离开,对公司来说,显然也是造成人才流失的又一重要要原因。

5. 最无力无能的表现——自卑

因为担心在团队得罪人,又担心做错事被领导批,所以做起事来总是畏畏缩缩,什么重任都不敢承担。这样的人其实也不会受欢迎,在团队协作中,大家更喜欢与自信、有担当的人合作。而对于老板来说,你的自卑在他看来很可能就是能力不足,往后必定难受重用。

6. 最禁锢自身发展——妒忌

凭什么这机会又给了他?他都主管了,还想怎么样啊?在这个只以成功论英雄的社会里,工作中的竞争常常变成了妒忌。别人的进步和优势让自己脸上无光,心生恨意。竞争中必有强弱之分,但想要自己的综合竞争力变强,就要从自身修炼开始,一味地敌视别人的进步和优势,反而会让自己陷入负面情绪,最自身发展不利。

7. 盲目追求面子——攀比

一个假爱马仕包包,也可能在团队里引起一场明争暗斗。办公室里的女人们比包包,比名牌,男人们比车子,比手表,甚至比"小三"。如果是工作中一决高下,倒有几分积极的竞争意识,但只是攀比一些物质上的东西就毫无意义了。其实这些物质上的东西从职业生涯发展的角度来看,都属于外生涯范畴,盲目的攀比只会让人忘了重视内生涯的提升和修炼,容易滋生浮躁情绪。

8. 最易影响团队人际和谐——多疑

"最近老板没吩咐什么任务给我,是不是我做错了什么?""今天小李拿我开玩笑,是不是上次工作的事没配合好,所以才故意整我?"……同事之间,上下属之间缺乏信任,总怀疑对方的行为举止另有目的。职场女性因心思细腻、对感情和周围人际变化比较敏感,更容易患上"疑心病"。其实"疑心病"的根源在于工作压力,个人注意调节工作节奏,做到张弛有度,避免猜疑变成偏执妄想影响了团队的和谐和合作。

第三节　修炼领袖气质

趋势于全球化的经济体系要求每一个职场人员,要有超凡的领导能力和良好的协调能力。越来越多的人开始关注如何在团体中树立自己的权威形象,如何培养自己的"领袖气质"。可是树立权威形象,培养领袖气质,并不是一朝一夕的事情,如果我们在日常工作中,能够注意到以下几点,将会为你的领袖气质的培养打下良好的基础。

什么是领袖气质?

你是否有过这样的困惑,为什么同样的一个建议,在你的口中说出与在他的口中说出所产生的是截然不动的两种效果? 在某种情况下,为什么有着比他更出色才能的你,却无法像他那样得到团体的认可呢? 你又是否意识到这种现象对你的职场进阶有着什么样的影响呢?

在任何一个团体中,总有某一个人充当着核心的角色,他的言行能够被团体认可,并指引着团体的某一些决策和行动。我们可以把这种人所具备的人格魅力称为:"领袖气质"。具有这种领袖气质的并不一定是高层的管理者,在任何一个团体中,小到几个人组成的办公室,大到一个集团,总会有一个人具有说服他人、引导他人的能力。

诚实守信

这个市场化的社会在权力、金钱等各种欲望的充斥下,变得尔虞我诈。"诚实"成了"老实"的代名词,而"老实"又似乎成了"无能"的标志。于是,刚从校园里面出来的书生,也会为找一份理想的工作,而演绎出在履历上出现了同一所大学有三个学生会主席的闹剧。可是这种欺骗带来的,只是对自己前途的阻碍。

试想,一个欺诈而不讲信用的人,连人格都让人产生怀疑怎么可能在他人心里树立权威形象呢? 所以诚实守信是培养"领袖气质"的基本条件。

学会倾听

在职场上,学会如何表现自己,是一件非常重要的事情。很多人认为

"说"比"听"更能展现自我。这并没有错,但是你是否想过自己所说的是不是能被团体所接受? 在直销网的日常生活中,有一些人在大家七嘴八舌的讨论时,他总是一声不吭地在一边静静地坐着,仔细聆听着别人的发言。到最后,他才会站出来果断地说出自己的意见。因为"听"首先是对他人的一种尊重,同时也可以帮助你了解别人的思想,了解别人的需求,了解自己和别人的差异,知道自己的长处和不足,当掌握了一切信息以后,你所提出的意见就会站在一个新的起点上,站在团体的角度上。所以最后的发言在某种时候,因为掌握了更多的信息,见解也就更深入,更权威。如果你每一次的意见都是相对正确的,那么自然而然地在他人心中树立起权威形象。

重视身边的每一个人——从记住别人的名字开始!

你要让别人重视你,树立起你的权威形象,就必须要学会重视别人。现代社会,生活节奏加快,交流增多,"Hi"一声就可以认识一个新的朋友。也许对你来说,要记住每一张新面孔实在不是一件易事,于是,再次见面却想不起他人名字的尴尬场景便会常常发生在我们身上。可是有谁意识到这其实是对他人的一种忽视和不尊重呢? 心理学家发现,当许多人坐在一起讨论某个问题时,如果在你发言中提到了多个同事的名字及他们说过的话时,那么,被提到的那几个同事就会对你的发言重视一些,也容易接受一些。为什么一个称呼会引起这么大魔力呢? 那就是"被重视"这个因素在起作用。

从大局的利益出发

一个人待人处世如果只从自己的利益出发,那就不可能得到团体的认可,也更谈不上树立自己在他人心目中的权威形象了。小胡在一家集团的市场部工作,每一个月初部门都会招集地区级主管开定价会议,可是不知道为什么,小胡提出的定价总得不到认可,甚至还遭到负责其他地区的同事的排斥,他觉得很苦恼。后来,在一次偶然的机会里,另一个地区的主管对他吐苦水,让他找出了原由所在。事情很简单,因为小胡所在的地区销售情况很好,而且竞争对手少,相对而言,就可以制定一个比较高的价格。可是其他地区竞争对手的实力较强,市场的吞吐量又不是很大,销售价格如果定得高,便不可能完成销售目标。小胡只考虑到自己所在地区的情况,没有从大局考虑,他所提议的定价自然得不到大家的认可。其实这种情况常常在我们的生活和工作中发生。因为人总是会自觉或不自觉地从自己的角度出发来考虑和处理工作,如果你学会设身处地地为他人着想,你就可以得到大家的信任。

果断的提出你的意见

如果你做到了以上几点,那么我相信,你已经取得了大家的信任与尊重。但是如何来表现你的权威呢? 你平时成绩必须要做到自己心里有底,说话要坚决。有些人,在工作中面对某些问题时,明明有自己的见解,却思前想后,犹犹豫豫,等到其他同事提出时才懊悔不已。一次一次的错过,使得你失去了很多表现的机会;还有一些人,平时说话老是模棱两可,明明是一个正确的意见,却让他人产生模糊的感觉,这也会让他人对你的权威性产生怀疑。所以,当你考虑好了,请果断的提出你的意见。

第四节　卓越领导者

人是企业之本,是企业成功之关键,然而对企业经营管理起关键作用的人,就是企业的主管。主管是干什么的? 主管是从事管理工作的,是管人、管事的、以身作则、培养、训练下属如何做好本职工作,增长才干,使工作不断改进。

那么,作为一名主管应该具备什么样的条件,怎么做才能是一名优秀的主管? 下面从七个方面为大家详细谈谈如何做一个好主管:

一、专业能力

作为一个主管,你必须掌握一定的专业知识和专业能力,随着你的管理职位的不断提升,专业能力的重要性将逐渐减少。作为基层的主管,个人的专业能力将非常的重要,你要达到的程度是,能直接指导你的下属的实务工作,能够代理你下属的实务工作。

专业能力的来源无非是两个方面:一是从书本中来,一是从实际工作中来。而实际工作中你需要向你的上级,你的同事,你的下属去学习。“不耻下问”是每一个主管所应具备的态度。

二、管理能力

管理能力对于一个主管而言,与专业能力是相对应的,当你的职位需要的专业越多,相对而言,需要你的管理能力就越少。反之,当你的职位越高,管理能力要求就越高。

管理能力是一项综合能力,需要你的指挥能力,需要你的决断能力,需要你的沟通协调能力,需要你的专业能力,也需要你的工作分配能力,等等。

管理能力来自书本,但更多的来自实践,因此要提高你的管理能力,需要不断的反思你的日常工作,用你的脑袋时常去回顾你的工作,总结你的工作。

三、沟通能力

所谓沟通,是指疏通彼此的意见。这种沟通包括两个方面,跨部门间的沟通,本部门内的沟通(包括你的下属你的同事和你的上级)。

公司是一个整体,你所领导的部门是整体中的一分子,必然会与其他部门发生联系,沟通也就必不可少。沟通的目的不是谁输谁赢的问题,而是为了解决问题,解决问题的出发点是公司利益,部门利益服从公司利益。

部门内的沟通也很重要,下属工作中的问题,下属的思想动态,甚至下属生活上的问题,作为主管你需要了解和掌握,去指导,去协助,去关心。反之,对于你的上级,你也要主动去报告,报告也是一种沟通。

四、培养下属的能力

作为一个主管,培养下属是一项基本的,重要的工作。不管你所领导的单位有多大,你要牢记你所领导的单位是一个整体,要用团队的力量解决问题。很多主管都不愿将一些事交给下属去做,理由也很充分。

交给下属做,要跟他讲,讲的时候还不一定明白,需要重复,然后还要复核,与其如此,还不如自己做来得快。但关键的问题是,如此发展下去,你将有永远有忙不完的事,下属永远做那些你认为可以做好的事。

让下属会做事,能做事,教会下属做事,是主管的重要职责。一个部门的强弱,不是主管能力的强弱,而是所有下属工作的强弱。绵羊可以领导一群狮子轻易地去打败狮子领导的一群绵羊,作为主管,重要职责就是要将下属训练成狮子,而不需要将自己变成狮子。

五、工作判断能力

所谓工作能力,个人以为,本质上就是一种工作的判断能力,对于所有工作的人都非常的重要。培养一个人的判断能力,首先要有率直的心胸,或者说是要有良好的道德品质,这是工作判断的基础。对于世事的对错,才能有正确的判断,才能明辨是非。

其次,对于你所从事的工作,不管是大事,还是小事,该怎么做,该如何做,该由谁做,作为一个主管,应该有清晰的判断,或者说是决断。其实工作的判断能力是上述四项能力的一个综合,主管能力的体现是其工作判断能力的体现。

六、学习能力

当今的社会是学习型的社会,当今的企业也必须是学习型的企业,对于我们每个人也必须是学习型的主体。学习分两种,一是书本学习,一是实践学习,两者应交替进行。你只有不停地学习,你才能更好更快的进步,才能跟上赶上社会的发展。走上社会的我们,要完全主动地去学习,视学习为一种习惯,为生活的一种常态。

学习应该是广泛的,专业的,管理的,经营的,生活的,休闲的,各种各样,都是一种学习。未来人与人之间的竞争,不是你过去的能力怎样,现在的能力怎样? 而是你现在学习怎样,现在的学习是你未来竞争的根本。

七、职业道德

智慧的缺陷可以用道德弥补,但道德的缺陷无法用智慧去弥补。对于工作中人,不管是员工,还是主管,职业道德是第一位的。这就好比对于一个人而言,健康、财富、地位、爱情等都很重要,但健康是"1",其他的都是"0",只要"1"(健康)的存在,个人的意义才能无限大。

职业道德对于工作的人而言,就是那个"1",只有良好的职业道德的存在,上述的六种能力才有存在的意义,对于公司而言,才是一个合格之人才。职业道德不等同于对企业的向心力,但作为一个员工,作为一个主管。

不管公司的好与不好,不管职位的高低,不管薪水的多少,对自己职业的负责,是一种基本的素养,是个人发展的根基。"做一天和尚撞一天钟",只要你在公司一天,就要好好地去撞一天钟。

所以,不管是作为一个员工还是一个主管,职业道德要放在第一位,对自己职业的负责,是一种基本的素养,是一个人发展的根基。作为一个主管当你拥有良好的职业道德之后,上述六种能力才有存在的意义。

领导力－－人生成功的核心关键!

人生起点是激情,有了激情,做出承诺,采取负责任的态度欣赏身边的一切,心甘情愿的付出,信任他人,开创共赢的局面。这些过程会增添更大的激情,从而感召到更多的人参与,创造更大的可能性。因此,九点领导力是人生成功的重要素质。其主要内容包括激情、承诺、负责任、共赢、感召、欣赏、信任、付出、可能性几个方面。

激情:激情产生的原因是出于真我价值,它的出发点是自我的自由选择,它外在的表现形式是活出真我。激情是一种生活态度,真我的自由的人生态度,它是精彩人生的原动力。

承诺:承诺的实质是自律,因为别人相信你的承诺是基于你的诚信。为此,最有能力实现承诺的,是我们自己。任何承诺看起来是对别人承诺,本质上还是在为自己,承诺于自己的自律。承诺是人与社会与他人交往之本,是自己的立身处世的品牌。

负责任:负责任是一种心态,对待事物或者生命的心态;自己是责任的主体;自己的行动都是自己自由选择的结果,自己的过去、现在以及将来都是自己选择的结果,故应对自己的选择负责,为现在所得到的一切负责。尤其赞同你在一件事情上有多负责任,意味着你在这件事情上有多大的影响力,当我们主动承担责任时,自己就成为事件的主体和领导者,我们的行为理所当然影响事件的进展,从而发挥它的影响力。

共赢:共赢是现代社会最佳的合作模式,也是实现自我价值最佳的平台之一。它是一种心态,积极的心态;是一种取向,实现自我的、高远的价值取向。心中有气度的人,才有共赢的心态,以尊重为出发点的人才可能实现共赢。而对外在环境和他人的体谅则是共赢的表现方式。

欣赏:欣赏是一种积极的心态,是展现对别人的肯定,欣赏可以激发出他人的内在力量,同时收获别人的激情和投入。发自肺腑的欣赏是因为爱,欣赏的出发点是珍惜所拥有的一切,欣赏的表现方式是接纳。同时,欣赏是一种由衷的赞美,是分享对方优质资源的最好方式,是得对到方承认的最佳途径;欣赏是一种能力,更是一种胸怀。

信任:信任跟别人无关,信任与自己有关,当我们任凭别人时,主动在我们身上,敢于信任对方是基于心中的无惧,信任的表现方式是放弃控制,信任别人就是相信自己的结果。因此,信任取决于自己,只有自己才能决定是否信任、决定因为什么理由而信任。信任的实质是对自我的肯定。

付出:付出是一种开放的心态,一种为对方考虑的真心。同样,付出亦是基于心中的大爱,真正不计较回报的付出背后是有着深厚的爱和广阔的胸怀。

内向管理者的 5 个领导力技巧

在一般人的概念中,外向的人似乎更容易成功,尤其在商业社会中。如果你更愿意向别人敞开自己,你也会相应地拥有更多的机会。

对于创业者而言,如果你是内向者,就更为困难。因为你需要不断接触和抓住一切机会来推销你自己和你的公司,条件就是性格外向。另外,你又是老板,所以无论你是否想这样,你必须让你的生活或多或少的公开化。

即便如此,你能学习让你对独处的爱,以及敏锐的观察能力来助力与你。《内向的领导者》的作者 Jennifer Kahnweiler 在书中提供了几个有帮助的技巧,对于内向者如何使用他们与众不同的优势来让他们胜出。

1. 用独处的时间思考战略

你渴望远离众人的时间是有用的,如果你用这个时间来"成为更有自知之明,以及更清楚其他人的位置和动机,"Jennifer Kahnweiler 认为做这个的一个方法是用时间来更深入地思考其他人来自哪里,他们潜在的动机是什么,以及你如何影响他们或者帮助他们实现他们的目标。

2. 使用一对一的对话力量

对于他们内向者吓人的大会议,不是仅仅能让事情完成的地方。一般而言,他们不是最佳地方。根据 Jennifer Kahnweiler,"那些不是发生在一大群人中,而是远离工厂,或者会议室之外的讨论是更有效的。"它能帮助人们了解你,而且增家舒适程度,也能"解决问题,消解冲突,询问你要什么。"考虑把重点放在更小型的谈话上,这种谈话会成为一种强有力的力量。

3. 注意其他"安静的有影响力的人"是谁

当人们在不断地说,或者处于谈话的中心时,很容易会错过那些徘徊在边缘的安静的有影响力的人。这也是内向人在其中的优势。用你的高度成熟的观察技能去发现那些,不是说的最大声的,但是是那些"激发新想法,创建变化和挑战其他人的"的人。Jennifer Kahnweiler 认为这些人往往会有一些对于你的企业而言,最有趣的,成熟的想法和看法。

4. 确认你想改变什么

另一个花时间在观察上的益处是能确定,什么是真正阻止你的。Kahnweiler 的一个客户认识到他需要改变其他看他的方式,所以他从演员能力血虚技巧。"一天之内,他放慢他的呼吸,提高声调,增加眼睛与他人的接触。" Kahnweiler 认为他的做法可以帮助人们把他看做是一个"非常能干的,强有力的贡献者。"

5.最大程度地利用社交网络

今天你的物理存在只是你作为领导品牌的一部分。内向者可以更加自然地采用社会化媒体,在那里,其他人了解你和你在意分享的一样。建立一种健康的在线状态"也能帮助你实现那种,就本人而言很难获得的曝光率。" Kahnweiler 总结说,在微博上,毕竟没有人在意是否你在几个话以后,就舌头发紧。你只是需要将 140 个字符继续下去。

我不知道你是一个内向的人,还是外向的人。但是我们的性格很多是天生的,在不能改变的情况下,我们需要学习如何利用这些特点来实现自己的目标。

如何让下属愿意跟随你

高情商的领导相对于已有的职位权势和所掌控的物质激励,往往更喜欢从影响力入手。因为一个领导对下属的影响力,决定了团队的战斗力和凝聚力。

那么如何提升领导对下属的影响力,让下属心甘情愿的跟随领导;从情商领导力五个系统之一的同理心角度给大家几个方法。

第一:设定目标。

很多管理者说,目标都有啊。作为管理者,任何观念和方法都得在深入一步。而非浮于表面。目标每个企业都有。问题是你企业的目标和个人有什么关系?很多企业领导者发现,企业目标宏伟高尚。但是下属却提不起精神。为何?你再好与我没关系。我会跟随你?举个简单例子。

假设读者是位女生,甲与乙都向你求婚。甲说"我有 200 万存款,100 万的房子,30 万的汽车,我一年收入 50 万,你跟我吧"。而乙则说"我只有 100 万存款,但是只要你跟我结婚,钱都归你管;我只有 20 万的车,但是车给你用;虽然房子不大,但是只要你跟了我,产证一定加上你的名字;虽然一年收入只有 30 万,但是我会努力的。不仅对你感情专一,更要让你生活越来越幸福"。

各位，你会选择谁？我课堂上问过很多学员。几乎是无一例外地都选择乙，为何？甲很好，但是你对女生怎么样，没有表态。乙在经济方面不如甲，但是，女生跟了乙，他会有好处，也就是乙好他就好。

所以，各位领导者，如果你希望下属跟随你，首先要注意。以后的任何目标不要自顾自说。而是要把企业目标和下属目标结合起来，一旦形成共赢价值链，那下属的主动性自不必说！

第二：换位思考下。

如果你是一个下属，当老板告诉你开会不能开手机的时候。老板自己的手机却在开会时铃声大作，你会作何感受？其实是一样的。给大家个例子。

甘地被称为印度"圣雄"。一次，一个妇女带着小孩子来找甘地，说，孩子很喜欢吃糖，家长说他不听，他只听甘地的，所以就走了很远的路过来，希望甘地教化他的儿子。甘地听完后说，一周之后来找我。一周之后，当妇女带着孩子来的时候，甘地摸了摸孩子的额头说，不要吃糖，吃糖对牙齿不好。然后示意妇女可以了。妇女很生气，说既然这么简单的一句话，为何还要等一周再来。一周前为何不讲。甘地轻声说道，因为一周之前，我也在吃糖。

君子之德风，小人之德草，草上之风，必偃。作为一个领导者，哪怕你的权力再大。如果不能以身作则，要期望得到下属长期的跟随和认同，也是不可能的。

所以提醒各位领导者。下属不听你说什么，而是看你怎么做。如果希望下属能上行下效。那就好好努力吧，严以律己，才能其身正，不令而行。

第三：培训过这么多的企业，发现了一个问题。非常多的领导者不懂得情绪管控。一言不合，怒气相向。个别被我说道脾气大的领导，还自我麻醉地说道，就得骂，骂了下面人才长记性。我就毫不客气地说，下面人你骂了就长记性，就管用！何必花这么多钱上课？此话一出，领导顿时无言。

笔者专门做过调查。一个领导者的情绪会直接影响下属情绪。而几乎所有的下属，都不喜欢跟一个喜怒无常的领导共事。因为捉摸不透的情绪，总是让自己在工时战战兢兢。而我们发现，一个被下属认可和跟随的领导，绝大部分时候，都是个懂得控制情绪的人。

所以，作为一个期望提升个人影响力的领导。适当控制自己情绪，知道什么时候该用什么情绪。从而更好地去影响下属,因为张顾严总结,只有影响下属的情绪,才能影响下属的行为。

第四:如何提升对下属的影响力。

还有一点很重要。做领导的,尽量别"手贱"。什么叫手贱?,就是有事没事帮下属做事。插手下属正在做的事。许多领导对于工作的态度是,我厉害,我来做。殊不知,一个处处抢着做事的领导,一定会早就一批无能的下属。

而对于一个有上进心的下属,没有自己独立完成工作的机会,实际上是一种失败的表现。作为领导者,懂得适时适量的授权下属做事。也是一种很好的影响方式。因为一个优秀的下属,总是会珍惜一个不断提供挑战自己成长自己机会的领导。

所以,我们发现,作为一个领导者。如何让下属跟随你,其实并不难。换位思考,站在下属角度看看。如果你是下属,你就会知道什么样的领导是你特别想跟随的。

领导者必须修炼自己的影响力,让下属愿意跟随你。因为情商领导三要素第一点就是要有跟随者。记住一点,团队效率永远大于领导个人。同时,一个发自内心跟随你的下属,会主动积极地为团队创造更多更大效益。

第五节　成为优秀的直销领导人

首先我们先来了解领导人的定义

何谓领导人?

我们说领导人是指率领并引导众人朝着一定方向前进、用自身行为影响他人的人。在计划经济时代,领导人的要领是一个固定的模式,即领导人主要由上级任命,领导岗位由单位编制限定,很多有才华的人受体制制约,没有机会担任领导职务。但在新的社会变革中,对领导人的认识有了更为深入和开放的理解,只要能够率领、引导和影响别人的人都称之为领导人。

那么为什么要成为领导人?

我们说成为领导人,是自我价值的充分体现;成为领导人,是团队成功的标志；领导人肩负着团队成功的使命。领导人的成功已不再是个人英雄式的自我成功，而是他所带领的团队的成功，团队的成功才是真正的成功。在任何行业，成功者的背后一定有一支强大的团队。世界前首富保罗盖帝曾经说过："我宁用100个人每人1%的努力来成功，也不要用我个人100%的努力来成功"。直销不仅看重你个人的力量和个人的成长，更看重你带领团队的力量和团队的成长。依靠个人的力量成长是有限的，而依靠团队的力量，带给你的成功将是无限的。

提升领导力

领导力是指一个人的领导能力。要想成为率领千军万马的领导人，就要想方设法挖掘自身作为领导人的潜质，即培养领导能力。每个都能成为领导人，每个人都需要具备领导能力。在通往成功的道路上，提升领导力是每个直销人都应加强的自我修练。

领导人的定位

事业的引领者

真正的领导人都是那些眼光超前、成功欲望强烈而又脚踏实地工作的人，他们凭借自己的人格魅力和专业实力赢得他人的信赖，使很多人愿意团结在他们的周围。他们深知表率的作用，要求别人做到的自己首先要做到；他们懂得沟通的重要，深入底层做基础工作，通过真诚交流，达成思想观点的一致；他们更能在别人迷茫、消沉、全然无知的时候，看到希望、指出方向并积极地去行动，带领众人走向成功。

团队的服务者

对于直销事业的领导人来说，团队成员的成功才是真正意义上的成功，团队目标的实现才是个人价值的体现。关爱每一个消费者，帮助每一个合作伙伴，教育并激励每一位领导人是我们自始至终要做的事。为团队服务就是为人民服务，如果没有服务意识，把团队成员看成是增加业绩和赚钱的机器，甚至让团队违规操作，大量囤货或低价抛货时，你将会失信于民，自毁长城。服务蕴含着爱心，服务凝聚着人气，服务体现着与时俱进。直销领导人应是重视服务、乐于服务、善于服务的领导人。

终身的学习者

我们知道，市场经济带给人们的最大改变之一就是竞争加剧，企业与企业之间的竞争实际上是人与人的竞争,而人与人之间的竞争便是学习力的竞争。生命不息,学习不止。知识经济时代,领导人只有树立终身学习的观念,并在实践中身体力行,通过学习不断地自我超越,才能跟上时代的步伐。只有通过不断的学习,才能增长知识、更新观念、提升能力,最终成长为卓越的领导人。

领导人应具备的基本素质

善于思考

成功是正确思考的结果。人与人之间没有本质的差别,他们的差别在于思维方式的不同。成功的人总在思考"怎样改变才会比现在更好";失败的人总在思考"怎样做才能维持现状"。21世纪,成功不仅需要努力和勤奋,还需要正确的策略与方法,而正确的策略与方法起源于思考,思考来自于观察和学习。善于思考表现在以下几个方面:

提问与回答

思考就是提问与回答的过程。提问是关键。有了好的提问,才能产生好的答案,才能完成一个好的思考过程。成功的人之所以工作更有效率、事业更成功,是因为他们更善于提出帮助自己达到成功的问题。一般人经常问自己的问题是:每月工资够不够花?会不会下岗?会不会得病?做营销我行吗?等等。成功者问自己的问题则多是:人生的目标是什么?团队的目标是什么?如何才能更增强自己的吸引力和凝聚力?一年后要实现什么目标?五年、十年?大部分人之所以不能成功,是因为他们从来不愿意去思考,自然也就不会有改变。

系统思考

任何事物都不是孤立存在的,它的产生与发展都与周围的其他事物有着千丝万缕的联系,而且这些事物的本质常常隐藏在纷繁复杂的现象之下,领导人要善于运用普遍联系的观点透过现象看本质,这样才有利于发现问题、认识问题、解决问题。系统思考可以运用六种思考方法,即善用"六项思考帽"。1. 白色思考帽:中性、客观的思考,尊重事实、数据、信息本身,不夹杂任何结论和个人看法。常用于了解新事物、进入新领域之初,是思考的开始。2. 红色思考帽:是关于情绪、感觉和非理性的思考方法。常用于沟通、分享和讨论中。3. 黑色思考帽:是所有思考帽中使用最多的逻辑性思考方法。它强调谨慎,可以阻止我们去做不合法的、危险的、有妨害的事情。常用于做决定、解决问题和情绪不好时。4.黄色思考帽:积极的思考方式,注重价值、利益和事情的下面效应。多用于面对困难、挫折、负面影响而寻找解决方案时。5.绿色思考帽:创造性的思考方式,强调新的想法和看待事物的新方式。它要求我们从旧观念跳出来,发现更好的想法。6.蓝色思考帽:强调控制,起指挥和监督的作用。可用在自我管理和团队管理中。

从正反两方面思考

任何人任何事都有他的两面性,优秀的领导人都是善于从正反两方面看问题的人。这样才不至于犯盲人摸象的错误。任何人都有优点和缺点,任何事物也都有积极的一面和消极的一面,清醒地认识到负面因素的存在,做到心中有数,以便用人时扬长避短,解决问题时趋利避害,找到最佳方案。

换位思考

换位思考是在处理人际关系中最常见、最有效的思考方式,也是在团队工作中要不断倡导的思考方式。团队是一个非权利性组织,在人与人相处的过程中,由于各自的家庭背景、教育水平、道德水准各不相同,导致理解能力、处世方式大相径庭,基于此种原因,当工作中出现矛盾或发生意见分歧时,多从对方的立场出发,站在对方的角度考虑问题:如果我是对方,我会怎样(想)?如果我是一个旁观者,又会怎样(想)?善于换位思考的人在处理问题时,多从三个不同的角度认识事物:对方、我方、群方。

坚定的信念就是力量

坚定的信念来自充分的自信和对事物的正确判断,信念可以创造奇迹,变不可能为可能。作为团体的领导人,一定要有坚定的信念。这种信念表现在你的精神上和行动上,并且时时刻刻影响着团队中的每一个成员。

信念与相信的区别

1.相信:是对已经看到、听到、感受到的事物的确认,相信来源于事实。

2.信念:是对没有看到、听到、感受到的事物的相信。坚定的信念所产生的力量可以支撑一个人战胜道路上的一切艰难险阻。成功的原因只有一条:我要成功。不是想成功而是一定要成功!它的潜台词就是:我要成功,我相信我能成功,尽管我现在还不够成功,但我坚信在未来,我一定能成功!

信念的重要

知识抵不过能力,能力抵不过素质,素质抵不过精神,精神最终抵不过信念。

正确的心态

著名的成功学家一致认为所有人生的内容都是由这个人的心态所决定的,并断言:"心态决定一切!"人能改变心态从而改变自己的一生。

积极的心态

积极的心态产生积极的思想和行为,积极的人像太阳,走到哪里哪里亮。消极的心态产生消极的思想和行为,消极的人像月亮,初一、十五不一样。积极的心态决定积极者在沙漠中看到绿洲,对于每一个问题都有答案;消极者即使在绿洲也会看到沙漠,对于每一个答案都会有问题。积极者会想:这件事或许有点困难,不过不是不可以完成;消极者则想:这件事虽然有可能完成,但是实在太难了。由此可见:心态不同,结果不同。

忘我的心态

忘我的人是精神境界最高尚的人。忘我的人最终得到极大的"自我",不忘我的人最终失去自我,这种忘我的具体表现就是用真心去付出,而付出的本质就是服务。为人民服务不是一句空话,而是成功的定律。毛泽东从一个普通的教员成长为国家的领袖,是因为他服务于全中国人民。在传统行业做上班族,你为什么很难成功,是因为你只服务于一个人,你的老板为什么会比你更容易成功,是因为他服务的人数比你多,他服务于社会。作为一个领导者,一定要有忘我的心态把自己定位于团队的服务者,当你真诚地帮助团队成员获得成功时,就是你成功到来的时刻。在忘我中实现最大的"自我"。

持久的心态

成功者都具有持久的行动力。没有人一步登天,每位成功者都能始终盯准目标,在不屈不挠的坚持中,使自己与目标越来越近。在团队中,成功属于那些目标不放松,持久坚持下来的人,中途放弃使你无法迎接更多的机会。选择放弃无非是两种原因:

1. 困难和挫折:困难和挫折不等于失败,放弃才是真正的失败。困难和挫折是每个成功者成长过程中必不可少的联合体。爱迪生在 1024 项发明中,仅灯泡的实验就做了几万次;史泰龙曾拜访了 1085 个制片人,最终才成为电影巨星;肯德基的创办人,在 65 岁时才开始个人创业。所有大成就者都是大梦想者,也是大磨难者,你遇到 100 次"不"了吗? 你要想成功,不要把眼光盯在困难和挫折上,要放在梦想和目标上。

2. 与合作者合作不愉快:当你遇到一位不称职的领导时,不要放弃。唯一正确的方法是提升自己,完善自我。放弃不会对别人造成损失,对你却是100% 的损失。只要明白是为自己做的道理,就不要把目光盯在合作者身上,要把目光始终锁定在自己的梦想和目标上,更加努力的学习,迅速地成长,一切都会改变。

高尚的品格

高尚的品格是个人和团队的力量源泉,是世界上最强大的动力之一,也是领导人最根本的素质。高尚的品格表现在一个人的方方面面,体现在生活和工作的点点滴滴,它的魅力在于最大限度地满足了日常生活和工作的需求。品格的高尚与文化知识、地位权势没有必然的联系。

正直

正直是领导人应始终坚持的做人根本,只有行得正,才能立得稳。永远做正直的人,永远做正确的事。做正直的人就是做一个坚持原则、尊重科学、实事求是的人;做正确的事意味着做代表团队大多数人利益的事,即个人利益服从团队利益。正直的领导人都是道德水准较高的人,他们为人处世表现的正气能够影响到团队的每个成员,在他们的周围,歪风邪气难以存活,是是非非自然减少。

诚信

团队管理的先决条件是领导人做人成功,而做人成功的关键在于诚信,为人真诚,信守承诺。一个诚信的人,便是一个值得信赖的人,这种信赖感,会让一个人像磁铁一样吸引周围的其他人。你让别人感到放心,别人才能对你放心。在市场不断规范、消费者趋于理性的情况下,客户是吸引来的,任何一位新客户,为什么会购买我们的产品、加盟我们的事业? 很多人可能会说:因为产品好,事业好。但在一切还未开始、产品和事业均未给他带来什么好处时,是什么首先吸引了他? 一定是对你的信任,对你人格的认同,这就是人格的魅力。由此可见领导人要注重自己的人格修养,用人格的魅力吸引人,用品格的力量管理人。

尽职尽责

领导人应具备的能力

学习的能力

造梦的能力

激励的能力

凝聚的能力

如何培养自己成为领导人

先做跟随者

所有领导人都是从随者做起,要想获得领导人的地位,必须先被别人领导,做一个好的跟随者。在跟随的过程中有两个原则:第一是尊敬,第二是推崇,尊敬那些先行一步的领导人,推崇那些德才兼备的成功人士。要做到随时随地展示给别人的都是积极的一面。成功的动作要做到位:积极的、正确的往下说,消极的东西要在你这里截止。

拥有成功者的形象

自我任命和训练

不断增强专业实力

有较强的吸引力

做解决问题的高手

"每个问题都有两个方面:即问题本身和解决方案。重要的不是发生了什么问题,而是如何解决它,发生什么事情并不重要,重要的是采取什么行动。当你遇到问题时,要把注意到放在问题的解答上,建议你至少想出 10 个解决问题的方案,这样,一切问题都会慢慢迎刃而解,你也就会从问题本身解脱出来。遇到问题千万不要去想问题本身,否则会让你情绪低落、失去信心。问题是让人来解决的,直销领导人要成为解决问题的高手。"

第六节 直销领导者的九项规则

领导者是可以观察的,可以总结的,可以解释的,很多做法也是可以模仿的,可以评估的。参加 ASPEN 领导力项目还有其他的一些领导力分享活动,汇总当下在全球领导力分享中的一些关键规则：

1. 领导者负有发现行动切入点的责任,但是平衡性往往是领导者能够带领团队前进的关键,因为组织具有多维度的特点,单一的行动可以推动前进,但也可能导致组织力瓦解；

2. 通常我们要求领导者具有提出目标并推行目标的能力,同时也需要高度强调领导者使用耐心沟通的方式去赢得共识的能力；

3. 赢得共识的一个核心方法是分享信息与知识,形成基于共同知识根底的基本判断与发展愿望；

4. 尽管团队共识非常重要,允许不同意见依然非常重要,尤其是对于有其自己的事实与信息依据的不同意见；

5. 允许尝试与允许失败,并且提供跟随实验与及时总结的检测与反馈机制,创新计划被接受既需要人才准备,也需要慎重发现问题,因此实验性的尝试就成为必要；

6. 规模团队出现不同意见非常正常,在还没有出现歧义的时候就为可能出现的不同意见提供沟通规则与解决歧义走向行动的程序；

7. 为团队行动提供系统规则,领导者模范地为违规现象的出现承担领导责任,避免使用违反规则的方式争取对自己有利的局面,违规需要付出重大的道义代价；

8. 重视方法论建设与赋能行动,在出现新问题与困难局面的时候,领导者在探索解决方式与进行能力建设方面负有核心的责任,系统与持续的能力建设方案成为对于领导者的挑战与要求；

9. 从主导者到主持者,主导者赋予自己全能与异能,假定自己比他人高明,要求他人的高度服从,而主持者强调团队整体潜能的发挥,假定最大的团队能量是发挥团队成员的整体积极性,发挥自己的引导而非绝对主导的作用,可以施加压力,但并不以自我的优势自居。

第九章　揭秘直销的生命力密码

第一节　直销带团队的五项能力

带好一个团队难,能保持一个高效的团队是更难的。特别是在一些中小企业、网络团队中,提供的物质、精神激励的可用资源很少,这对一个经理人的基本能力提出了更高的要求。以下是五项能力,供参考。

一、要有超强的情绪管理能力

很多人存在这样的问题,他不仅不能很好地影响团队,反而很容易被团队的负面情绪影响,被同化,被改变,甚至行为上表现出来。一个领导者如果一不小心做出这样的负面行动,对团队士气是最大的打击。

一个领导要有能很好地控制自己的情绪,特别是那些负面的情绪的能力。失落、愤怒、大喜、大悲等,这些负面情绪是影响自身能力发挥、击倒团队士气的杀伤性武器。

上品人是根本就不生,中品人是很快就能调回,下品人是被这些情绪所牵引且做出不当的行为。你要牢牢把握住你的方向与目标,这些情绪都应当成过眼烟云,不要体现在情绪上更不能产生不当的行动。有志于成就经理人的朋友们,一定要要注意在平时修习、锻炼情绪管理能力。

二、要有较强的做事能力

领导者还需要有较强的做事能力,在团队中逐渐树立自己的权威。我们知道权力除了公司授于你的,还来源于其他方面。其中权威多与自身努力有关的,位置是干出来的,不是别人给你的。权威来源于哪?来源于较强的做事能力,让大家信任你、服从你。你需要在你的工作领域内通过实干逐渐树立起权威。

　　我们每个人都各有专长,并不可能在所有的方面都具有权威,我们也不能要求经理人是全面通。不过,我这里说的很直接,就是在你的团队内部、你的业务领域具有强的做事能力。让大家觉得可靠、可信,愿意服从。只在具备了这样的能力,才能具备带动团队士气的基本条件。

　　三、要善于与团队成员进行沟通

　　请记住,真诚是团队信任的基础。要有语言沟通能力,要锻炼之方面的技巧。沟通什么? 沟通与我们的团队发展有关的,能鼓励团队的。成员能力与认识参差不齐,有的人只看眼前,有的人眼光比较长远,有的人急功近利,有的人淡泊名利。

　　要有能力与不同角度、不同层次的人进行沟通。毕竟我们知道一条硬规则,那就是只要团队成绩好了,所有的人都能受益,都会得到各类回报,要晓之以理,不是去忽悠谁,利用你的经验、认识去培训、沟通,最终达成一致。

　　四、要有识人用人能力,以人为本

　　要尊重每个成员,真诚对待他们,把他们当成你的朋友。要为每个成员提供发挥其作用的机会,人尽其能。要有识人能力、量才而用。我们既不能任务导向,也不能结果导向,这些都是应以人本为基础的。

　　对一个不具备能力的人委以重任,即可能因为他的能力差,对团队成员、对他自己都会产生不良后果。而对一个有能力的人弃之不用,就会造成浪费,而且不能调动积极性。一定要小心那些夸夸其谈,但是实际能力不够的人,这就是我们常说的“砖家”,砖家害死人,我们提倡实战且能实际做事的人。

　　五、要有良好的人格、善于做人

　　德是第一位的,要在行事、言谈、行为上符合基本道德准则。这是人的基本的修养,得道多助、失道寡助,一个没有德的领导,你很难想象大家会愿意跟随这样的人一起做事,怎么可能会产生士气? 人之所以区别于动物,主要就是德,要会做人。不会做人,就不可能做好事,更不具备做好领导的条件。

　　六、要学会赞美

　　赞美是鼓励团队士气的一把钥匙,人无完人,但是人又可能各有所长,总有值得大家赞美的地方。赞美也是自身高尚人格的体现,那些不愿意赞美别人,自以为是的人,实际上都是本身就具备看不起人的臭毛病。赞美实际上是自身修养的一个体现,只有这样真诚的赞美,才这仍然是经理人修炼所需的必修课。

系统领导人的七种角色

把简单的事情复杂化是件容易的事,生活中这种人很多;把复杂的事情简单化则是一门学问,系统领导人必须具有这种功力。功夫下得深,铁棒磨成针。系统领导人的工作,简单地说就是做好七种角色:

角色一:司机——把握方向,设计旅程。首先要把握好方向。作为系统领导人,从一开始就要为团队把握好方向,差之毫厘,谬以千里,一旦偏了就回不来了。定准了方向,脚踏油门,才能迅速前进,最后直到终点。团队要做大,工作就要做深,因为根深才会叶茂。职业和事业内涵是完全不同的,领导人要有建立大丛林的概念。有了大丛林,就有大森林,但要注意虫灾、火灾——时时记住在发展过程中不断地盯着前方不偏向,不要左顾右盼。

其次,要做好设计者的角色,设计出最佳旅程。直销团队发展起来,大团队中有小团队,每个团队领导都是司机,你给司机一个指令,他怎么走可以有多种选择:高速公路、国道、乡间小道……我们有的团队康庄大道不走,走的是荆棘小道。系统管理工作中,最怕领导人把旅程设计错了。比如有一些领导人自己就不融入系统,刚开始凭借个人的魅力去做,取得一些小成功,自我感觉很不错。但做着做着就不行了,为什么?刚刚学会一点走,马上就想飞,这行得通吗?对直销来讲,必须复制正确的程序。一个领导人要擅长观察、模仿、复制,做到百分之百复制,程序在任何一个地方出现问题,整个系统会产生多米诺骨牌现象,一排排倒下去。

角色二:指挥家——整体布局,协同作战。系统领导人能力的高低对于成长是至关重要的。很多朋友曾经在各自的领域里取得非常骄人的成绩,那只代表你的过去。这个世界不断变化,如果我们只凭过去的经验做事,那就会如鲁迅《狂人日记》里的九斤老太:"哎,一代不如一代。"

指挥家有两种:一种是战场的指挥家。当你的团队大了时,你肯定不能冲到第一线做基础工作,而是要像战场上的指挥家,有着明确的时常布局、人才架构和周密的行动计划。

另一种是乐团的指挥家。直销团队成员来自各个阶层,每个人都不是独奏,是在一起合奏。做乐队指挥家真正的奥秘是"倾听",然后是"分辨":乐队奏的是高八度还是低八度,一听就分辨出来了。很多人在长不出庄稼的盐碱地猛施肥,就是不懂分辨。

有了倾听、分辨的本事外,就是调度了,要为自己的团队建立核心圈,懂得授权。什么样的人能进入核心圈?对直销业来讲,是有企图心、有梦想又有时间的人。核心圈是桥梁,是纽带。领导人要有很强的组织意识,直销行业是松散合作,松散合作的团队主要是把业绩创造出来。核心圈若能自己组织的话,作为领导人根本就不用管。这要求有很强的培训。一个核心圈的人能不能成为领袖,就看他能不能培训、演讲,学、做、教,三者缺一不可。一般来讲,新人进来,前三个月要百分百沟通;后三个月,半沟通半管理;六个月后,用80%的时间进行管理。

角色三:陀螺——快速旋转,中心带动。陀螺不是钉子,它是高速旋转的。作为领袖,一定要有一种气势,一种以身作则的超级带动能力,用气势带动大家迅速行动。

陀螺不停地旋转,作为系统领导人,要学会流动办公。团队的成长是看领袖的推动力,如果领导人没有一种气势,你的团队发展就很慢。因此,要成为成功的领导人,首先就得强化训练自己,模仿成功的领袖,不妨为自己写下一个公式:学着说、照着做、跟着走。别想着先拥有,而要先去付出。

角色四:教练——了解队员,制订方案。系统管理工作有一句话:不做错误的示范给下属。我们很多领袖为什么会出问题?因为角色扮演错了,很多人变成保姆,凡事亲力亲为,表面上是对下属不放心,其实是对自己不自信。如果你是当教练的,就一定不愁找不到人才。我们要打造的是鹰一样的人才,操练鹰一样的队伍。鹰没有危险的时候不会飞翔,人也一样,没有压力的时候他不会动。一个领导人,不能把下属培养成鸡一样的个人,带出鸭一样的团队。

教练有四项工作:一是了解队员,制订方案,引导成员穿越屏障,挑战极限;二是监督执行方案的状态;三是纠正方案执行中的错误;四是再度制订新的方案。

角色五：导演——修改剧本，再创辉煌。系统领导人要导演好人生剧本。中国人喜欢大团圆结局，一幕戏有没有美好结局，关键看在第几幕转换角色。作为系统领导人，你除了改写好自己的剧本，还要改写别人的剧本。我没有走我妈为我设计的道路，重新改写了我的人生剧本，先导演自己，然后再去导演别人。我导演别人的时候，做了一个樵夫的工作，把很多"不可能"砍掉。船靠什么固定？是锚。启航如启锚，改写人生剧本的第一步是找到心锚，每个人都有心锚，了解你的核心圈人的心锚，不断地拉动心锚，一艘生命航船就开始启航了。

角色六：垃圾桶——化解消极，再接再厉。这个意思有两层，第一层是要有承受力，能够承受失败。不怕失败的人，才可能成功。反过来，如果怕失败，你已经失败了。佛教认为，成为人本身就是失败。人的第一声啼哭为什么那么强烈？因为你来到了艰难的世界，如果你是佛，你就不会来到人间。想想吧，曾经多少人红极一时，现在怎么样？世界上没有永久的英雄，更没有永久的狗熊，失败是成功的蕴育。第二层意思是帮助别人把"垃圾"倒掉。我们销售的是两种东西：一种卖快乐，处于底层者，卖快乐给他——反正不会比现在更糟；一种是卖痛苦，成功人士卖痛苦给他，让他有忧患意识——我们崇尚的不光是有钱，还要有闲。做这种"垃圾桶"要有一种心胸，帮助别人把思想上的垃圾倒掉，告诉对方，有再大的难处，再大的痛苦，我可以帮你解决，并鼓励他一直坚持到底。

角色七：指导员——协调矛盾，处理纠纷。直销团队的成员来自各行各业，他们有不同的行为习惯，不同的个人修养，不同的文化背景，不同的性格特质，在共同的工作中，难免会出现这样或那样的偏差，会产生形形色色的矛盾。优秀的系统领导人会像指导员一样，做过细的思想工作，消除矛盾，做解决问题、处理纠纷的高手。

不必把系统管理工作看得多么难，系统领导人只要认真扮演好以上七种角色，团队就会在有序的管理中快速成长。军队是最富有战斗力的，军队的基础练习是：齐步走！一、二、三、四……周而复始。系统管理工作也是如此，系统领导人如果能够把重要工作串成一条线，未来定如阳光般灿烂，人生定如宝石般耀眼。

第二节　直销要掌握的六种管理工具

作为领导无论你是如何进行管理的，或者你有着怎样独特的管理风格，这六种管理工具你都必须要掌握。

管理工具一：SWOT 分析法

　　Strength：竞争优势

　　Weakness：竞争劣势

　　Opportunity：机会

　　Threat：威胁

　　SWOT 分析法又称为态势分析法，用来确定企业自身的竞争优势、竞争劣势、机会和威胁，从而将公司的战略与公司内部资源、外部环境有机地结合起来，帮您清晰地把握全局。

　　优势与劣势：SWOT 方法自形成以来，已逐渐成为战略管理和竞争情报的重要管理工具，分析直观、使用简单是它的重要优点；但正是这种直观和简单，使得 SWOT 管理工具不可避免地带有精度不够的缺陷。

管理工具二：PDCA 循环规则

　　P（plan）计划，包括方针和目标的确定，以及活动规划的制定。

　　D（Do）执行，根据已知的信息，设计具体的方法、方案和计划布局；再根据设计和布局，进行具体运作，实现计划中的内容。

　　C（check）检查，总结执行计划的结果，分清哪些对了，哪些错了，明确效果，找出问题。

　　A（action）处理，对检查的结果进行处理，对成功的经验加以肯定，并予以标准化；对于失败的教训也要总结，引起重视。对于没有解决的问题，应提交给下一个 PDCA 循环中去解决。

　　PACD 循环是能使任何一项活动有效进行的一种合乎逻辑的工作程序，任何一项工作，其实都是一个 PACD 循环，都离不开"策划－实施－检查－改进"的 PDCA 循环的管理模式，PDCA 管理模工具的应用对我们提高日常工作的效率有很大的益处,它不仅在质量管理工作中可以运用,同样也适合于其他各项管理工作。

管理工具三:6W2H 法

Which:目标,对象(公司选择什么样的道路? 公司选择什么样的产品?)。

Why:原因,理由(为什么要选择这样的道路? 为什么不能选择其他的?)。

What:功能,本质(这个产品的功能如何? 它能满足哪些客户和人群的需求?)。

Where:场所,地点(选择在哪个地点,为什么偏偏要在这个地方? 换个地方行不行?)。

When:什么时间做什么事情。

Who:责任单位,责任人(这个事情是谁在干? 为什么要让他干?)。

How to do:如何做(采用哪种方法,还有其他更好的方式吗?)

How much:价值(这样做性价比如何,有多少利润?)

对选择的任何目标(which)都可以对功能(what)场地(where)时间(when)人物(who)四个价值要素进行剔除、减少、增加、创造四个动作并围绕如何提高效率(how to do)这一永恒主题进行整合,进而产生不同的价值。6W2H 管理工具有助于我们的思路条理化,杜绝盲目性。

管理工具四:SMART 原则

Specific:目标一定要明确的(specific) 不能够模糊

Measurable:制定的目标一定是可以度量的

Attainable:一个目标必须是可以实现的,或者说经过努力是可以实现的。

Relevant:目标必须和其他目标具有相关性。即一切努力都是为了一个结果,而不是为了行动。

Time - based:目标必须具有明确的截止期限。

人们在制定工作目标或者任务目标时,考虑一下目标与计划是不是SMART 化的。只有具备 SMART 化的计划才是具有良好可实施性的,也才能指导保证计划得以实现。

管理工具五：时间管理四象限

A、重要且紧急：紧急状况、迫切的问题、限期完成的工作，你不做其他人也不能做。

B、重要不紧急：准备工作、预防措施、价值观的澄清、计划、人际关系的建立、真正的再创造、增进自己的能力。

C、紧急不重要：造成干扰的事、电话、信件、报告、会议、许多迫在眉睫的急事、符合别人期望的事。

D、不重要不紧急：忙碌琐碎的事、广告函件、电话、逃避性活动、等待时间。

优先顺序＝重要性＊紧迫性。在进行时间安排时，应权衡各种事情的优先顺序，要学会"弹钢琴"。对工作要有前瞻能力，防患于未然，如果总是在忙于救火，那将使我们的工作永远处理被动之中。

管理工具六：WBS 分解法

WBS 分解流程：目标→任务→工作→活动

WBS 分解的原则：将主体目标逐步细化分解，最底层的任务可直接分派到个人去完成；每个任务原则上要求分解到不能再细分为止。

WBS 分解的方法：

(1) 至上而下与至下而上的充分沟通；

(2) 一对一个别交流；

(3) 小组讨论。

WBS 分解的标准：

分解后的活动结构清晰；

逻辑上形成一个大的活动；

集成了所有的关键因素包含临时的里程碑和监控点；

所有活动全部定义清楚。

WBS 分解法以可交付成果为导向，它归纳和定义了项目的整个工作范围每下降一层代表对项目工作的更详细定义。它总是处于计划过程的中心，也是制定进度计划、资源需求、成本预算、风险管理计划和采购计划等的重要基础。

第三节　直销应避免犯的十八种错误

一、你不够自信

如果你连自己都不相信的话,那还有谁相信你呢?

二、你对自己销售的产品不自信

如果你连自己公司销售的产品都不相信是最好的,那你的表现肯定会很糟糕,我甚至会怀疑你从事这份工作的动机。

三、没有制定并实现目标,没有做出详细的销售计划

如果没有长期、中期、短期的计划来明确"自己想要什么"和"如何得到所想要"的话,你就不可能实现既定的目标。

四、你比较懒惰且对销售工作准备不足

作为一名直销人,如果不能自我激励和充分准备,你就永远超越不了自己。如果你内心没有强烈欲望的话,也不做任何前期的准备,你就永远没有成功的可能。

五、不懂得如何接受拒绝

很多时候别人并不是在拒绝你,而是拒绝你所销售的产品或服务。即使是拒绝你,那也是正常的,不拒绝倒不正常了,客户凭什么要接受你?

六、没有掌握关于自己产品的充足知识

任何销售,拥有丰富的产品知识之后,你才能把精力放在销售上。

七、没有学会遵守直销中的基本法则

简单点,每天去学点新东西吧!也就是多读书、听录音带、参加研讨会。

八、不能充分了解消费者,无法满足他们的需求

不懂得倾听和提问的直销人是无法真正去发现客户需求的。

九、不能随机应变

应对变化是直销工作的一大核心。有时候是产品的变化、有时候是市场的变化、有时候更是技巧的变化。既然唯一可以确定的东西就是不确定,那就想办法跟上变化吧!

十、没有遵守原则

好好想想直销该有的原则吧,打破规则只会让你惹火上身。

十一、没有团队精神

做直销永远不是一个人在战斗,而是一群人在战斗。

十二、过于拜金

有直销人把奖金作为做直销的唯一目的,从不考虑能为顾客提供什么帮助。

十三、没有遵守诺言

做不到这一点对你和你的公司来讲都将是一场灾难。而且你将无法弥补。千万不要犯这样的错误。

十四、没有建立长期关系

如果把钱看作是工作的唯一动力,只顾多拿佣金,你会变得无法真诚起来,懒于服务,最终走向失败。

十五、没有认识到勤奋带来工作的好运

看看你身边那些你觉得幸运的人吧,有哪一个不是勤奋取得了今天的结果。

十六、为自己的错误经常责备他人

承担责任永远是成功的支点,任何事情都是如此。承担责任的标准是勇于承担责任。

十七、缺乏耐心

记住,多数客户是在拜访十次以后成交的。你的拜访有十次吗?你在拜访几次后就放弃的?

十八、没有建立并保持积极的态度

当你的心态出现问题的时候,建议你走出去或者请进来,参加一些培训,比如:拓展训练,技能培训,直销行业必须要有积极的心态和恒久的坚持,只有这样的你的销售道路才会越走越远,祝愿每一位直销人永远健康幸福充满希望的和快乐的服务于每一位客户。

第四节　直销系统的建立

一、什么是系统

系统是成功的体系对你提供的常年不断的支持。有时我们也称书、录音带、各种培训会议、咨询领导人和所有传递信息的手段（包括互联网、传真、电话等），并且系统是个有机的整体。

二、系统的三大意义

1. 所有员工/顾客形成相同/相近的价值观。价值观是你判断失误对错的最后的标准。当老师要教导做正确的事，做正直的人。建立庞大的事业，需要庞大的团队，需要很多人长期拥护你，为什么？很简单两个字：信任。要做有智慧的事，少许下不能实现的诺言。

2. 团队形成相同的思维方式和行为模式，并且在长时间的实践过程中已被证实这个模式是成功的。想法决定做法，做法决定结果，不取决于能力，取决于思维方式。当兵：先训练行为方式，从而影响思维方式高度统一。做企业团队建设和影响顾客要从影响思维方式开始。先让心往一处想，然后劲才往一处使。

3. 复制一个成功的模式，可以为大多数人接受，具备简单、易学、易教、易复制等特点。统计数字表明个人创业成功率10年之内是1%。21世纪创业和失业是时髦的名词。不开创个人事业就等死，开创个人事业是找死，因为创业模式出了问题：

三、有"团队"，有"体系"，还不等于有"系统"

目前，有很多团队领袖，麾下从几万人到几十万人，人才济济，一呼百应，从而很容易陶醉于这种貌似美好的感觉之中，他们往往也给自己的团队体系起上一个"美丽动人"的名字，就自以为有了自己的系统，至于一个系统所必须的建设内容，大多未知其详。由于时间和精力所限，以及理论水平的限制，他们难以获得更大的突破，确实需要高人的指点。造成这种情况的原因，与直销系统团队长期依附于直销企业，自身文化没有充分觉醒，尚未表现出鲜明的系统文化有很大关系。有的系统即使仓促组建完成，由于时间还比较短暂,也还没有形成标准的系统文化模板,缺乏系统文化内涵,这种徒有虚名的"系统"如同一个先天不足的早产儿,仍然没有摆脱可能在一夜之间流产的命运。

四、一个完善的系统需要哪些内容来支撑

据我们了解,各路系统领袖中能够对系统建设进行系统的、周密的、细致的深入思索者还在少数,大多数基本处于头脑空白阶段,即使发表一些言论,也表现出感性大于理性、浮躁大于沉稳的心态。

同时,我们还要了解这样一个事实,直销理论界对于系统的研究也不太到位的,缺乏引人注目的研究成果。而在这方面,我们很早就投入专家群进行了系统地研究,并把它作为未来为直销系统提供有效服务的秘密武器。

我们认为,系统是一支直销团队的个性化打造,也是直销团队建设的文化升华和组织深化过程。一个完整的系统需要在核心领袖、系统干部、文化特征、可吸引度、稳定性、增长性等多方面做出系统化的建设,需要完成系统品牌战略规划、CI 导入(VI、BI、MI 等识别系统)系统包装、系统教育等系统工具流程建设等必备环节,最终将本系统的理念、使命、职责、价值观等系统文化中的各方面内容予以定型,这时才算得上是一个体格健全的"系统"。

构建系统应符合以下十大趋势特点:

第一,你所构建的系统是原版的,目标是成为公司中最大的、最好的系统;

第二,你所构建的系统是严格复制成功模式,保持咨询线的完整;

第三,你所构建的系统有责任感和使命感;

第四,你所构建的系统注重承诺,相互信任,建立紧密的个人关系;

第五,你所构建的系统提供最新、最丰富的咨询,启发和影响人们的思维方式和行为模式;

第六,你所构建的系统不硬性推销,要永远考虑消费者的需求和利益;

第七,你所构建的系统应以人为本,注重培训,全方位提升个人能力;

第八,你所构建的系统应有美好的愿景;

第九,你所构建的系统应专业化、集团化和产业化;

第十,你所构建的系统能够帮助每一个愿意努力的人,建立积极向上,团结友爱的合作团队。

当然,任何一个体系或者团队都有权决定其是否上升为一个真正的"系统",从而提高抵御市场风险的能力,逼近系统运作的成功。同时,系统领袖也有权决定系统建设的快慢速度和战略步骤。

附录 1：列名单、分析名单表格

姓名	性别	年龄	性格		职业是否危机	婚否	健康状况			是否要二胎	是否服用过保健品	三个认可			有企图心	热爱学习	有经济基础	交情好	下次见面预定时间	定位		事业型	
			内向	外向			孩子	自己	家人			直销	公司	产品	时间充裕						产品型	事业型	ABC成交	会场成交

214

附录2：增补名单表

姓名	性别	年龄	微信号	桥梁	场合	爱好	社团	需求分析					互动计划				感情度	微信关注	见面机会
								健康	家庭	孩子	经济	请吃饭	入社团	游玩	学习	入会场			

附录 3：会场邀约名单表

会议主题							
会议邀约目标							
会议类型							
会议邀约禁忌							
会议时间		会议地点		会议时长			
会议分配票数							
姓名	性别	电话	类别	微信推送	沟通意向	邀约结果	

附录 4：顾客产品服务跟进管理图

姓名		年龄		职业				介绍人	
健康问题		性别		经济收入				作息时间	
家庭住址				通讯号码		微信			
工作单位						电话			
办卡时间				办卡号码					

使用时间	补货时间	产品类别	使用数量	见证图片	入会场分享	转介绍	可开发计划	备注

附录5:

月 日成功行动图				我的行动格言是:				行动人签字:		
电话沟通名单	跟踪事业名单	服务关心名单	补配产品名单	暖身名单	邀名单	约名单	会议参加名单	学习内容	交流总结内容

月 日成功行动图				我的行动格言是:				行动人签字:		
电话沟通名单	跟踪事业名单	服务关心名单	补配产品名单	暖身名单	邀名单	约名单	会议参加名单	学习内容	交流总结内容

月 日成功行动图				我的行动格言是:				行动人签字:		
电话沟通名单	跟踪事业名单	服务关心名单	补配产品名单	暖身名单	邀名单	约名单	会议参加名单	学习内容	交流总结内容

月 日成功行动图				我的行动格言是:				行动人签字:		
电话沟通名单	跟踪事业名单	服务关心名单	补配产品名单	暖身名单	邀名单	约名单	会议参加名单	学习内容	交流总结内容

月　日成功行动图　　　我的行动格言是：　　　　行动人签字：									
电话沟通名单	跟踪事业名单	服务关心名单	补配产品名单	暖身名单	邀名单	约名单	会议参加名单	学习内容	交流总结内容

月　日成功行动图　　　我的行动格言是：　　　　行动人签字：									
电话沟通名单	跟踪事业名单	服务关心名单	补配产品名单	暖身名单	邀名单	约名单	会议参加名单	学习内容	交流总结内容

月　日成功行动图　　　我的行动格言是：　　　　行动人签字：									
电话沟通名单	跟踪事业名单	服务关心名单	补配产品名单	暖身名单	邀名单	约名单	会议参加名单	学习内容	交流总结内容

月　日成功行动图　　　我的行动格言是：　　　　行动人签字：									
电话沟通名单	跟踪事业名单	服务关心名单	补配产品名单	暖身名单	邀名单	约名单	会议参加名单	学习内容	交流总结内容

附录 6：（ ）掘金计划战略图表

启动/起步	类别	子项	定位	投入时间	收入高低	交情好坏	健康情况	家人意见	学习能力	年龄段	人脉如何	特长	可用资源	职业	交通工具
启动	分析 SWOT														
	六脉神剑	建立感情	请吃饭	社团交友	出游活动	朋友聚会		帮助他	不断见面	朋友杯羹	展示自己	吸引他	帮助他	会议运作互动	利益共享
		寻找话题	健康	收入	提升	事业	创业	游玩	交友	爱好	梦想	同龄人	成功者	另一半	孩子
		探求需求	健康	收入	提升	事业	创业	交友	摆脱困境	换个环境	梦想	超同龄人	渴望成功	给他找事干	做出榜样
		换角思考	健康	收入	找见证	成功者面	成功者说	入圈子	摆脱困境	换个环境	梦想	超同龄人	渴望成功	给他找事干	做出榜样
		利他舍我	用产品智慧含得智慧	帮助他	关心他	解决难题	入会场	家庭聚会	做梦想	参加会议	成功者见证	选对事业	给方法	入圈子	见证说明会

六脉神剑区说明：得到认同、吃产品、进会场学习、列名单暖身邀约；得到认同、快速起步、执行手册、不走弯路、八同成功、掘金完成。

起步	类别	子项	定位	投入时间	收入高低	交情好坏	健康情况	家人意见	学习能力	年龄段	人脉如何	特长	可用资源	职业	交通工具
	吃	服务类别	填健康表	仪器测试	出配方	补货表格	送货	电话追踪	微信互动	见面	记录见证	做见证	转介绍	入会场	成为会员
		服务内容	红笔勾出问题	逐项解释说明下危机	要标准详细、并有价格单、附上反应表	知道什么时间用完、用互指补货法则	当打开并服用一次	上午 11:00 或下午 5:00 左右	不断介绍产品专业知识、拉入自己的朋友圈	每道一次见面机会	不断的强化转化效果、用手机拍照记录	进入大会场，剪短做出自己的见证	做好背后客人的介绍工作	选择不同的会场提升所知识的积累	达成白金
	学	公司个人品和品质	公司产品及配方下载学习	辅助工具下载学习	单独完成网上操作	成功起步	列名单邀约	ABC 借力法则	销售与服务	基础推荐	目标设定	会议运作	绝对成交	市场运作规范	文化与理念
	做	5+1 会背	会搭配	会讲解	会订货	会讲解	会使用	会推荐	会运用	会推荐	设定目标	担任角色	会成交	会遵守	理解执行
		梦想图	每天十事	列名单	自动订货	暖身邀约					百万工具包			售后服务	
		打印上墙	坚持	填补分析	200 分	5-3-1 法则	好转反应表	产品使用跟踪表	价格单客服表	服用注意事项表	补货单	调理意见表	做见证	测试仪、500 强手册、调查表	书籍、报纸、笔、白纸、	147 法则
听	500 强		YY 讲座	每周三晚上 8:00—9:30	空中加油站			GoToMITING				针对性的选择		系统大会	
会	划出会说		基础培训会	每周 2 次会说	见证分享会		团队建设会					招商会		抢着说	
看	梦想真相		健康真相	健康问答	隐藏奇迹	财富第五波	吃出健康看智慧	不让沐醺咨询学员	故事营销	每周一次能说	梦想成真	直销一次能说	直销沟通很简单	直销心法 168	领导力 5 个层次	直销心法：手把手教直销
			划出会说		看懂引用		看懂引用	划出会说	看懂		看懂	看懂	会用	看懂	学习	看懂

220

附录 7：每周计划

本周主要任务：

星期一 日期：	星期二 日期：	星期三 日期：	星期四 日期：	星期五 日期：	星期六 日期：	星期日 日期：
8a	8a	8a	8a	8a	8a	8a
9a	9a	9a	9a	9a	9a	9a
10a	10a	10a	10a	10a	10a	10a
11a	11a	11a	11a	11a	11a	11a
12p	12p	12p	12p	12p	12p	12p
1p	1p	1p	1p	1p	1p	1p
2p	2p	2p	2p	2p	2p	2p
3p	3p	3p	3p	3p	3p	3p
4p	4p	4p	4p	4p	4p	4p
5p	5p	5p	5p	5p	5p	5p
6p	6p	6p	6p	6p	6p	6p
7p	7p	7p	7p	7p	7p	7p
8p	8p	8p	8p	8p	8p	8p
9p	9p	9p	9p	9p	9p	9p
10p	10p	10p	10p	10p	10p	10p
11p	11p	11p	11p	11p	11p	11p
12a	12a	12a	12a	12a	12a	12a

附录8：新人成长成功动作图

位阶	大树原理	恋爱原理	节点目标（关键词）	季度收入	学习内容 事业	学习内容 产品	学习内容 仪器	去做工作	教会内容	会场组织	时间周期	每天任务	注意事项
准备加入	选材定位	谈恋爱相亲	了解奖金制度					考核定位		会场组织			选择判断
会员	照顾成活	定亲	按时自动订货	第一季度白金收入4000元	微信	医学原理图	了解仪器和配方规律	呵护陪伴	入会场	早会和家庭聚会、网络学习会议、公司组织会议	2个月	每天十件事	陪伴呵护
				雏鹰计划	名词解释								
					葆婴唯一性								
					直销六段								
					工具百万包	sense 示范							
					破冰金三角	洗护示范							
					问题金三角	母婴示范							
					预防金三角	成人示范							
					加入金三角	减排示范							
					报单金三角	健康从细胞修复开始							
					使用金三角								
					成功金三角								
					发展金三角								
					沟通金三角								
					心态成功学								
准执行经销商	浇灌扎根	成亲成婚	建立核心小组	第二季度帮伙伴冲刺白金10000元	经营金三角	医学原理	同上	精心培养	会分享	早会、家庭聚会、网络学习会议、核心小组会、公司组织会议	2个月	每周十件事	培养照顾
				展翅计划	事业金三角	洗护讲座							
					收入金三角	孕妇品讲座							
					小 A 训	婴儿品讲座							
					讲师培训技巧	消化吸收讲座							
					率法考核	骨骼系统讲座							
					独立组两会	心脑血管讲座							
					五期图	内分泌讲座							
					收入图表	免疫系统讲座							
					树形图	各种配方							

续表

执行经销商	修正成长	生子抚养	参加领袖峰会	第三季度培养准执行收入3万元，第四季度冲刺执行收入5万元	搏击计划	掘金计划图 独立A训 领导力培训 超级讲师训 选对种子 独立组织三会		同上	学会独立	能辅导	事业说明会、产品说明会、美容沙龙会、网络图会议	3个月	成交八部曲	培训独立
首席经销商	枝繁叶茂	照顾成长	培养执行经销商	帮助伙伴冲刺领袖峰会收入每月2万元	翱翔计划	异地市场的开发 替代人才的培养 独立组织大型招商会		同上	独挡一面	做市场	大型招商会	6个月	三不解除技巧	领导承担
资深经销商	遮风挡雨	长大成人	树立榜样人才	帮助伙伴成为稳定执行经销商月收入4万元		树立榜样人才 区域强强联盟		同上	带出队伍	有权威	大型招商会	6个月	高效团队建设	联合联盟
钻石董事	长大成才	四世同堂	整合布局扩张	建立团队稳定网络，月收入10万元	重生计划	资源整合 战略布局 模式推广 重树榜样		同上	维护系统	快扩张	全球优秀老师培训会议	12个月	领导力的五个层次	领袖扩张

附录 9：PDCA 战略执行管理系统图

消费者		销售者		经营者		领导者		
复消率 =		自动订货率 =		成交率 =		成活率 =		
拓客零售		自动订货		核心小组		位阶计划		
				名单库		核心会议		
					产品	事业	产品	事业
拓客渠道		忠诚客户服务		入会场			会议组织	
				基本功	产品	事业	团队发展	直推人数	上位阶人数
					产品	事业	激励考核	位阶计划	公司活动
				市场开发				
会场分享		转介绍				学习培训	公司	外教

	本周列出名单	本周增补名单	电话沟通名单	暖身见面名单	约见名单	辅助要求	服务关心名单	经营事业名单	补配产品名单	补货分数	本月总收入计划											
											第一周收入			第二周收入			第三周收入			第四周收入		
											计划	完成	差额	计划	完成	差额	计划	完成	差额	计划	完成	差额
周一																						
周二																						
周三																						
周四																						
周五																						
周六																						
周日																						

附录11：（　　　）掘金计划战略图表

		定位	投入时间	收入高低	交通好坏	健康情况	家人意见	学习能力	年龄阶段	人脉如何	特长	可用资源	职业	交通工具
总动员	S优势										发挥自己特长	发挥自己特长帮助他	会议运作互享	利益共享
	W劣势								找出他们的朋友，友缘桥梁	展示自己	同龄人	另一半	会议运作互享	
	O机会													
	T威胁													
六大暴利	建立感情	调查饮食	社团交友	明星聚会	故意聚他	带他看	不喜见面	见面	发好	做见证	同龄人	给他找帮手	做出榜样	见证说明会
	寻找话题	健康	收入	提升	事业	游玩	交友	交友	受好	梦想	渴望成功	给他找帮手	孩子	
	探求需求	健康	收入	提升	事业	交友	创业	理顺困境	换个环境	梦想	渴望成功	给价找帮手	做对事业	见证说明会
	换位思考	用户产品	讲解度	找见证	创业	成功者见证	做梦想	参加会议	成功者见证	成功者见证	给方法	入圈子	见证说明会	
	利他思考	舍得智慧	帮助他	关心他	家庭聚会	入会场	成功者见证							
起步	吃	得到认同	出配方	产品	送餐	得到认同快速起步，执行手册、不走弯路、八周收入、成功完成	进去场学习	进会场，用好短视频，介绍工作	记录单位	做见证	转介绍	入会场	百万工具包	成为会员
	学	公司产品及配方	辅助工具及学习	单独完成网上操作	成功起步	ABC用人法则	基础教育	目标设定	会议运作	绝对成交	会沟通	会成交	服务六大准则	147法则
	做	换标准做详细，并有价格单、附上反应表	连续解释说明下危机	补货承诺	上午11:00成交，下午5:00左右	产品使用跟踪反应表	价格体系成交	服务周主营事项表	超过同行	目标设定	担任角色	会沟通	会遵守	设定目标
		5+1会销	公司产品品质	换位思考	会订货	自油订货	会议用	会议用	会议用	会议用	会议用			
体		打印上墙	列名单	自油行销	暖场惠约	软性反应互动	软件操作及交流							
		YY讲座	红笔勾品及配方	200分	5-3-1法则		GoToMEETING							
听		每周三晚上8:00-9:30	填写健康表			空中加油站							团队建设会	故事营销
		基础培训会	坚持										每周一次惠约	招商会
会		每周2次会议					见证分享会						故事营销	直销如何分级教
章		500遍	划出会说	健康我用	会说	有糖引用	会用	看懂引用	梦想成就	担任角色	会沟通	系统成交	真正不懂智慧医生害了你	领导力5个层次	售后服务	手把手带直销

附录12：高效目标时间管理图

今日事　今日毕　　　　　　　　　　　明日事　今日计

| 每日安排要点 | | | | | | 每周安排要点(团队会场、收入) | 每月安排要点（系统会场、位阶） | |
经营者辅导名单(掘金计划)		准经营者开发名单(面对面)		待开发人员名单（暖身邀约见面）	增补产品名单（服务关心）			
1		1		1	1	第一周	1月份	
2		2		2	2	星期一	2月份	
3		3		3	3	星期二	3月份	
4		4		4	4	星期三	4月份	
5		5		5	5	星期四	5月份	
6		6		6	6	星期五	6月份	
7		7		7	7	星期六	7月份	
8		8		8	8	星期日	8月份	
9		9		9	9	第二周	9月份	
10		10		10	10	星期一	10月份	
11		11		11	11	星期二	11月份	
12		12		12	12	星期三	12月份	
13		13		13	13	星期四	每季度安排要点（国内会场、位阶、高峰会）	
14		14		14	14	星期五		
15		15		15	15	星期六	一季	
16		16		16	16	星期日		
17		17		17	17	第三周	二季	
18		18		18	18	星期一		
19		19		19	19	星期二	三季	
20		20		20	20	星期三		
21		21		21	21	星期四	四季	
22		22		22	22	星期五		
23		23		23	23	星期六	半年安排要点（位阶、国际会议）	
24		24		24	24	星期日		
25		25		25	25	第四周	上半年	
26		26		26	26	星期一		
24		24		24	24	星期二		
28		28		28	28	星期三		
29		29		29	29	星期四	下半年	
30		30		30	30	星期五		
31		31		31	31	星期六		
						星期日		

附录 13: 要事第一——每周自我管理日程表 （　月　日——　月　日　周　）

每周日程安排	本周起始	周六	周日	周一	周二	周三	周四	周五
目标	本周要务							
(1)								
(2)								
(3)								
(4)								
(5)								
(6)					本日要务			
(7)	常用信息							
(8)								
(9)								
(10)								
(11)								
(12)								
(13)								
(14)								
(15)					约会 / 任务			
角色		8	8	8	8	8	8	8
		9	9	9	9	9	9	9
		10	10	10	10	10	10	10
		11	11	11	11	11	11	11
		12	12	12	12	12	12	12
		13	13	13	13	13	13	13
		14	14	14	14	14	14	14
		15	15	15	15	15	15	15
		16	16	16	16	16	16	16
		17	17	17	17	17	17	17
	本周邀约新人名单	18	18	18	18	18	18	18
		19	19	19	19	19	19	19
		20	20	20	20	20	20	20
		21	21	21	21	21	21	21
		22	22	22	22	22	22	22
		23	23	23	23	23	23	23

附录 14: 团队会员信息管理表

序号	姓名	性别	身份证号	邮箱	ID	加入日期	订货	联系电话	介绍人	辅导人

附录 15：成功计划——收入计划图

	本周列出名单	本周增补名单	电话沟通名单	暖身见面名单	约见名单	辅助要求	服务关心	经营事业	补配产品	本月总收入计划图											
										第一周收入			第二周收入			第三周收入			第四周收入		
										计划	完成	差额	计划	完成	差额	计划	完成	差额	计划	完成	差额
周一																					
周二																					
周三																					
周四																					
周五																					
周六																					
周日																					

附录 16：新人启动起步顺口溜

见生人，莫着慌，把牙露，双眼望，先点头，赞美忙，多年轻，好漂亮，

拉着手，有礼让，坐下谈，探头想，对方说，我思量，不爱听，咱谦让，

都正确，好思想，慢慢来，说明上，细分析，有气场，笑声高，话语长，

找需求，底线亮，给答案，合作商，吃与干，不一样，消费网，服务忙，

出疗效，做分享，做事业，快跟进，八周内，建核心，手牵手，伴左右，

金种子，成栋梁，入会场，做成交，回家前，做预防，另一半，会反对，

要独立，先学习，干事业，众人帮，和朋友，更不谈，长经验，才共勉，

生人练，熟人做，功效高，订阅号，有见证，不受伤，对手多，伤害大，

说什么，不管他，报完单，给收据，自己名，写的清，签合同，名和姓，

号码全，手印按，转微信，交知心，朋友圈，多互动，做直销，先定心，

两个月，建核心，四个月，有倍增，三排横，四排纵，六个月，成雏形，

定位准，队伍强，打市场，有大将，左右腿，要直推，行动量，坚持催，

亲人盼，仇人美，一口气，我是谁，为梦想，掌声雷，不泄气，向前追，

塌下心，笑迎泪，快发展，名单随，邀约前，列名单，名单大，事业宽，

和老师，分析完，电话约，三不谈（公司、产品和赚钱），谈什么，先训练，

电话拿，亲和善，想你了，久未见，问工作，问打算，问身体，问困难，

有个事，适合干，现在忙，没时间，安排好，见面谈，都打完，你发现，

八成友，想改变，咱再约，第二遍，先见谁，心里面，约伴侣，同时见，

有的人，约两遍，没时间，排后面，定时间，订地点，勿迟到，有时限，

姿态高，不丢脸，ＡＢＣ，学熟练，推老师，同时见，谈事业，讲计划，

不多久，就壮大，顺口溜，要掌握，邀约关，都能过，入会场，才算强，

三句话，记得牢，分清楚，演练好，做预案，上级教，不成交，姿态高，

常联系，回头好，同事间，多分享，好故事，大家传，对伙伴，相互帮，

功劳簿，感恩墙，正能量，前途亮，财富道，有健康，享自由，在路上。

附录 17：团队业绩进度表 1

人员\周期	1 周 3~9		2 周 10~16		3 周 17~23		4 周 24~30		新人	订货	5 周 31~6		6 周 7~13		7 周 14~20		8 周 21~27		新人	订货	9 周 28~5		10 周 6~12		11 周 13~19		12 周 20~26		13 周 27~2		新人	订货
	谈	进	谈	进	谈	进	谈	进			谈	进	谈	进	谈	进	谈	进			谈	进	谈	进	谈	进	谈	进	谈	进		

附录 18：团队业绩进度表 2

人员 周期	14周 3~9 谈	14周 3~9 进	15周 10~16 谈	15周 10~16 进	16周 17~23 谈	16周 17~23 进	17周 24~30 谈	17周 24~30 进	新人	订货	18周 1~7 谈	18周 1~7 进	19周 8~14 谈	19周 8~14 进	20周 15~21 谈	20周 15~21 进	21周 22~28 谈	21周 22~28 进	新人	订货	22周 29~4 谈	22周 29~4 进	23周 5~11 谈	23周 5~11 进	24周 12~18 谈	24周 12~18 进	25周 19~25 谈	25周 19~25 进	26周 26~2 谈	26周 26~2 进	新人	订货

附录 19：团队业绩进度表 3

人员周期	27周 3~9 谈	进	28周 10~16 谈	进	29周 17~23 谈	进	30周 24~30 谈	进	新人	订货	31周 31~6 谈	进	32周 7~13 谈	进	33周 14~20 谈	进	34周 21~27 谈	进	新人	订货	35周 28~3 谈	进	36周 4~10 谈	进	37周 11~17 谈	进	38周 18~24 谈	进	39周 25~1 谈	进	新人	订货

234

附录 20：团队业绩进度表 4

人员\周期	40周 2~8		41周 9~15		42周 16~22		43周 23~2		新人	订货	44周 930~5		45周 6~12		46周 13~19		47周 20~26		新人	订货	48周 27~3		49周 4~10		50周 11~17		51周 18~24		52周 25~31		新人	订货
	谈	进	谈	进	谈	进	谈	进			谈	进	谈	进	谈	进	谈	进			谈	进	谈	进	谈	进	谈	进	谈	进		

附录21：ABC 黄金法则标准化 工作流程

序号	流程	工作内容	工作标准 动作	工作标准 说词	注意事项	意外处理	责任人	检查者
1	ABC 黄金法则意义	ABC 法则被直销界称为黄金法则，具有极高的成功率。成功的关键在于借力，ABC 法则，也叫借力使力法则。	指新业务员在零售、发展过程中，因对产品、制度、公司尚不熟悉需透过有经验的上级业务员辅导，而达成零售与发展的目的。	因此 ABC 法则辅导法是种借力的方法，运用四两拨千斤方式使新业务员不再孤军奋战。			领导人／AB	领导人
2	为什么要使用 ABC 法则？	1、有利于避免尴尬——解决开不了口的问题；2、有利于讲清讲透——解决说不明白的问题；	3、有利于延续感恩——解决尊重别人尊重自己问题。4、有利于复制系统——解决快速打造自动生产线问题	5、B 对公司背景、制度、产品、营销理念尚不熟悉，透过有经验的上级业务员解说可达到事半功倍之效。6、B 透过 A 以第三者的角度来说明较为客观。（借力使力）	7、B 可在一旁学习，以使日后成为 A 的角色。8、A 要与 B 沟通心态，并非每次都能推荐成功，重点是给 B 学习模式。		领导人／AB	领导人
3	A 的含义		你可以借力的力量。包括上级业务指导、公司、资料，是有经验的老师	ABC 法则就是在你的介绍之下，由你的推荐人或者团队领袖向你的潜在客户介绍公司、产品与制度的一种沟通方式。			领导人／AB	领导人
	B 的含义		B 是 Bridge 桥梁	是真正的主角，是否成功百分之五十在于"B"；	1、进行邀约并确定对象、时间、地点；2、收集新朋友的个人资料：爱好、家庭环境、经济、健康状况、个人抱负与理想；3、把新朋友的个人资料告诉 A；4、推崇 A。		领导人／AB	领导人
	C 的含义		新朋友、顾客，能接纳你的产品并愿意和你一起创业的人，是新朋友我们要讲解的客户				领导人／AB	领导人

236

ABC 黄金法则标准化 工作流程

续表

序号	流程	工作内容	工作标准		注意事项	意外处理	责任人	检查者
			标准	说词				
4	使用 ABC 法则选择什么地方？	1、相对比较安静的地方；	2、能够感受成功气氛的地方；	3、三方都不陌生的地方；	4、相对比较轻松的坏境。		领导人/AB	领导人
5	如何运用 ABC 法则	A 的切入方式	1.A 可以闲聊，渐渐地培养彼此关系，导入话题；2.A 必须知道最终目的，以免话题越扯越远；3. 从家庭、事业、产品、观念切入，从关心角度，渐渐引入主题；	4.可以从故事切入，较容易接受；5.可以从说自己的见证，心路历程引起 C 之共鸣	话题不要跑偏，更快速的抓住 c 的心里需求		领导人/AB	领导人
		B 的注意要点	1、进行邀约并确定对象、时间、地点 2、收集新朋友的个人资料：爱好、家庭环境、经济、健康状况、个人抱负与理想	3、把新朋友的个人资料告诉 A 4、推崇 A。	B 要与 A 提前沟通，B 要提供 A 有关 C 的个人资料，并选定见面的时间、地点，B 要在 C 和 A 没有见面之前，B 要先向 C 推崇 A。记住：推崇产生你需要的力量。要让你的新朋友 C 有种迫切想见 A 的感觉，推崇要适当，不要夸大。		领导人/AB	领导人

ABC 黄金法则标准化 工作流程

续表

序号	流程	工作内容	工作标准		注意事项	意外处理	责任人	检查者
			标准	说词				
6	实际运用 ABC 辅导（会前会）	A的准备工作 1、"A"要了解"C"的情况。比如在交谈中"A"为了不让"C"紧张，可能会问一些家常事，如果"A"不了解"C"的情况，问"C"孩子多大了，而"C"的回答是，我还没结婚呢，这时候"C"可能就会认为跟你们有隔阂，而使场面尴尬，影响沟通效果。		2、要能得体的应对，不要答非所问。通过交流，让对方感到你们很投缘，谈得很舒服，让他感到你的诚恳。 3、保持微笑。笑脸相迎是建立良好人际关系的基础，他可以化解人的紧张情绪，拉近人与人之间的距离。	4、真诚的赞美。发自内心的关怀与赞美，特别是对于曾经做过别家直销公司的朋友，一定要先赞美对方，然后再说"但是"，因为那毕竟是过去的事情了，适当的赞美，不用去批评他过去所做的那家公司，恭喜他，已经有了一些直销经验，以后好的经验可以留下来，告诉他，他以前的那些经验很好。		领导人/AB	领导人
		B的准备工作 （1）进行邀约并确定对象、时间、地点。（2）收集新朋友的个人资料：爱好、家庭环境、经济、健康状况、个人抱负与理想。（3）联络上级领导支援，把新朋友个人资料告诉上级领导，上级领导必须对公司、产品、制度、营销理念、有经验并且有不错的沟通能力方可。（4）B介绍A给C提前认识，并提升、推崇A，加大推崇力塑造A的形象，让A有力量，简单介绍C。（5）为c准备一套事业资料；纸笔做记录。（6）、做好铺垫。		★必须注意自己的形象。男士必须白衬衣，深色西服，黑色皮鞋，打领带，头发必须整齐，最好是短发，不能留长发。女士必须穿职业化套装，不要穿吊带裙，漏脚趾的拖鞋，头发要干净整齐。切忌准备资料不全，时间地点出错，介绍不到位	★决不迟到。如果"C"是一个大老板，非常有时间观念，可能就是因为你的不守时，让他觉得你对这个生意不重视，当然他也不会重视，这样一个精英就被你的不守时给扼杀了。		领导人/AB	领导人

ABC 黄金法则标准化 工作流程

续表

序号	流程	工作内容	工作标准		注意事项	意外处理	责任人	检查者
			标准	说词				
6	实际运用ABC辅导（会中会）	AB 的工作要点 1、安排 A 在主导位置上就座，主动给 A 拉座椅、上茶、寻找并连接电脑电源和网线；座位的安排是很有讲究的，当"C"坐错位子一定要调整过来，"A"坐在主位上，所谓的主位就是对着门，对着复杂环境，作为"C"应坐在面对着墙或有遮蔽物的位子，减少外界对"C"的干扰。在坐位的安排上，切忌"A"与"C"面对面相坐，一般是"C"坐在"A"的左前方，"B"坐在"C"的另一侧。2、向 C 推崇 A，言辞恳切，要表达尊敬与敬佩之情；3、介绍 C 的时候千万不可过于推崇，以避免 C 自我膨胀；4、引入话题后，自己聚精会神地听 A 的讲解，不要随便插话；5、当 C 表现得不够耐烦的时候，要学会很快提醒他：这里越来越重要。将 C 拉回现场。6、作好临门一脚的工作——落单。	实施操作: 1、会中"B"要把"C"介绍给"A"，一定要把新朋友带到"A"面前，并向"C"介绍"A"在直销行业里的成长经历，如何付出以及所取得的成就等，只需简单介绍一下"C"即可。在整个过程中，"B"始终要跟"C"站在一起，这样"C"才会有安全感。2、如果是在一对一的沟通中，"B"首要做的是排除一切干扰。如，先将自己的电话关机，并要求"C"在沟通时也将电话关机，使得"A"与"C"可以充分的沟通，而不致使沟通的气氛中途被打断，而遗漏一些重要话题。3、沟通中途不要发资料，不要插话，不要岔题，不要来回走动，做到助场不打岔，点头微笑，随声附和就好，如"B"打岔，会使话题偏离主题。4、"A"与"C"沟通中，"B"可做笔记或录音，以重视"A"。"B"要在"A"的旁边安静地听"A"说话，并不断地点头认同、录音、做笔记、微笑。	领导人/AB	领导人
	实际运用ABC辅导（会后会）	会后总结： （1）A 与 B 要研究探讨当天的成果与缺失，做为下一次改善之道。（2）如果 C 决定买，B 必须做好产品售后服务。（3）如果 C 决定参加时，B 必须鼓励 C 多参加公司的各种培训会。（4）当 C 犹豫不决时，切不可勉强，借有关资料给他（她）带回家，资料不宜过多。（5）如果尚未决定购买，B 一定要在 48 小时内与 C 保持联络，了解 C 的想法，并为其解决疑问。（6）如果 C 加入，要打预防针，以免破坏市场，或被别的人泼冷水。	1、如果"C"决定买产品，"B"必须做好产品售后服务和跟踪。2、借出资料。每次沟通或会议后无论是否成功，"B"都要给"C"留资料，如光碟、书等，便于再次跟进。3、约定下次见面的时间4、会议结束，"B"不要马上就拉着"C"离开，而是应该坐在那里若有所思地问"C"，对刚才老师讲的内容，我对那些那些…比较感兴趣，你呢？引导"C"提出问题，"B"要注意倾听"C"的意见，对"C"谈的内容给于肯定直到说完，然后再谈自己的理解和看法。			

ABC 黄金法则标准化 工作流程

续表

序号	流程	工作内容	工作标准		注意事项	意外处理	责任人	检查者
			标准	说词				
7	ABC 法则的注意事项	1、"B"可在一旁学习，以便日后成为"A"的脚色。 2、"A"要与"B"沟通心态，并非每次都能推荐成功，重点是给"B"学习模式。比如，你今天借力的这个A，因为做的时间不是很久，经验也不是很丰富，讲的不是很好。"B"又不会很好的配合，出去后，"C"可能会跟"B"说：以后你不要在带我来见这种水平的人。我们的"B"马上会羞愧难当，回来马上把"A"骂一顿，就是你水平这么差，把我的朋友都做死了，真笨，早知道就不叫你来了。错了，恰恰相反，我们做"B"的应该怎么讲？当碰到这种情况时，我会这样回答"C"：你知道我为什么叫你来吗？你看就这水平的都能成功，一个月挣几万呢，要是你我肯定比他强吧。这时"C"肯定会赞同你的意见。这难道不是一件好事吗？既给足了"C"的面子，又达到了自己的'目的'。	3、当"B"没有组织网产生时，"A"切勿让"B"单独作战。因为"B"的功力不够，这样失败率高，会让"B"也失去信心。 4、"B"即使遇到很熟的朋友，切记勿单独沟通，须彻底执行 ABC 法则。越熟的朋友，因为太了解你，所以不会认真听你讲。 5、手机、电话需控制。最好是把手机关掉，如确实有很重要的事怕耽误，也要把手机调到振动上或静音。要接电话一定要先向"A"和新朋友道歉。起身离开并要长话短说，尽快回到现场，别让"C"感到不安。也表示你对"A"的尊重，让我们的新朋友看到，你是多么尊重这个"A"，这样他也会尊重"A"的。 6、选择适当的地点，尽量不要在"C"的地方，在有利"A"的地方，安排 ABC 座位，让"C"面对墙壁。		领导人/AB	领导人
8	细节是成功的关键	1、B注意倾听，对C谈的内容给予肯定直到说完，然后再谈自己的理念 2、ABC法则的成功率：你自己占50%，座位占30%，业务指导占20% 3、恭维不夸大 4、不插嘴	5、不当场纠正A的错误 6、陪在C旁边 7、A偏离主题，可适当提醒。		领导人/AB	领导人

240

ABC 黄金法则标准化 工作流程

序号	流程	工作内容	工作标准		注意事项	意外处理	责任人	检查者
			标准	说词				
9	活用 ABC 法则用途很广	1 保荐 ABC 法则：上级业务员、公司、资料、电视、微信信息。 2 零售 ABC 法则：上级业务员、资料、产品见证人、下级业务员、自己。 3 服务 ABC 法则：上级业务员、资料、产品见证人、下级业务员、自己。 4 管理 ABC 法则：上级业务员、资料、下级业务员、自己。		5 调整心态 ABC 法则：上级业务员、资料、下级业务员、自己。 6 沟通 ABC 法则：上级业务员、资料、下级业务员、自己。 7 会议成功率"你自己占50%，坐位占30%，顾问占20%"。			领导人 / AB	领导人
10	综合阐述 ABC						领导人 / AB	领导人
11	结束语	听成功者的话，按照系统的要求做规范的事，推崇系统、推崇公司、推崇你的上级指导老师、推崇任何你可以借力的人、事、物，借力使力不费力。熟练掌握并灵活运用 ABC 法则，你的直销事业将变得轻松自如，成功自然水到渠成。						

后 记

本书付梓之际，我最想感谢的是这么多年一直帮助我的叶枫、陶嘉、叶小红、严兵、戴学军、邵玉忠、刘凤双、李向东、王艳梅、郭建、李凤辉等老师；

同时，特别感谢红旗出版社的选题策划、邀约和责任编辑刘险涛和周艳玲老师为本书出版所倾注的心血；

把此书也献给我的妻子徐凤伟女士；

最后，感谢多年来社会各界朋友们的支持，帮助和厚爱。